따라 하면 무조건 돈 버는
부동산 1인 법인 투자의 기술

따라 하면 무조건 돈 버는

부동산
1인 법인
투자의 기술

절세, 명의 분산부터 대출과 금융 전략까지

유근용 지음 | 성정혁 감수

비즈니스북스

일러두기

책에 등장하는 투자 및 수익 실현의 사례는 모두 저자가 다년간의 경험을 통해 축적한 노하우를 통해 이룬 것으로 유사하게 따라 한다고 해서 수익이 보장되는 것은 아닙니다. 투자에 대한 책임은 오롯이 투자자 자신에게 있음을 숙지하고 주의하시기를 바랍니다.

따라 하면 무조건 돈 버는 부동산 1인 법인 투자의 기술

1판 1쇄 발행 2023년 7월 4일
1판 7쇄 발행 2024년 9월 26일

지은이 | 유근용
감수자 | 성정혁
발행인 | 홍영태
편집인 | 김미란
발행처 | (주)비즈니스북스
등 록 | 제2000-000225호(2000년 2월 28일)
주 소 | 03991 서울시 마포구 월드컵북로6길 3 이노베이스빌딩 7층
전 화 | (02)338-9449
팩 스 | (02)338-6543
대표메일 | bb@businessbooks.co.kr
홈페이지 | http://www.businessbooks.co.kr
블로그 | http://blog.naver.com/biz_books
페이스북 | thebizbooks
ISBN 979-11-6254-336-8   03320

지금 당신에게
부동산 1인 법인이 필요한 이유

나는 집 없는 설움에 좌절하던 평범한 가장이었다

2015년 결혼을 결심하면서 부동산 공부를 시작했다. 부동산 투자를 시작한 지 8년이 된 셈이다. 결혼 당시는 전셋집도 마련하기 어려울 정도로 돈이 없었다. 2015년 서울 집값은 하루가 멀게 오르고 전세 대란까지 겹쳤다. 너무 불안하고 아내에게 미안했다. 능력 없는 남편을 만나 무슨 고생인가 싶었다. 나라를 욕하고 집 있는 사람을 욕하던 나날이었다. 모든 걸 남 탓으로 돌렸지만 변하는 것은 없었다. '더 이상 이렇게 살면 안 된다!' 변하기로 마음먹었다.

우선 서점으로 달려가 부동산과 재테크 관련 책을 손에 잡히는 대로 읽었다. 중요한 내용을 노트에 정리했고 그중 가장 중요한 것은 직접 실천했다. 책을 읽고서는 저자에게 감사 이메일을 보내고 시간이 되면 꼭 만나달라고 애원했다. 정말 절실했다.

읽고 기록하고 적극적으로 행동하면서 인생이 조금씩 변하기 시작했다. 투자하겠다고 마음먹은 이후로 악착같이 돈을 모았고 집값이 오를만한 지역을 임장하며 투자를 시작했다. 경기도 행신동에 내 명의의 첫 주택도 마련했다. 2017년 경·공매를 시작하면서 진정한 부동산 투자자로서 날개를 달기 시작했다. 지금은 남들은 어려워 피하는 특수물건 투자, 상가 및 토지 개발, 건축 시행 및 소규모 정비 사업으로까지 영역을 확대하고 있다. 8년 전이라면 상상도 못 했던 일이다.

지긋지긋한 가난을 대물림하고 싶지 않았다

고등학교 2학년 때 처음 내 방이 생겼던 기억이 난다. 친구들을 집에 초대해도 되겠다는 생각에 정말 기뻤다. 집은 내게 아주 특별한 의미다. 3세 때 부모가 이혼하면서 조부모 손에 자랐고 아버지가 재혼한 후에는 그 집에 얹혀 살았다. 나중에 친모와 살게 되었으나 고등학교 2학년 전까지는 집이 아니라 미용실에서 쪽잠을 자야 했다. 결혼 전에도 반지하 방에서 살았다.

어릴 때부터 여유로운 삶이 무엇인지 일절 모르고 살았다. 항상 돈에 쪼들리고 돈 때문에 자존심 상했다. 먹고 싶은 음식 대신 가성비 좋은 음식을 먹고 어쩌다 택시를 타도 미터기를 힐끗대며 가슴 졸였다. 아이에게 좋은 분유를 먹이고 싶어도 비싸서 엄두를 못 냈다.

이런 삶을 하루라도 빨리 벗어나고 싶었다. 내 아이들에게는 이런 삶을 물려주고 싶지 않았다. 대한민국에서 평범한 사람이 가장 빨리 부자가 되는 법은 부동산밖에 없다는 생각으로 모든 시간과 역량을 부동산 투자에 쏟았다.

부동산 투자에서 법인은 선택이 아닌 필수다

투자하다 보니 취득한 부동산이 점점 늘었다. 정부 시책은 규제 일변도로 바뀌었다. 개인이 여러 채 부동산을 소유하기가 점점 힘들어졌고 수익도 별로 나지 않았다. 하지만 포기 안 했다. 규제는 나만이 아니라 전 국민에게 똑같이 적용되니 방법을 찾으면 된다고 생각했다. 그때 눈에 들어온 한 줄기 빛이 '법인'이었다.

법인을 해보니 정말 좋은 점이 많다.

첫째, 명의를 추가로 활용할 수 있다. 법인은 나와 별개의 인격체다. 법인 명의로 부동산을 매수하면 내 명의를 사용하지 않아도 되어서 개인은 비과세 혜택을 유지하며 투자를 지속할 수 있다.

둘째, 주거용 지분 투자에도 안성맞춤이다. 나는 특수물건 투자를 많이 한다. 주거용 지분이나 주택이 깔고 앉은 토지에 투자하는 것을 좋아한다. 수익을 빨리 창출할 수 있기 때문이다. 그런데 주거용 지분도 주택 수에 포함이 된다. 소유한 토지 위에 주택이 있어도 주택 수에 포함되어 취득세 중과를 맞는다. 이럴 때 법인을 활용하면 주택 수 고민 없이 투자를 이어갈 수 있다.

셋째, 절세효과가 탁월하다. 개인으로 부동산 투자를 하면 양도소득세와 종합소득세를 내야 하고 세율은 6~45퍼센트로 누진한다. 3억 원 이상 수익을 내면 40퍼센트 이상을 세금으로 내야 한다. 하지만 법인으로 투자하면 법인세를 내며 최소 세율은 2억 원까지도 9퍼센트에 불과하다(부가세나 추가 법인세 제외).

넷째, 투자에 든 비용을 공제받을 수 있다. 부동산 투자를 하면 물건 매입부터 매도까지 비용 지출이 많다. 임장 때 드는 교통비나 매입 후 인테리어와 유지관리 비용, 대출 이자 등 금액이 상당하다. 개인으로는 비용을 공제받기 어렵지만 부동산 1인 법인은 사업 관련 지출로 인정되어 법인세에서 공제된다. 절세효과 면에서 개인은 법인을 따라올 수가 없는 것이다.

부동산 법인 대표가 된 이후 나는 달라졌다

법인으로 투자하기 전에는 항상 명의와 세금 걱정이 컸다. 그 때문에 입찰하기를 망설이고 단기 매도도 하지 못했다. 건강보험료 부담도 컸다. 지역 가입자로 소득과 재산이 커지니 나중에는 감당할 수 없는 액수가 되었다.

하지만 지금은 명의 걱정 없이 원하는 물건을 얼마든지 매입하거나 입찰할 수 있게 되었다. 투자의 스펙트럼이 확연히 넓어진 것이다. 나는 현재 무려 11개 법인을 만들어 투자와 수익 실현을 이어가고 있다.

소설 《데미안》에는 이런 문장이 나온다. "새는 알에서 나오려고 투쟁한다. 알은 하나의 세계다. 태어나려는 자는 하나의 세계를 깨뜨려야 한다." 망설이는 이들에게 내가 항상 해주는 말이다. 안 가본 길을 가려면 두려움이 따른다. 두려움은 우리의 성장을 방해한다. 그런데 신기하게도 실행하는 순간 두려움은 거짓말처럼 사라진다.

법인 설립이 고민되면 그냥 만들면 된다. 단돈 몇십만 원이면 일주일 안에 만들 수 있다. 법인을 만들고 나면 '만들까 말까?' 하는 고민은 사라지고 '1인 법인으로 어떻게 수익 낼까?' 하는 생산적인 고민으로 넘어가게 된다. 투자를 전쟁에 비유하면 법인이 있는 사람은 강력한 무기 하나를 더 들고 싸우는 셈이다.

"비과세 혜택 없어서 투자 못 해. 청약가점이 낮아서 투자 못 해. 세금이 많아서 투자 못 해. 건강보험료 올라서 투자 못 해. 법인 설립하면 매달 기장료랑 사무실 비용이 나간다는데 부담돼서 투자 못 해." 못 하는 사람은 늘 못 하는 핑계가 있다. 이제 더 이상 핑계만 반복하거나 미루지 말고 바로 실행하기를 바란다!

부동산 1인 법인의 목적은 수익을 내는 것!

물론 부동산 1인 법인을 만든다고 모든 게 자동으로 잘 되는 것은 아니다. 설립 후에 성과가 없어 매월 마이너스를 찍을 수도 있고 규제 때문에 예전보다 이점이 줄어든 것도 사실이다. 하지만 지금도 누군가는 법인을 활용해 수익을 내며 점점 발전하는 삶을 산다.

이 책에는 부동산 1인 법인을 세우고 경영하고 실제로 투자에서 성공하는 법이 담겨 있다. 복잡하고 쓸데없는 내용은 최대한 뺐다. 법인 운영에 필요한 필수 지식과 법인을 통해 수익을 극대화하는 노하우를 생생한 사례와 더불어 풀어냈다. 그러니 하나하나 곱씹어 나가며 내 것으로 만들면 된다. 잘 이해가 안 되는 부분은 체크해두었다가 세무대리인 등 전문가의 도움을 받으면 된다. 처음에는 낯설고 어렵게 느껴지겠지만 투자 경험이 쌓이다 보면 부동산 1인 법인은 잘 키운 자식처럼 당신 옆을 든든히 지켜줄 것이다.

가장 중요한 것은 부동산 1인 법인을 세운 목적을 잊지 않는 것이다. 바로 수익을 내는 것! 투자의 걸림돌을 제거하고 세금을 줄여 경제적 자유를 더 빨리 달성하는 것! 이것을 절대 잊지 말기를 바란다.

감사를 전하고 싶은 분들

글재주도 없는데 감사하게도 9번째 책을 출간하게 되었다. 기적 같은 일이다. 《1일 1행의 기적》을 시작으로 《왕초보도 바로 돈 버는 부동산 경매의 기술》, 《따라 하면 무조건 돈 버는 실전 부동산 경매》에 이어 이 책까지 기획하고 편집해준 ㈜비즈니스북스 임직원에게 정말 감사드린다.

항상 부족한 대표 밑에서 늘 최선을 다해 일해주고 있는 우리 ㈜준민컴퍼니 식구들과 네이버 카페 '발품불패' 회원 모두에게 감사한다. 또한 부족한 원고를 뛰어난 전문성으로 채워준 성정혁 세무사에게도 감사의 말을 전한다. 늘 보살펴주시는 양가 부모님, 정신적 지주인 형 유근명, 내 삶의 든든한 버팀목인 아내 김경희와 보석 같은 존재인 유태준, 유태민, 유태리 모두에게 진심으로 감사하고 사랑한다는 말을 전한다.

차례

제1부

부동산 1인 법인 투자자들이 가장 궁금해하는 것들

제1장

부동산 1인 법인, 지금 당장 시작하라

제2장 부동산 1인 법인 만들기, 절대 어렵지 않다

제3장 전문가도 안 알려주는 부동산 1인 법인 핵심 노하우

제4장

부동산 1인 법인으로 세금, 규제 피하는 법

제2부

부동산 1인 법인으로 알짜 수익 실현하는 비결

제5장

부동산 1인 법인이 압도적으로 유리한 이유

제6장

부동산 1인 법인으로 공시가격 1억 미만 주택에 투자하기

제7장 부동산 1인 법인으로 부동산 지분에 투자하기

제8장 부동산 1인 법인으로 오피스텔, 상가, 지식산업센터 투자하기

제1부

부동산 1인 법인 투자자들이 가장 궁금해하는 것들

부동산 1인 법인,
지금 당장 시작하라

법인은 명의, 소득 분산을 위한 최적의 도구다.
법인을 세워서 관심과 정성을 기울여 열심히 성장시키면
그 자체로 새로운 주체가 되어 나의 소중한 자산을 담는 그릇이 되어준다.

명의, 소득, 세금 분산을 위한
최적의 무기

개인, 개인사업자, 법인을 효과적으로 활용하라

부동산 관련 규제나 법 규정이 복잡해지면서 '명의'의 중요성은 날로 커지고 있다. 명의를 어떻게 관리하느냐에 따라서 얼마나 수익 실현을 할 수 있는지가 크게 달라진다. 법인사업자가 없는 모든 자연인은 단 1개의 명의만을 가진다. "나는 개인사업자가 있는데요." 하고 항변하는 분이 있을지 모른다. 그러나 개인사업자가 있어도 여전히 1개의 명의일 뿐이다. 개인과 개인사업자는 동일한 인격체로 받아들여지기 때문이다.

하지만 법인을 만들면 법인 대표자는 개인 명의 1개와 별개로 '법인사업자'라는 명의 1개를 추가로 갖게 된다. 왜일까? 현행법에 따라 독립된 하나의 인격(법인격)으로 간주하는 법인에는 인위적으로 별도의 인격이 부여되기 때문이다.

현 세법상 개인이 2번째 주택을 취득할 때부터는 취득세, 보유세, 양도세 등 모든 세금이 큰 폭으로 늘어난다. 여러 요소를 고려할 때 이제는 과거처럼 개인 명의로 무작정 주택 수를 늘려가는 식의 투자는 세금뿐 아니라 수익률 측면에서도 매우 비효율적이다. 바로 이럴 때 고려하게 되는 것이 법인을 통한 '명의 분산'이다.

실제로는 자연인인 내가 지분 100퍼센트를 투자해 만들고 성장시켰어도 법인은 나로부터 분리된 개별 인격체로 여겨진다. 마치 손오공이 머리카락을 뽑아 분신을 만들듯이 대표나 지분을 가진 개인과 완전히 별개인 새로운 생명체가 만들어진다.

법인 명의로 부동산 취득할 때의 장점

A라는 자연인이 기존 2주택을 보유한 상태에서 추가로 주택을 취득한다고 가정해보자. 이 경우 다주택자에 부여되는 중과세 요건 때문에 A는 부동산의 취득, 보유, 양도 과정 모두에서 과중한 세금 부담을 떠안아야 한다. 그런데 A가 법인인 주식회사 B를 설립하면 어떻게 될까? 그리고 추가로 매수하는 주택을 법인 B의 명의로 취득한다. 그러면 A는 여전히 2주택자로 남고 법인 B가 1주택 보유를 하게 된다.

뒤에서 자세히 알아보겠지만 새로이 설립한 법인 B로 주택을 취득한다고 해서 취득세나 보유세가 현저히 낮아지는 것은 아니다. 그런데 부동산에서 가장 강력한 세금은 양도세다. 여기서 자연인 A와 법인 B의 경쟁력이 완전히 달라진다. 법인 B는 큰 수익을 보고 해당 주택을 매도해도 '양도세'를 내지 않고 법인세만 내면 된다. 더불어 자연인 A는 계속 2주택 상태를 유지할 수 있으므로 추가적인 이점이 있다.

법인을 만들어서 명의를 추가로 확보하는 것이 부동산 투자에서 왜 유리한지 이해할 수 있는 대목이다. 그렇다고 해서 무조건 법인이 유리하다고 단정하진 않겠다. 다만 의사결정과 선택의 폭을 넓혀줄 수 있다는 점에서 반드시 고려하라고 강조하고 싶다. 명의 문제로 고민하는 투자자라면 법인 설립을 권한다.

좀 더 적극적으로 부동산 투자를 하기 위해 법인을 설립해 지혜롭게 활용하면 명의 분산과 더불어 개인의 소득을 법인으로 분산하는 효과를 내기에 절세에도 요긴하다. 소득이 많은 개인사업자 다수가 어느 시점에 도달하면 자연스레 법인 설립으로 시선을 돌리고 실제로 많이 설립하는 이유다.

법인이라는 이름이 주는 중압감을 벗자

사실 '법인'이라는 이름 자체에서 오는 무게감 때문에 막연히 거부감이 든다는 분들도 많다. '내가 직접 회사를 세운다?', '사업을 벌여서 대표자가 된다?' 왠지 어렵고 막막하게 느껴진다. 나 역시 처음 법인을 설립할 때 두려움이 전혀 없었다고 하면 거짓말일 것이다. 괜히 큰 사업을 벌였다가 부도를 맞아 패가망신하는 모습을 드라마에서 많이 접했다.

그런데 여기서 말하는 법인이란 엄청난 규모의 대기업을 말하는 게 아니다. 뛰어난 기술력과 아이디어를 갖춘 벤처기업도 아니다. 여기서 우리가 시작하려는 부동산 1인 법인은 부동산 투자에 좀 더 효율적으로 활용하기 위한 도구 정도로 생각하면 충분하다. 그 이상도 그 이하도 아니다. 어깨에 힘을 빼고 단순하게 접근하면 된다.

부동산 투자에 필요한 기본 지식은 초보자들이 막연히 생각하는 것보다 훨씬 쉽고 단순하다. 문제가 생겨도 시행착오와 경험을 통한 공부로 얼마든지 극복할 수 있다. 법무사, 세무사 등 전문가들의 조력을 받으면서 운영하면 누구라도 할 수 있다. 그간 법인을 설립하고 운영해온 경험을 돌이켜볼 때 자신감 있게 일단 시작해볼 것을 권하고 싶다.

공무원, 직장인, 개인사업자
누구나 가능하다

직장인, 공무원도 법인 만들 수 있다?

우리나라는 세법상 개인사업자든 법인사업자든 필요 서류를 구비하고 요건을 갖춰 세무서에 신청하면 누구라도 사업자등록증을 발급받을 수 있다. 법에서 정한 요건만 충족하면 누구든 제약 없이 자유롭게 사업자 설립을 할 수 있다. 하지만 공직에 종사하거나 일부 기업의 '재직 중 겸업 금지 조항'에 따른 제약이 있을 수 있다. 기업의 겸업 금지 종류로는 개인사업자, 법인사업자, 제3의 업무 등 다양한 범주가 있고 징계와 불이익의 유형도 다양하다. 일부 직종의 경우 고용인이 겸직 금지 조항을 어기면 사업주가 처벌받는 예도 있다. 그러므로 법인 설립 전에 자신이 속한 직장의 겸업 금지 규정을 꼭 확인해보아야 한다.

대다수 기업의 취업규칙은 겸업 금지 조항을 다소 모호하고 포괄적으로 서술하거나 법인 '대표자'로 국한해 금지하는 사례가 다수다. 이 경우 감사, 비상근 임원, 주주 등 다른 형태로는 얼마든지 참여할 수 있다. 자신이 속한 회사의 조항을 살펴보거나 믿을 만한 선배 등에게 조언을 구한 뒤 법인에서 자신이 할 수 있는 역할을 찾아서 참여하면 된다.

대주주가 아닌 일반 주주로 참여해도 된다

그런데 회사 규정을 확인한 결과 겸업 금지에 해당한다고 해서 그대로 법인 설립을 포기해야 할까? 꼭 그렇지만은 않다. 몇 가지 방법으로 법인을 만들 수 있다. 가장 간단한 방법은 배우자, 부모, 형제 등 신뢰할 수 있는 사람과 함께 설립하는 것이다. 법인 대표로 믿을 만한 사람을 세우고 자신은 주주로 참여할 수 있다. 내 주변에도 직장인이나 공무원이지만 믿을 만한 사람에게 법인 대표를 맡기고 자신은 주주로 참여하면서 매우 적극적으로 투자하는 경우가 많다. 법인에서 급여를 받지 않는 이상 다니는 직장에서는 이런 사실을 알기가 어렵다.

그러나 실제로는 전혀 함께 사업을 영위하지 않으면서 단순히 법인 설립을 목적으로 타인의 명의를 대여하거나 자신의 명의를 빌려주면 가산세 부과, 범칙 처분 등 처벌을 받을 수 있으므로 반드시 유의해야 한다. 공무원이나 직장인 신분이어서 법인 설립이 여의찮아 법인 대표로 다른 이를 세우더라도 반드시 그들이 지분이나 경영 참여를 할 수 있어야 한다.

막연한 걱정 대신 확실한 대비를

주식회사 주주가 되는 것은 피동적인 고용인이 아니라 해당 법인의 실질적인 주인이 된다는 의미다. 카카오, 네이버 등의 주식을 가짐으로써 그 회사의 주주가 되는 것과 같은 이치다. 카카오나 네이버 주식을 보유했다고 해서 지금 다니는 회사에서 부당한 압박을 가할 이유는 없다.

직장인일수록 은퇴나 퇴사 전에 자신이 참여하는 법인을 키워 놓으면 여러모로 좋다. 은퇴 후에는 법인 대표가 될 수도 있고 법인에서 급여를 받을 수도 있으며 미리 쌓아둔 경험을 바탕으로 불안감 없이 노후를 준비할 수 있다. 잘 키운 법인을 자녀에게 물려줄 수도 있으므로 일거양득의 효과가 있다.

나는 대한민국 직장인이라면 하루라도 빨리 부동산 1인 법인을 만들어 투자를 시작하라고 적극적으로 권한다. 아무도 우리의 미래를 책임져 주지 않는 시대다. 오직 나 자신의 힘으로 홀로서는 힘을 기르기 위해 부동산 1인 법인만큼 좋은 것은 없다고 확신한다.

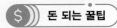

개인보다 법인을 통한
부동산 투자가 유리한 이유

개인과 법인, 때에 따라 유리한 쪽을 선택하자

부동산 1인 법인을 설립하는 이유는 결국 개인으로 투자할 때보다 유리한 측면이 있기 때문이다. 그런데 모든 면에서 법인이 개인이나 개인사업자보다 유리한 것은 아니므로 주의할 필요가 있다. 만약 법인으로 하는 부동산 투자가 모든 측면에서 개인보다 유리하다면 모든 투자자가 법인을 설립해 투자하지 개인 자격으로 하지는 않을 것이다. 여기서는 이론적이고 포괄적으로 개인과 법인의 투자 시 장단점을 설명한다. 그러나 더 중요한 것은 투자자 자신이 처한 상황과 투자하려는 대상 부동산이다. 그러므로 자신의 상황을 객관적으로 파악한 뒤 법인 투자의 장점을 최대한 살리는 운용의 묘가 필요하다.

주택의 경우 장기 투자는 개인, 단기 투자는 법인이 유리

오른쪽의 표에서 보아서 알 수 있듯이 법인은 9~24퍼센트 세율의 법인세가 부과되지만, 개인에게 부과되는 양도소득세는 6~45퍼센트 세율을 적용받으므로 소득이 커지면 세금 역시 기하급수적으로 늘어난다. 그러므로 세율 면에서는 전반적으로 법인을 이용한 투자가 개인보다 유리하다.

더불어 개인은 주택을 취득한 후 1년 이내 단기 매도했을 때 무려 70퍼센트, 1년 초과 2년 이내 매도 시에도 60퍼센트의 중과세율을 적용받는다. 하지만 법인은 부동산 보유기간에 따른 중과세 제도가 없다. 그러므로 주택에 단기 투자할 때는 법인이 개인보다 유리하다. 다만 반드시 주의할 점이 있다. 법인의 경우 토지 등 양도소득에 대한 법인세 20퍼센트가 추가된다는 점이다. 이 법인추가세를 간과하고 토지에 투자하는 경우 예상했던 것과는 다른 결과를 얻을 수도 있으므로 꼼꼼하게 판단하기를 바란다.

반면 주택에 장기 투자하고자 한다면 개인이 법인보다 유리하다. 개인은 3년 이상 부동산 보유 시 보유기간에 따라서 최소 6퍼센트에서 최대 30퍼센트까지 세액공제를 받을 수 있기 때문이다.

● 부동산 투자 시 개인 vs. 법인

구분	개인	법인	참고사항
법인세 vs. 소득세	**6~45%**	**9~24%**	법인세가 소득세보다 낮은 세율 적용
양도소득세	**6~45% 단기 매도 시 중과세**	**양도세 없음**	토지 등 양도소득에 따른 추가 법인세
종합부동산세	기본공제 및 1주택자 공제	매우 불리	법인은 기본공제 없음
취득세	**유리**	불리	법인은 공시가격 1억 초과 주택 취득세 12%
대출	**DSR 적용**	DSR 미적용	법인은 DSR 규제 없으나 대출과 실적이 연동
주택 (단기) 투자	불리 (단기세율 적용)	**유리 (법인세율 적용)**	법인은 토지 등 양도소득세 추가부담
주택 (가액기준) 투자	고가 유리 (비과세 기회)	**저가 유리 (공시가격 1억 미만)**	법인은 비과세 혜택 일절 없음
비주택 (상가, 공장 등) 투자	불리	**유리**	법인은 실적 근거로 추가 대출 가능
장기보유	**유리**	불리	개인은 장기보유특별 공제 적용 가능

취득세와 종부세는 불리하지만 양도세는 법인이 유리

취득세의 경우 법인으로 주택에 투자할 때 공시가격 1억 미만 주택의 경우는 기본 세율만 적용되지만 1억 원을 넘으면 12퍼센트의 세율이 적용된다. 그러므로 고가 주택에 투자할 때는 법인보다 개인이 유리한 측면이 있다. 종합부동산세는 개인의 경우 9억 원 기본공제가 적용되지만 법인은 이러한 제도가 없다. 그러므로 법인은 매년 6월 1일 이후 주택을 취득한 다음 이듬해 6월 1일 전에 매도하지 않는 이상 주택 금액(공동주택 가격, 개별주택 가격)에 해당하는 종합부동산세를 오롯이 부담해야 하기에 개인보다 불리한 점이 있다. 그러나 앞에서 설명한 양도소득세에서 막대한 세율 차이를 보이므로 불리한 점과 유리한 점을 면밀히 체크해서 투자할 필요가 있다.

개인 소득이 높은 투자자의 건강보험료와 대출 등 법인이 유리

법인으로 부동산에 투자해서 큰 이익이 발생해도 해당 이익금에 따른 법인세와 지방소득세를 부담하면 될 뿐 건강보험료가 추가로 부과되지는 않는다. 만약 법인 대표자로서 급여를 받게 되면 직장가입자가 되어 건강보험료를 납부해야 한다. 그러나 급여를 얼마나 책정할지도 자신의 선택이므로 심지어 무보수로 설정해 건강보험료 부담을 없앨 수도 있다.

반면 개인이나 개인사업자는 지역가입자가 되어 사업소득 금액 기준의 건강보험료가 부과되므로 법인에 비해 확실히 부담이 큰 것이 사실이다. 게

다가 기존 다른 업종의 개인사업자가 있는 상태에서 추가로 부동산 투자를 고민하고 있다면 법인을 설립하는 편이 훨씬 유리하다. 개인은 1년 동안 얻은 모든 소득을 합산해서 종합소득세를 신고하게 되므로 기존 사업소득에 추가적인 부동산 투자 소득이 합해지면 높은 세율을 적용받을 수밖에 없다. 하지만 법인으로 투자해 얻은 소득은 개인과 별개로 산정되므로 세금 부담 측면에서 법인이 개인보다 유리하다 하겠다.

또한 개인의 경우 소득과 대출을 연동하는 DSR(총부채원리금상환비율) 규제로 대출에서 한계가 생긴다. 반면 DSR 규제가 없는 법인은 고가의 부동산 투자에서도 대출이 가능해져 선택의 폭이 넓어진다는 이점이 있다. 법인이 보유한 자산이나 과거 실적에 따라 개인이 받을 수 있는 것보다 큰 금액의 대출을 일으킬 수 있으므로 다양한 부동산 물건에 투자할 수 있다.

법인이 더 유리한 부동산 투자 사례

- 공시가격 1억 미만 주택
- 2주택 이상 단기 투자
- 부동산 대출을 활용한 상가 등 상업용 부동산 투자
- 비거주용 부동산 경·공매 낙찰을 통한 투자
- DSR 예외인 기업 대출을 활용한 대규모 상업용 부동산 투자
- 임대소득 등이 개인 소득과 분리되며 법인세만 과세

초보, 무주택자일수록
1인 법인 만들자

투자의 시작부터 법인의 강점을 적극적으로 활용하라

초보 투자자일수록 한시라도 빨리 법인을 만들어 경험치를 쌓으라고 말씀
드리고 싶다. 무조건 좋다고만은 할 수 없어도 법인의 장점이 워낙 크고 부
동산 투자만이 아니라 여타 사업을 하는 데도 큰 힘이 되기 때문이다. 무기
하나 달랑 갖고 싸우는 것과 여러 개로 싸우는 것은 분명 차이가 난다.

직장인이라면 평일에 업무를 보고 매달 근로소득을 받는다. 직장에 매여
있으므로 법원 경매에 입찰하거나 부동산 임장 등을 하려면 반차나 휴가를
내거나 주말을 이용할 수밖에 없다. 부동산 투자를 적극적으로 하기에 애로

사항이 있다. 그러나 그렇기에 더더욱 부동산 1인 법인을 만들어 투자하는 게 좋다. 법인을 만들기 전에는 여가가 생기면 투자하겠다는 마음가짐이었다면 법인을 만든 뒤에는 '법인으로 어떻게 수익을 낼까?' 적극적으로 골몰하게 된다. 이전이라면 친구를 만나 술을 마시거나 늘어져 쉬던 평일 저녁이나 주말에도 목표를 갖고 계속 움직이게 만들어 성과로 이어진다.

참고로 고액 연봉을 받는 직장인이라면 더더욱 법인 설립을 적극적으로 검토하길 추천한다. 기존 급여에 부동산 투자 수익이 가산되면 5월 종합소득세 신고 때 추가 납부세액이 크게 발생하기 십상이다. 이때 법인으로 부동산 투자 소득을 분산시키면 소득세 과표를 낮출 수 있어 절세에 도움이 된다.

이미 사업을 운영 중인 개인사업자에게도 부동산 1인 법인은 요긴하다. 요즘에는 사업 하나로만 성공하기가 쉽지 않다. 경쟁도 심하고 뭐가 잘된다고 하면 우후죽순 모방 상품이 생겨난다. 그래서 자신의 사업을 하면서 부동산 투자를 병행하는 사업주들이 많다. 이때 매매나 임대 등 개인사업자를 낼 것인가 법인을 만들 것인가 고민한다. 상황이 저마다 다르겠지만 나는 개인사업자와 법인 2가지를 병행해 적절히 활용하기를 권한다. 개인사업자만 있으면 기존 사업에서 벌어들이는 사업소득에 부동산 수익까지 더해지면 고액의 개인 소득세를 내야 할 수 있다. 종합소득이 커지면 건강보험료도 추가로 늘어난다. 반면 법인만 고집한다면 개인사업자를 활용해 얻을 수 있는 취득세, 종부세 공제 혜택 등을 완전히 포기해야 한다. 또 법인 돈은 함부로 가져올 수 없기에 사적인 자금 운용이 원활하지 않을 수 있다. 그러므로 둘을 병행해 적절히 활용할 것을 추천한다. 30페이지에서 설명한 각각의 장단점을 잘 고려하면 적절한 균형을 찾을 수 있을 것이다.

아직 초보 단계라도 전업으로 부동산 투자를 할 수 있는 투자자라면 부동산 1인 법인 설립은 선택이 아니라 필수다. 기존에 개인사업자가 있더라도 최대의 수익률을 올리기 위해 법인을 적절히 이용할 필요가 있다. 명의, 양도세, 종합소득세, 사회보험료 등 여러 이슈에 유연하게 대응하기 위해서라도 법인 설립은 꼭 필요하다. 머지않은 장래에는 자녀에게 부동산을 증여 혹은 상속해야 할 수도 있다. 상속이나 증여로도 자산을 이전시켜줄 수 있지만 자녀들을 법인의 주주로 참여시켜 법인이 매수한 부동산의 주인이 되도록 매년 적절한 비율로 전수하는 방법도 있으므로 잘 활용했으면 한다.

부동산 경기 등락에 따라 부득이 부동산 투자업을 잠정적으로 쉬어야 하는 시점이 올 수도 있다. 그때 법인에 이미 추가해두었던 다른 업종을 활용해 유연하게 사업을 벌여갈 수도 있다.

무주택자에게도 유리한 1인 법인

이제 막 부동산 투자에 관심을 두기 시작한 무주택자라면 '내 집 마련'이 1차 목표일 것이다. 즉 자신이 실거주할 주택을 매수하는 일이다. 부동산 투자로 종잣돈을 더 키워서 더 좋은 실거주 주택을 취득하길 원할 수도 있다. 그렇다면 무주택자가 법인을 설립하면 어떤 점이 유리할까?

첫째, 원하는 주택을 찾을 때까지 무주택자 상태를 유지할 수 있다. 법인은 개인과 독립되어 인위적으로 만들어진 인격체라고 설명했다. 법인으로 주택을 취득해도 법인 대표자 개인은 계속 무주택자로 남는다. 그러다가 자신이 정말 원하는 실거주 주택을 구매할 때는 1주택 취득에 따르는 청약, 대출, 세제 등 다양한 혜택을 취할 수 있다.

둘째, 주택을 취득한 뒤에도 보유주택 비과세 요건을 유지할 수 있다. 무주택 상태로 법인으로만 투자하다가 개인 명의로 1주택을 취득했다고 해보자. 이후 법인을 활용해 주택 투자를 이어간다면 개인은 1주택 보유와 거주를 유지할 수 있다. 요건만 충족한다면 부동산 1인 법인 대표자 개인으로 취득한 1주택은 지속해서 비과세 혜택을 받을 수 있다.

셋째, 건강보험료를 절감할 수 있다. 무주택 상태로 개인사업자를 활용해 부동산 투자를 할 수도 있다. 그러나 개인사업자로 소득이 늘면 개인 소득과 합산되어서 소득세가 올라가고 건강보험료도 추가 부과된다. 개인사업자는 대표자에게 급여를 설정할 수 없고 5월 종합소득금액이 결정되면 건강보험 지역가입자 보험료도 추가된다. 반면 법인은 대표자 급여를 설정할 수 있고 심지어 무보수로 해도 된다. 적은 급여를 설정하면 대표자에게 추가로 건강보험료가 부과되지 않는다.

넷째, 법인을 만들면 세금에서 공제되는 필요경비의 범위가 상대적으로 넓어진다. 무주택자든 유주택자든 개인사업자든 미리 부동산 1인 법인을 만들어서 다양한 지출을 비용 처리 해두는 게 절세에 도움이 된다. 사업 초반에는 법인 부동산 매매로 큰 이익이 발생하기 어려우므로 비용 처리가 얼마나 중요한지 피부에 와닿지 않을 수 있다. 하지만 이월결손금 공제 등을 잘 활용하면 향후 발생하게 될 이익에서 비용 처리를 할 수 있다. 이에 대해서는 뒤에서 더 자세히 알아볼 것이다.

생애 최초 혜택에 1인 법인 장점 더하기

2022년부터 정부는 꾸준히 무주택자가 주택을 취득할 때 다양한 혜택을 주기 시작했다.

첫 번째가 대출 규제 완화다. 우선 LTV(담보인정비율) 한도를 80퍼센트까지 늘려주었다. 보금자리 대출 등 정책자금을 활용하면 시세 6억 원짜리 아파트를 취득할 때 LTV 80퍼센트인 최대 3.6억 원까지 대출받을 수 있다. 최장 40년 고정금리 상환 조건이므로 무주택자가 누릴 수 있는 가장 큰 혜택인 셈이다.

두 번째 각종 세제 혜택도 주어진다. 무주택자(생애최초 주택 구입자)는 주택을 취득할 때 내는 취득세 1~3퍼센트도 200만 원 한도로 감면해준다. 양도세 면에서도 매우 유리하다. 조정지역이라도 2년 이상 거주 후 매도하면 양도세 비과세가 적용된다. 양도세 비과세 한도 역시 12억 원으로 상향되었고 장기보유 특별공제 혜택도 받을 수 있다. 종합부동산세도 1세대 1주택자 과세 기준금액이 12억 원으로 상향되어서 대상자가 크게 줄었다.

만약 무주택자라면 직주근접(직장과 주거지가 가까운 것) 1주택을 취득해서 실거주하면서 법인으로 추가적인 단기 투자를 이어갈 수 있다. 무주택자일수록 법인을 만들어야 하는 이유다. 법인은 개인과 별개의 인격체라서 법인으로 취득한 주택은 기존 개인 1주택과 합산되지 않는다. 그러므로 조건에 맞는 적절한 주택을 매입해 1주택자가 된 이후 다른 부동산은 법인 명의로 매입해서 분리 전략을 쓸 수 있다.

특히 취득세와 종부세 중과에 해당하지 않는 물건을 취득해서 양도세 부담 없이 매각한다면 효율적으로 수익을 만들어낼 수 있다. 일례로 법인의 주택 취득세는 12퍼센트지만 공시가격 1억 원 미만 주택은 취득세 1퍼센트만 내면 된다. 보유세인 종부세와 재산세 역시 납부기준일인 매년 6월 1일 이전에 매도하면 내지 않아도 된다.

정리하자면, 지금 무주택자라면 더할 나위 없이 좋은 부동산 투자의 적기를 맞았다고 보아도 무방하다. 청약제도 등을 통해 시세보다 저렴한 가격에 1주택을 취득해서 비과세 요건을 유지하면서 법인을 통해 단기 수익 실현을 해나간다면 자신이 설정한 목표에 좀 더 빨리 도달할 수 있을 것이다.

부동산 침체기에 더 유리한 1인 법인

법인의 장점은 주택이 아닌 상가, 오피스텔, 지식산업센터, 건물, 토지 같은 상업용 부동산에 투자할 때 더욱 도드라진다. 2022년 7월부터 개인은 1억 원 이상 대출을 받을 때 소득과 부채를 종합 평가해 DSR 40~50퍼센트 제한 규제를 적용받게 되었다. 즉 대출 원금과 이자를 합한 총액이 연 소득의 50퍼센트를 넘을 수 없다.

그런데 법인을 통한 사업자 대출의 경우 DSR을 적용받지 않는다. 상업용 부동산을 취득할 때 최대 취득가의 70~80퍼센트까지 대출을 받을 수 있다. 상대적으로 적은 자본으로도 대출 레버리지를 활용해서 부동산 투자를 할 수 있다는 의미다.

물론 요즘처럼 고금리 시대에 무리하게 대출까지 받아서 투자하는 것은 자칫 위험할 수도 있다. 그러나 어려울 때일수록 가치 있는 부동산을 상대적으로 저렴하게 매입할 기회가 찾아온다. 성공한 투자자들은 남들이 움츠릴 때 오히려 더 적극적으로 움직였다는 것을 기억할 필요가 있다. 불경기일수록 쏟아져나오는 경·공매 등을 적극적으로 활용해서 임대수익이 안정적인 부동산을 저렴하게 취득한다면 대출 비용을 웃도는 수익 실현도 가능하다. 숨어 있는 기회를 찾아서 적극적으로 도전해볼 만하다.

다주택자가 법인으로
전환할 때의 이점

2주택자 이상이 되면서 커져만 가는 고민

유주택자는 주택을 보유한 개인을 의미한다. 그러나 유주택자도 둘로 나뉜다. 1주택자와 2주택 이상 보유한 다주택자다. 기존 다주택자라면 추가로 주택에 투자하는 게 고민스러울 것이다. 이때 법인이 유용한 해법이 될 수 있다.

다주택자가 법인 명의로 주택을 구매하면 개인 명의로는 주택 수가 추가되지 않는다. 명의 분산이라는 측면에서 매우 효과적인 매수 전략인 셈이다. 더불어 1주택자의 경우에는 2주택 이상 다주택자가 되는 것을 피할 수 있어 취득, 보유, 양도 측면의 중과세를 피할 수 있다.

아래는 정부가 추진하는 다주택자 중과세율 개편안을 포함한 주택 취득, 보유, 양도 관련 중과세율이다. 향후 다주택자 관련 규제가 어떻게 바뀔지 추이를 눈여겨보면서 결정하기를 바란다.

● **주택 매매, 보유, 양도 세율(정부 추진안 포함)**

주택 취득 시 중과세율				
	현행		정부 추진안	
	조정지역	비조정지역	조정지역	비조정지역
1주택	1~3%	1~3%	1~3%	1~3%
2주택	8%			
3주택	12%	8%	6%	4%
4주택 이상	12%	12%	6%	6%

종합부동산세 세율		조정지역 내 중과 대상 주택 양도세 세율
2주택	0.5%~2.7%	기본 세율+20%
3주택 이상	0.5%~5%	기본 세율+30%

눈덩이처럼 불어나는 세금 문제 해결

법인 사업자로 상업용 부동산에 투자하면 대출이 쉽다는 장점 외에 세제상의 이점도 크다. 상업용 부동산에 투자해서 월세를 받는다고 해보자. 개인으로 상가 임대수익이 생기면 종합과세가 되어 기존 급여 등과 합산되어 종합소득세 신고 대상자가 된다. 게다가 누진세율이 적용되기 때문에 44페이지 표에서 보듯이 소득이 커질수록 세율이 급격히 상승한다.

하지만 법인 사업자로는 동일한 임대수익이 발생해도 개인 소득과 분리되어 법인세만 납부하면 된다. 부동산 법인의 경우 대개 과세표준 2억 원 미만인 경우가 많으므로 법인세율은 9퍼센트에 불과하다. 개인의 소득세율에 비해 매우 절세효과가 크다. 또한 부동산을 매도할 때도 양도세가 아니라 법인세와 건물분 부가세(10퍼센트)만 납부하면 되므로 세금 부담이 현저히 줄어든다.

기존 다주택자라면 법인의 장점을 살려서 주택은 개인 명의로 중장기 투자하고, 상업용 부동산이나 단기 투자는 법인 사업자로 분산해서 투자하는 효율의 미학을 추구할 수 있다. 이를 통해 현금흐름과 시세차익이라는 두 마리 토끼를 모두 잡을 수 있어 투자자로서 더 유리한 고지를 점할 수 있다.

기존 개인 소유 부동산을 법인으로 전환하는 법

법인을 설립하면서 대표자 개인 명의의 부동산을 법인 명의로 바꾸고 싶은

● 개인과 법인의 세율 비교

종합소득세율(개인)

과세표준	세율	누진공제
~1,400만 원	6%	–
1,400~5,000만 원	15%	1,260,000원
5,000~8,800만 원	24%	5,760,000원
8,800~1억 5천만 원	35%	15,440,000원
1억 5천~3억 원	38%	19,940,000원
3억~5억 원	40%	25,940,000원
5억~10억 원	42%	35,940,000원
10억 원 초과	42%	65,940,000원

법인세율(법인)

과세구간	세율
~2억 원	9%
2억~200억 원	19%
200억~3천억 원	21%
3천억 원 초과	24%

경우가 생긴다. 투자수익 극대화 혹은 보유세 절감을 위해서 그렇다. 다음 몇 가지 방법으로 법인 전환이 가능하다.

첫째, 양도를 통해 이전한다. 양도란 개인 명의 부동산을 법인에 유상으로 매도하는 것을 말한다. 주의할 점은 매매대금은 반드시 취득가가 아닌 시가여야 한다는 점이다. 법인과 법인 대표자는 특수관계인에 해당하며 서로 부당하게 너무 낮거나 높은 가격으로 거래하면 세법상 부당행위계산부인에 해당해 양도소득세를 추가 납부하거나 가산세도 발생할 수 있다. 양도소득세와 지방세는 양도일이 속하는 달 말일부터 2개월 이내에 신고하고 납부해야 한다.

둘째, 증여하는 방법도 있다. 증여란 개인 명의 부동산을 법인에 무상으로 이전하는 것을 의미한다. 증여 역시 시가 기준으로 이뤄져야 하며, 증여재산 평가는 유사 매매 사례가, 감정가, 기준시가 순으로 이루어진다. 증여받은 법인은 자산수증이익에 따른 법인세를 납부한다.

셋째, 현물출자의 방식도 있다. 대표자가 고정자산을 새로이 설립하는 법인에 현물로 출자하는 방법을 의미한다. 현물출자 방식으로 법인에 부동산을 출자하면 이월과세 혜택을 받을 수 있다. 이월과세란 부동산을 출자한 개인이 양도소득세를 내는 대신 법인이 추후 해당 자산을 양도할 때 그에 해당하는 금액을 법인세로 납부하는 것을 의미한다.

넷째, 드물지만 사업양수도의 방법도 가능하다. 개인사업자가 사업의 포괄양수도 방식으로 법인으로 전환할 때 개인사업의 모든 권리와 의무를 고스란히 법인으로 이전하는 것이다. 이 경우 법인은 부동산 양도 대가를 현금으로 개인사업자에게 지불한다.

개인(개인사업자)의 부동산 자산을 법인으로 전환하는 방법은 각기 장단점이 있고 특히 현물출자나 사업양수도의 경우 요건이 복잡하고 받을 수 있는 혜택도 다양하므로 전문가의 조력을 받아야 한다. 그러나 과거에는 이월과세 혜택도 있고 세율도 부담스럽지 않은 수준이었지만 현재는 각종 세 부담이 커지는 추세인데다 요건도 까다로워 불가피한 경우가 아니면 개인 소유 부동산을 법인으로 전환하는 것을 권하지 않는다고 한다. 그러므로 투자하고 난 뒤에 명의를 옮기기보다 조기에 부동산 1인 법인을 설립해 법인 명의로 신규 부동산을 취득하는 편이 여러모로 훨씬 유리하다 하겠다.

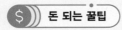

임대사업자, 매매사업자, 법인…
이럴 땐 이렇게

이제 개인으로 무작정 투자하는 방식은 한계가 있다

부동산 투자의 주체는 3가지로 나뉜다. 첫째 개인, 둘째 부동산 매매 개인 사업자, 셋째 부동산 매매 법인이다. 앞서 설명한 것과 얼마간 중복되겠지만 헷갈리지 않기 위해 이 3가지 주체의 특징을 다시금 정리해보자.

개인으로 투자하는 것은 과거로부터 보편적으로 쓰이는 방법이다. 사업자 등록, 법인 설립, 세무 기장 등 번거로운 절차가 일절 없다. 매매사업자나 법인에는 없는 비과세 혜택도 받을 수 있다. 그러나 그 요건이 점점 까다로워지고 있고 관련 지출을 비용 처리 하는 데도 한계가 있다. 이런 면은 매

● 개인, 매매사업자, 법인 세금 비교

구분	개인	매매사업자	법인
취득세	주택 수 및 조정지역 여부에 따라 1~12%		12%
공시가격 1억 미만 주택 취득세 (정비구역 예외)	1~3%		
양도세 (비조정지역, 중과 제외 주택)	• **1년 이내 매도 시 70%** • **2년 이내 매도 시 60%** • 2년 이상 일반 세율 6~45%	일반 세율 6~45%	**양도세 ×** **법인세 ○** **2억 미만 9%** **200억 미만 19%** **비사업용 토지,** **주택 추과 과세** **20%**
양도세 (조정지역, 중과 주택)	• **1년 이내 매도 시 70%** • **2년 이내 매도 시 60%** • 2년 이상 일반 세율 + **중과세 20~30%**		
종합소득세	근로, 사업, 연금, 임대, 이자 등 모든 소득 합산	기존 양도소득세 예정신고 때 낸 세금과 비교 후 환급 혹은 추가 납부	**해당 없음** (급여 수령 시 발생 가능)
종합부동산세	• 2주택 이하 0.5~2.7% • 3주택 이상 0.5~5%(12억 이하 0.5~1%) • 1주택자 12억 다주택자 9억 공제		• 2주택 이하 2.7% • 3주택 이상 5% • 공제금액 없음
대출	개인의 DSR, LTV에 따라 대출		주택 대출 불가 **상업용 부동산** **가액의 70~80%** **대출 가능**

매사업자와 법인과 비교하면 아주 불리하다. 무엇보다 치명적인 단점은 중과 대상 2주택, 3주택에 해당하면 양도소득세가 급속히 올라간다는 점이다.

매매사업자도 일부 장점 있지만 길게 보아 법인이 유리

개인에 비해 개인사업자나 법인이 유리한 이유는 크게 3가지다. 첫째 관련 비용 처리가 가능하며, 둘째 부동산 투자에서 발생한 손실을 이후 15년간 다른 부동산 투자에서 발생한 이익에서 공제받을 수 있다. 셋째 단기 매도 때에도 세율이 올라가지 않는다. 물론 단점도 있다. 국민주택 규모를 초과한 건물분에 대해 추가부가세를 납부해야 한다. 이익이 없어도 납부해야 하므로 부담이 될 수밖에 없다.

나와 함께 하는 강사 중 한 명은 오로지 매매사업자로 연간 순이익 1억 3천만 원 내외를 실현하며 지금도 비규제지역에서 매매사업자를 활용한 투자를 지속하고 있다. 매매사업자는 앞의 3가지, 즉 비용 처리, 손실 15년간 공제, 단기 매도 시에도 양도차익 소득세율 6~45퍼센트 적용 등의 장점이 있다. 덧붙여 비규제지역에서 DSR 60퍼센트까지 대출을 받을 수 있는 것도 큰 장점이다. 그런데 기존 급여, 사업소득, 임대소득과 개인사업자 이익이 합쳐지면서 종합소득세가 합산과세 되어 세율이 크게 올라간다. 매매사업자도 법인과 동일하게 국민주택 규모 초과 건물분 부가세를 납부해야 한다.

내가 가장 추천하는 방법은 양도세가 다소 높더라도 최소 1~2차례 정도는 일반 매매나 경매, 공매를 통해 경험치를 쌓으며 투자 근육을 만든 다음,

● 개인사업자와 법인 차이 비교

개인	구분	법인
간단함	설립 절차	복잡함
거의 없음	설립 비용	등기, 등록면허세 등 비용 발생
6~45% 세율 적용	세금 부담	9~24% 세율 적용
자유로움	자금 인출	급여, 배당 등 과세 있음
종합소득세	과세	법인세
급여 인정 안 됨	대표자 급여	급여 인정됨
배당 불가	배당	주주에게 배당 가능
대표자 퇴직금 인정 안 됨	퇴직금	대표자 퇴직금 인정
한계 있음	자금 조달	대규모 자금 조달 가능
자유로움	의사결정	이사회 협의 필요

출처: 택스워치

부동산 1인 법인을 설립해 범주를 넓혀가는 것이다. 부동산 투자 경험이 일절 없는데 무작정 법인부터 만들라고 강요하고 싶지는 않다.

지금 바로 부동산 1인 법인이 필요한 것은 다음에 속하는 이들이다. 첫째 주택을 여러 채 보유한 개인, 둘째 비과세 요건을 유지하고 싶거나 일시적 1가구 2주택이 되어 투자에 어려움을 느끼는 개인, 셋째 개인으로 소득이 높아 추가적인 투자로 인한 소득세 증가에 부담을 느끼는 개인(매매사업자) 등이다. 이런 분들이라면 부동산 1인 법인을 활용해 매우 효과적으로 투자를 이어갈 수 있다.

개인사업자를 법인으로 전환할 때의 장단점

- 장점 1. 과세표준을 낮춰 소득세 절세
- 장점 2. 대표자 급여 등 비용을 법인세에서 공제
- 장점 3. 건강보험료 지역가입자에서 직장가입자로 전환해 부담 절감
- 장점 4. 사업 운영비 비용공제 범위 대폭 확대
- 단점 1. 법인 자금을 마음대로 인출 불가
- 단점 2. 법인 설립과 운영에 따른 소정의 비용
- 단점 3. 회계와 세무 업무의 복잡성

1인 법인 매출
어느 정도 되어야 하나?

어느 정도 매출이면 법인이 더 유리할까?

개인사업자를 운영하다가 법인으로 전환하고자 하는 경우 가장 큰 이유는 세금 부담이라고 언급했다. 그 차이를 실감시키기 위해 오른쪽의 그래프로 그려보았다. 한눈에 보아도 세금 차이가 엄청나다.

　의사, 약사 등 전문직 고소득 사업자가 아니라도 실적이 어느 정도를 넘어서 성실신고 대상이 되었다면 법인 설립은 선택이 아니라 필수다. 개인사업자로 이익이 10억 원을 넘으면 종합소득세율 45퍼센트에 지방소득세율 4.5퍼센트를 합쳐 49.5퍼센트를 세금으로 낸다. 여기에 비례해 건강보험료

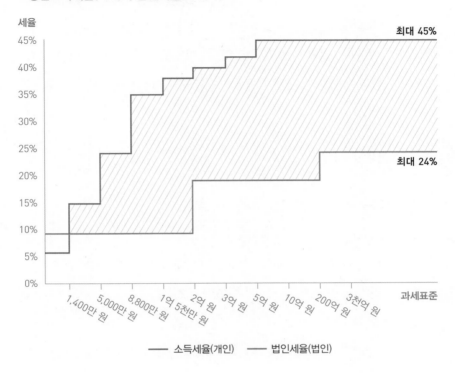

● 종합소득세율(개인)과 법인세율(법인) 비교

세율

최대 45%

최대 24%

과세표준

1,400만 원 5,000만 원 8,800만 원 1억 5천만 원 2억 원 3억 원 5억 원 10억 원 200억 원 3천억 원

—— 소득세율(개인)   —— 법인세율(법인)

도 추가된다. 반면 법인은 개인의 이익과 분리해 세금 계산을 하며 이익 2억 원까지는 9퍼센트, 2억 원 초과 200억 원까지도 19퍼센트의 세율을 적용받고 법인 이익에 대해서는 건강보험료 역시 추가로 부과되지 않는다.

45퍼센트와 19퍼센트를 단순 비교해도 기존 고소득자가 부동산 투자를 병행하려면 법인 설립이 필수임을 알 수 있다. 이제 막 개인사업자 등록을 한 사람이라면 세금 때문에 골치를 썩이는 게 남의 얘기처럼 들릴지 모른다. 그러나 소득세율과 법인세율 비교 그래프를 보라. 이익 1~2천만 원 이후부터 세율 차이가 비약적으로 벌어지는 것을 알 수 있다. 그러므로 '나는 아직 이익이 적으니까.' 하고 안심하는 대신 용기를 내어 일찌감치 법인 설립을 고민하길 권한다. 물론 법인 자금은 개인사업자처럼 대표자 개인이 마음대로 가져올 수 없다는 단점이 있다. 그러므로 적정 세율 범위를 고려해 개인사업자와 법인을 병행해 활용한다면 투자에 더욱 유리한 고지를 점할 수 있다.

국가가 이렇게 법인을 장려하는 이유

세율표를 보면 매출이 커질수록 법인 사업자와 개인 간의 세율 격차가 더욱 크게 벌어진다는 것을 알 수 있다. 매출이 일정 규모 이상에 도달한 이후로는 법인 전환에 따른 절세 효과 역시 점점 커진다.

그래서 '개인과 법인의 세율 구조가 이렇게 불공평해도 되나?' 하는 의구심마저 든다. 기업만 좋은 나라 아닌가 하는 의심 말이다. 매출이 무한대로 늘어도 세율은 최대 24퍼센트니 많이 버는 대기업에만 유리한 세법이라는 의심도 든다.

그러나 정부 입장에서 보면 그렇지 않다. 법인은 매출, 비용 등을 복식부기로 투명하게 기재해야 하며 외부 감사를 통해 검증도 받아야 한다. 개인사업자와 비교하면 조세를 피하거나 매출을 감추는 등 상대적으로 도덕적해이에 빠질 위험이 적어진다. 조세 관청은 개인보다는 법인으로부터 세금을 거둬들이기가 더 수월하고 감시와 추적에 드는 비용도 줄일 수 있으므로효율성도 높다.

법인은 고용도 많이 창출한다. 처음에는 1인 법인으로 시작해도 매출이 늘고 업무 범위가 넓어지면 자연스레 직원을 고용하게 된다. 직원을 고용해서 급여를 지급하면 정부로서는 추가적인 세금을 거둬들일 기회가 된다. 또한 정부가 핵심 과제로 삼는 실업률 감소와 고용률 개선에도 이바지한다. 그러기에 정부는 더 많은 국민이 법인을 만들고 기업을 운영하도록 적극적으로 지원하고 장려한다.

부동산 투자를 위한 법인 그 이상

법인이 사회에 기여하는 부분이 있으므로 국가는 세제뿐 아니라 다양한 영역에서 수혜를 줄 수밖에 없다. 일반인은 잘 모르는 법인 정책자금이나 육성자금 등 저금리 지원 정책도 다양하게 마련되어 있다.

법인을 설립할 때 이러한 사회 구조적 특성을 이해할 필요가 있다. 정부나 국가가 법인으로부터 얻고자 하는 바가 무엇이며 어떤 도움을 주려 하는지 포착해야 한다. 단순히 부동산 투자나 절세를 위해 법인을 세운다는 짧은 생각에서 벗어날 필요가 있다. 법인을 만들어 인재를 고용하고 사회에 공헌함으로써 더 큰 대의를 추구하겠다는 비전이 있으면 좋겠다.

향후 부동산 시장을 부양하기 위해 정부는 규제와 억제 일변도의 정책이 아닌 과감한 규제 완화 정책을 내놓을 가능성이 높다. 그때 시작하면 늦다. 한발 앞서 법인을 만들어 운영하면서 법인의 장점을 적극적으로 활용해 수익을 창출하고 회사를 성장시켜나가길 바란다.

법인을 만들어 놓고 돈을 못 벌면 어떡하나?

물론 법인을 만들기만 한다고 자동으로 수익이 생기는 것은 아니다. 더구나 초보 투자자라면 수익 창출은커녕 자본잠식을 걱정해야 할 수도 있다. 일반인에게 마이너스 법인이나 자본잠식 같은 단어는 공포로 다가온다. 큰 죄를 짓는 것 같은 기분이 든다.

나는 누구에게나 무조건 법인을 세우라고 권하지 않는다. 법인이 투자의 무기가 되어야지 만능열쇠로 여겨져서는 곤란하다. 투자를 원활히 하기 위해 법인이 필요한 것이지 법인을 만들기만 한다고 저절로 투자가 잘되는 것은 아니라는 말이다. 본인에게 투자의 기본 소양이 갖춰져 있느냐가 중요하다. 자신의 장단점을 분명히 알고 그에 걸맞은 꿈과 목표를 설정해야 한다. 분명한 목표의식이 있어야 투자 중에 겪는 시련을 극복해나갈 수 있다.

결론적으로 말하면 자본잠식이라는 말에 크게 겁먹지 않아도 된다. 이유는 다음과 같다. 자본잠식이란 법인의 적자가 커져서 잉여 자본이 없고 오히려 마이너스가 되는 상태를 말한다. 쉽게 말해 돈은 벌지 못하면서 고정비만 까먹어서 결국 종잣돈이 바닥난다는 말이다. 이익 창출을 목적으로 하는 회사에서 매출보다 비용이 더 크다면 분명 큰 문제다. 하지만 법인 대표자로서 누구나 초창기에 경험할 수 있는 그러한 현실에 지레 주눅 들거나 걱정할 필요가 없다.

법인은 결손금 이월 공제가 가능하다. 여기서는 간략히 개념만 설명하겠다. 세법상 각 사업연도 소득금액의 80퍼센트 한도로 이월결손금 공제를 받을 수 있다. 조세특례제한법 제6조 제1항에 따른 중소기업에 해당하면 100

퍼센트까지도 공제받을 수 있다. 2023년 1월부터는 공제한도가 80퍼센트(기존 60퍼센트)로 상향되고 유흥업 등 소비성 서비스업이 아닌 이상 5천억 원 자산 이하의 중소기업 대부분 100퍼센트 공제를 받을 수 있게 되었다. 2021년 관련법 개정으로 공제기간 역시 15년(기존 10년)으로 확대되었다.

이것이 무슨 의미일까? 만약 올해 초에 법인을 설립해서 연내에 자본잠식이 되었다 치자. 그렇다 하더라도 올해 발생한 결손금은 향후 15년 내 수익이 난 부분에서 전부 공제할 수 있다. 다시 말해 법인을 설립한 직후부터 매출이 없거나 적자가 누적되는 것을 걱정하거나 두려워할 필요가 없다는 뜻이다. 부동산 법인의 특성상 단 1건만 매매해도 수천에서 수억 원의 수익을 올릴 수 있다. 그러므로 미래를 내다보고 자신 있게 투자를 해나가면 된다.

법인 초기부터 지출은 보수적으로

그러나 자본잠식 사실은 법인 재무제표에 기록되므로 그에 따른 불이익이 있을 수 있다. 예를 들어 대출 등의 금융 혜택을 받기가 어려워질 수 있다. 이런 까닭에 신규 법인을 설립하고자 하는 이들에게 꼭 당부하는 바가 있다. 법인에서 매출이 발생하기 전까지는 구두쇠처럼 경비 지출에 인색해지라는 것이다.

무슨 벼슬이라도 얻은 듯 법인을 세우자마자 차량을 구매하고 대표자 급여 등을 과도하게 설정하는 이들이 있다. 초기부터 방만하게 경영하다가 예상 밖으로 적자가 누적되어서 정작 중요한 시기에 투자를 못 하게 되기도 한다. 투자에서 적기를 놓치는 일이야말로 가장 큰 손실이다.

투자의 마중물이 되어야 할 소중한 법인 자본을 잘 지키고 유지해 나가는 것도 법인 운영에서 매우 중요한 부분이다. 투자로 성과를 내게 되었을 때 급여 등 많은 부분에서 혜택을 누릴 수 있으므로 궤도에 올라서기까지는 비용을 최소로 산정해서 보수적으로 법인 운영을 해야 한다.

세간의 법인 무용론은
정말 진실일까?

부동산 투자를 장려하는 정책과 세제 나온다

세금 제도는 시시각각 변한다. 지금 당신이 이 책을 읽는 동안에도 부동산 관련 세금 규정은 변화를 준비하고 있을지 모른다. 법인 관련 세금, 부동산 관련 세금 역시 예외가 아니다. 부동산 시장의 추이와 정부의 정책 변화에 따라 변화가 불가피하다. 향후 세금이 오를지 내릴지는 누구도 확언할 수 없다. 다만 우리는 과거의 흐름 속에서 앞으로의 추이를 가늠할 뿐이다.

부동산 관련 세금은 시장 상황과 매우 직접적으로 연동되어왔다. 부동산 가격이 오르고 시장이 뜨거워지면 부동산 규제책과 동시에 세금이 오르는 경향을 보인다. 반대로 부동산 가격이 하락하고 시장이 가라앉으면 부양을 위해 부동산 완화책이 등장하고 세금 역시 낮아졌다.

불과 1~2년 전까지만 해도 국내 부동산 경기는 가파른 상승 사이클을 타고 큰 폭으로 활성화되었다. 당시 문재인 정부는 과열을 잡고자 강력한 부동산 규제 정책을 내놓았고 그에 따라 세율도 상승했다. 그런데 지금은 어떤가? 전문가 중 향후 몇 년 이내 부동산 시장의 급격한 상승을 점치는 이들은 거의 없다. 적극적으로 해석해도 조정 혹은 하락, 비관적으로 보면 급락을 예견하는 이들이 상당수다.

물론 당장 몇 개월이 아닌 먼 장래에 닥칠 시장 변화이니 누구의 예측이 맞을지는 아무도 모른다. 그러나 부동산 시장이 침체함에 따라 정부는 시장을 떠받치기 위해 각종 부양책을 발표하기 시작했고 이것이 시장을 부양할 훈풍이 될 수 있음은 주지의 사실이다.

부동산 법인을 운영하는 사람이라면 시장 추이에 꾸준히 관심을 기울이고 변화에 효과적으로 대응할 수 있는 기초 체력을 길러야 한다. 지금 시장이 나쁘다고 낙담할 필요는 없다. 투자자에게는 언제든 투자의 기회가 된다. 상승기에도 하락기에도 기회를 포착할 수 있는 눈을 키워야 한다. 그런 의미에서 최근 일련의 세제 개편 흐름 속에 어떤 기회가 있는지 찾아볼 필요가 있다.

법인 관련 세금, 앞으로 오를까 내릴까?

현재 우리나라 법인세율은 OECD 국가와 비교했을 때 상당히 높은 수준이라는 것이 중론이다. 2010년 이래 법인세율이 상승한 국가는 대한민국이 유일했으며 현재까지 일본을 제외하고 가장 높은 세율을 기록하고 있다.

그러나 과거부터 놓고 보았을 때는 그러한 비판이 무색하다. 우리나라 법

● **우리나라 법인세 최고세율 추이**

34% (1991년)
28% (1996년)
27% (2002년)
25% (2005년)
22% (2009년)
25% (2018년 이후)

● **현행 법인세율(2023년 기준)**

법인세 과세표준	세율
2억 원 미만	9%
2~200억 원 미만	19%
200~3천억 원 미만	21%
3천억 원 초과	24%

● **OECD, G7과 한국의 법인세 유효세율 비교**

구분	2017년	2018년	2019년	2020년	2021년
한국	21.8%	24.4%	23.6%	23.8%	25.5%
OECD	22.7%	22.3%	21.8%	21.1%	22%
G7 평균	26.6%	24.1%	23.6%	22.6%	23.3%

출처: 한국경영자총연합회

인세율은 1991년(34퍼센트) 이래 2009년(22퍼센트)까지는 꾸준히 하향곡선을 그려왔다. 2018년에 인상된 이후 최고세율 25퍼센트가 유지되다가 2022년 12월 국회를 통과한 개정 법안으로 소폭 하향될 예정이다. 애초에 정부가 제안한 원안보다는 후퇴했으나 과표 구간별로 1퍼센트씩 낮춰졌고 최고세율도 24퍼센트로 조정되었다.

부동산 1인 법인 투자에 유리한 시장 흐름

한 가지 주목할 것은 그동안 투자자들에게 최대 걸림돌이었던 주택에 대한 종합부동산세 개편이 진행되고 있다는 점이다. 과도한 공시가격 상승에 제동이 걸리면서 현실에 맞게 점진적으로 고쳐야 한다는 여론이 반영된 결과다. 종부세법 시행령을 수정해서 공정시장가액비율을 낮추는 등 국민 부담을 덜어주는 방향으로 정책이 추진되고 있다.

이러한 현 정부의 정책 기조로 볼 때 현재보다 부동산 관련 세금을 높이기는 어려울 것으로 보인다. 오히려 부동산 시장 부양 정책을 펴는 동시에 세금을 낮춰줌으로써 거래를 활성화하고 국민의 주거 안정성을 높이고자 하는 노력을 계속할 것으로 예상된다.

앞서 여러 차례 강조했지만, 부동산 1인 법인은 세금 외에도 명의, 대출, 소득 분산, 증여 등 장점이 많다. 부동산 법인 무용론을 주장하는 사람들도 있지만 시장의 흐름을 볼 때 법인의 장점을 적극적으로 활용한다면 앞으로 더 많은 수익을 실현할 수 있을 거라고 본다.

제2장

부동산 1인 법인 만들기,
절대 어렵지 않다

부동산 1인 법인의 경우에는 특별한 자본금 기준을 적용받지는 않는다.
부동산 매매업과 임대업 등 중개업이 아닌 부동산 관련 업종은
아주 적은 돈으로도 법인을 설립할 수 있다.

셀프, 온라인, 법무사 통한
1인 법인 만들기

법인 설립 절차, 어렵거나 돈이 많이 들지 않는다

법인 설립이라고 하면 무작정 어렵다고 느끼는 이들이 많다. 복잡해 보여서 엄두가 안 나겠지만 막상 해보면 생각보다 쉽다. 물론 가장 간단한 방법은 법무사에게 일임하는 것이다. 비용이 예전보다 많이 저렴해져서 추가로 2~30만 원만 내도 쉽고 빠르게 처리해준다. 물론 셀프로 하면 그 비용조차 아낄 수 있을 것이다. 그러나 권하고 싶지 않다. 투자자는 시간을 버는 일이 곧 돈을 버는 것이다. 그러므로 소정의 수수료를 부담하고 전문가에게 맡기는 걸 추천한다. 이 금액도 추후 비용 처리가 가능하다.

요즘은 '법무통' 등 관련 업무를 손쉽고 빠르고 저렴하게 의뢰할 수 있는 애플리케이션이 있으므로 적극 활용해보자. 해당 앱을 휴대전화나 컴퓨터에 설치한 다음 가입 후 로그인하고 '법인등기 견적요청' 메뉴를 선택한다. 항목에 따라 본점 소재지, 자본금, 이사, 감사, 법인 유형 등 필요 정보를 입력한 후 '견적요청'을 클릭하면 여러 곳에서 견적이 들어온다. 법인 설립은 대행 수수료가 적다고 해서 서비스 질이 떨어지거나 시간을 오래 끌지 않으므로 단순히 제일 저렴한 곳을 골라 의뢰하면 된다. 2019년 법인 설립 때에는 2곳에서 견적을 받았다. 한 곳은 보수료 33만 원, 다른 곳은 22만 원을 제시했기에 저렴한 곳을 골라 의뢰했고 해당 법무사가 깔끔하게 완료해주었다.

● **'법무통' 애플리케이션을 이용한 법인 설립 의뢰 예시**

법인 설립 전에 미리 결정해야 할 주요 사항

법인을 만들려면 우선 법인 상호를 정해야 한다. 법인 이름은 그 무엇보다 중요하다. 운이 들어오는 이름을 짓기 위해 작명소 등을 찾는 경우도 있다. 그러나 자신에게 의미 있고 남들에게 소개할 때 기억하기 쉬운 이름이면 좋지 않을까 생각한다. 나는 첫 법인 상호를 첫째와 둘째의 이름에서 한 글자씩 따와서 '주식회사 준민컴퍼니'라고 이름 붙였다. 단, 설립하고자 하는 관할 권역에 같은 상호가 이미 있으면 신규 상호로 등록할 수 없으므로 인터넷등기소(http://www.iros.go.kr) 법인 상호 검색 메뉴에서 동명의 회사가 있는지 미리 확인하기를 바란다.

● **인터넷등기소 법인 상호 검색**

본점 소재지를 결정하는 일 역시 중요한 절차 중 하나다. 현재 서울과 일부 지역을 제외한 경기 및 인천 등 수도권의 경우 '과밀억제권역'으로 지정되어 있다. 과밀억제권역에 신규 법인을 설립하면 5년 동안 부동산 취득세 중과가 되므로 반드시 비과밀지역에 법인을 설립해야 한다. 인구 과밀을 막기 위해 법인 본점 입점을 규제하는 조치다. 오피스텔이나 상가 등에 투자할 때 법인은 4.6퍼센트의 취득세를 납부하지만, 과밀억제권역 내 5년 이내 법인은 9.4퍼센트를 내야 한다.

● **수도권 권역 현황**

- 서울
  전 지역이 모두 과밀억제권역. 구로디지털단지나 가산디지털단지와 같은 산업단지는 예외.

- 경기도
  의정부시, 구리시, 하남시, 고양시, 수원시, 성남시, 안양시, 부천시, 광명시, 과천시, 의왕시, 군포시, 시흥시, 남양주시 일부.

- 인천광역시
  강화군, 옹진군, 인천경제자유구역, 남동국가산업단지, 대곡동, 불노동, 마전동, 금곡동, 오류동, 왕길동, 당하동, 원당동을 제외한 일부 지역.

부동산 1인 법인 설립할 때 특별히 신경 쓸 것

상호와 소재지를 정했다면 자본금을 얼마로 할지 정할 순서다. 초기 자본금 액수는 크게 중요하지 않다. 상법상 100원도 가능하다. 하지만 통상 부동산 1인 법인 자본금은 500~1천만 원 사이가 많다. 현재 보유한 여유자금을 기준으로 부담되지 않는 선에서 정하면 된다.

법인 설립 공과금은 자본금이 많을수록 올라간다. 공과금이란 법인 설립 때 등기소에 납부하는 세금으로 법인 설립 비용 대부분을 차지하는데 지방에 설립할 때는 15만 원, 수도권의 경우는 40만 원 내외다. 자본금 2,800만 원 미만이면 최소 공과금 155,000원만 부과되므로 참고하면 된다. 또한 과밀억제권역이 아닌 지방에서 법인을 설립하면 67퍼센트 이상 공과금을 절약할 수 있다. 지방은 사무실 임대에 따른 비용도 낮으므로 여러모로 유리하다.

또 한 가지 정할 것은 대표이사, 감사, 주주(비율) 등이다. 법인을 설립하려면 반드시 이사 1인과 감사 1인이 있어야 한다. 통상 부동산 1인 법인은 주식 100퍼센트를 보유한 이사(대표이사) 1인 체제에 감사 1인을 추가한 형태로 구성한다. 나는 가족법인도 보유하고 있는데 이 경우 일반적으로 본인이 대표가 되고 배우자나 자녀들을 주식 비율에 따라 참여시킨다. 자세한 것은 세무사와 상담하자.

마지막으로 중요한 것은 법인의 사업목적을 정하는 일이다. 사업목적이란 법인이 운영하고자 하는 사업 카테고리를 의미한다. 법인은 정관 등에 정해진 목적 내에서만 이익 활동을 할 수 있다. 여기 기재되지 않은 목적의 사업을 하면 불법이 된다. 그래서 법인 설립 때 사업목적을 잘 정해두는 게 중요하다.

지금 당장 하고 싶은 사업뿐 아니라 미래에 진행할 사업까지도 두루 설정하는 게 좋다. 추후 필요해져서 목적을 추가하거나 변경하면 변경등기에 따른 추가 비용이 발생할 수 있기 때문이다. 처음부터 확장성을 염두에 두고 가능한 관련 업종을 두루 등록하는 것이 좋다.

1인 법인 만들 때
꼭 알아야 하는 유의 사항

법인 사무실 꼭 있어야 할까?

결론부터 말하면 법인 본점 주소지로 부적합한 장소는 없다. 기존에 개인사업자나 법인이 사업장으로 세무서에 등록해 승인받은 장소만 아니면 된다. 업무 장소가 분리되어 있다는 명목으로 같은 곳에 2개의 사업자등록을 신청할 수도 있지만 이 사실을 입증하기가 쉽지 않다.

1인 법인이 주소지로 많이 사용하는 것이 대표자가 직접 거주하는 주택이다. 그런데 거주지가 법인 설립에 불리한 과밀억제권역에 있다면 주소지로 사용하는 것이 적합하지 않다. 또한 자가주택이 아닌 경우에는 집주인이 법인과의 전대 계약서를 작성해줄 수 있는지를 확인해야 한다.

흔치는 않지만 법인 대표자가 이미 상가나 사무실 형태의 사업장을 자신의 명의로 보유한 예도 있다. 이 경우 대표자와 법인이 임대차 계약을 체결하거나 사업장으로 사용할 부동산을 법인에 증여 혹은 양도해 법인 사업장으로 이용할 수 있다.

법인 사무실 임차 시 유의할 점

대부분의 법인은 사업장을 임차해야 할 것이다. 이 경우 자신이 직접 거기서 업무를 볼 것인지 혹은 등기부등본이나 사업자등록증 상의 주소지로만 쓸 것인지를 먼저 결정해야 한다.

대표자에게 사무공간이 필요하다면 일반 사무실을 알아볼 수 있다. 원하는 지역의 사무실 임대 시세를 알아보고 지역 공인중개사와 상의해 임대해 사용한다. 그러나 굳이 사무공간이 필요 없다면 공유오피스나 소호 사무실을 이용해도 무방하다. 공유오피스나 소호 사무실의 경우도 지역이나 시설 규모에 따라 가격이 천차만별이다. 여러 곳을 비교해 알아본 후 유리한 곳을 찾아서 계약하면 된다. 일반 사무실은 매달 임차료와 관리비를 지급하는 반면 공유오피스나 소호 사무실은 관리비 없이 1년 임차료를 일괄 지급하기도 한다.

일반 사무실이든 공유오피스든 법인 사업장으로 사용하기 위해 임대차 계약을 할 때는 반드시 대표자 본인이 아니라 법인 명의로 해야 함을 기억하자.

사무실 임대차 계약을 하는 시기는 법인의 등기부등본이 작성되어 법인명과 등기번호가 확인될 때가 적절하다. 이미 작성된 등기부등본의 법인 본점 소재지를 수정하려면 추가 비용이 발생하므로 등기부등본에 법인의 본점 주소지가 정확히 기재된 후 임대차 계약을 체결하는 것을 추천한다.

법인의 본점 주소지가 정해지면 임대차 계약 동안에는 크게 신경 쓸 것이 없다. 그러나 임대차 계약이 만료되거나 혹은 그 이전에 사업장을 옮기게 되면 임대차 계약을 다시 해야 한다. 개인사업자와 달리 법인 사업자는 사업장 이전 때 법인의 등기부등본상 법인 소재지도 함께 수정해야 한다. 만약 등기부등본을 수정하지 않으면 과태료가 부과될 수 있다는 점을 잊지 말자.

법인 설립 자본금은 얼마가 적당할까?

법인의 초기 자본금 액수는 투자자의 재무 상황에 따라서 달라질 수 있다. 특정 법인의 경우 자본금 규모가 정해져 있기도 하지만 부동산 1인 법인은 그런 규정이 없다.

앞서 말했듯 이론상으로는 법인의 최소 자본금인 100원부터 설정할 수 있다. 통상 1천만 원 이상을 설정하는데 이 역시 일반적인 수치일 뿐 절대적인 기준은 아니다. 등기부등본을 작성할 때 법인 초기 자본금을 기재하고 그 금액을 기준으로 주식 수와 한 주당 액면가도 순차적으로 정해진다. 초기 자본금은 법인 주주들이 설립 최초에 출자하는 금원을 의미하며 사업을 진행해가면서 필요할 때 추가로 출자할 수 있다.

개인사업을 본업으로 하면서 맛보기로 1인 법인을 설립했다면 법인 투자에 큰 비중을 실을 수 없을 것이다. 그런 경우 자본금을 최소금액으로 설정해 자금 부담을 덜 수 있다. 반면 회사에 다니면서 법인을 시작하거나 개인사업을 하고 있지만 더 본격적으로 법인을 하고자 한다면 자본금을 높게 책정해도 된다.

결국 적정 자본금이란 투자자가 법인에 비중을 얼마나 실을지와 법인이 어떤 부동산에 어떤 방식으로 투자해서 수익을 창출할지에 따라 달라진다. 1인 법인 설립 전에 법인의 활용 정도와 투자 방향을 신중하게 고민해 그에 맞는 자본금을 설정하는 것이 좋다.

법인 자본금을 결정했으면 대표자 혹은 지분 비중에 따라 주주들이 법인계좌로 자본금을 입금해야 한다. 이때 법인 계좌의 1일 이체한도를 확인할 필요가 있다.

자본금이 100만 원이라면 통상 1회 이체로 가능하다. 하지만 자본금이 1천만 원 혹은 1억 원 이상인데 법인 계좌 이체한도가 그 이하 금액으로 묶여 있다면 법인 계좌를 개설한 금융기관과 상담해서 이체한도를 풀고 나서 자본금을 입금해야 한다. 자칫하면 자본금을 입금하는 데만 며칠이 소요될 수도 있다.

자본금을 중도에 조정하고 싶다면

1인 법인을 설립할 때 정한 자본금이 너무 적거나 많아서 추후 조정하고 싶다면 어떻게 해야 할까?

자본금이 너무 적어서 대표자가 등기부등본 변경 없이 추가로 자금을 입금하게 되면 이는 자본금 추가 출자가 아니라 대표자가 법인에 자금을 빌려주는 가수금으로 간주한다. 반대로 자본금이 너무 많이 설정되어 대표자가 등기부등본 변경 없이 자금을 출금하게 되면 자본금 출금이 아니라 법인이 대표자에게 자금을 빌려주는 가지급금으로 간주한다.

가수금과 가지급금은 모두 법인의 재무제표에 썩 좋지 않다. 가수금은 사업 영위 과정에서 회계연도 내에 돌려받을 수 있기도 하고 사업상 이유로 크게 문제 되지 않을 수 있다. 하지만 가지급금의 경우는 얘기가 다르다. 가지급금이 누적되면 과세 관청은 대표자가 법인 자금을 횡령한 것으로 간주할 수도 있다. 그에 따라 법인세와 종합소득세 등이 추가로 과세될 수 있다.

그러므로 법무사, 세무사, 회계사와 상의 없이 자본금을 대표자 임의대로 추가 입금 혹은 출금하지 말고 충분한 상의 후에 자본금 변동을 해야만 한다.

법인 설립하기
좋은 지역 vs. 나쁜 지역

부동산 법인은 설립 지역이 중요하다

법인을 설립하기 위해 회사 이름(한글/영문), 자본금 규모, 법인 설립 주소지, 주주와 임원, 사업목적 등을 정하는 단계에 있다.

그 중 법인 설립 주소는 부동산 법인에 매우 중요하다. 사람이 태어나면 출생신고서에 태어난 곳을 기재하면 그만이다. 그런데 법인의 경우는 이 출생지가 설립부터 이후 부동산 취득 때마다 매우 중차대한 영향을 미친다.

앞서도 살펴보았듯이 76페이지의 그림처럼 수도권정비계획법상 수도권 과밀억제권역에 부동산 법인을 설립하면 재앙에 가까울 정도로 엄청난 불

이익을 입을 수도 있으므로 반드시 유의해야 한다.

서울특별시 전역을 비롯해 광명시, 안양시, 성남시 등 주로 대도시 권역이 과밀억제권역으로 지정되어 있다. 수도권에 인구와 산업이 지나치게 집중되었거나 집중될 우려가 있어 이를 이전하거나 정비하고자 하기 위함이다. 국가는 과밀억제권역에서 학교, 공공청사, 연구시설, 그 밖에 인구집중 유발시설을 신설 혹은 증설하는 것을 제한한다. 산업·공업 허가, 인가, 승인 등도 제한한다. 이런 취지로 과밀억제권역에서 법인 설립 등기 역시 제한하는 것이다.

물론 예외인 특구 지역도 존재한다. 서울시에 있는 디지털단지나 인천시

의 인천경제자유지역과 남동국가산업단지, 시흥시의 반월특수지역 등 경제
활동과 산업활동을 장려하는 지역들은 제외된다.

과밀억제권역에 법인 설립 등기를 하면 납부해야 하는 등록세와 교육세
가 비과밀지역에 비해 3배 중과세된다.

아래 표는 자본금 2,800만 원 미만을 기준으로 과밀억제권역과 비과밀권
역에서 각각 법인 설립을 했을 때 발생하는 비용을 비교한 것이다.

이뿐만이 아니다. 만약 과밀억제권역에 법인을 설립하고 5년 이내에 농
지 외의 사업용 부동산을 유상 취득하면 중과세율까지 적용받게 된다. 부동
산 매매를 목적으로 하는 1인 법인으로서는 치명적인 규정이 아닐 수 없다.

지방세법 제13조 제2항에 근거한 '과밀억제권역 부동산 취득 중과세' 세
율을 비교하면 다음과 같다.

● **과밀억제권역과 비과밀권역 법인 설립 비용 비교**

과밀억제권역		비과밀권역	
등록세	337,500원	등록세	112,500원
교육세	67,500원	교육세	22,500원
법원 수수료(증지대)	20,000원	법원 수수료(증지대)	20,000원
공증료	없음	공증료	없음
소계	**425,000원**	**소계**	**155,000원**

일반(상가, 건물)

취득세: (표준세율 4%×3배) − (중과기준세율 2%×2배) = 8%

지방교육세: (4−2%)×20%×3배 = 1.2%

농어촌특별세: 0.2%

합계세율: 8+1.2+0.2 = 9.4%

주택

취득세: (표준세율 1, 2, 3%)+(중과기준세율 2%×2배) = 5, 6, 7%

지방교육세: (0.1, 0.2, 0.3%)×50%×20%×3배 = 0.3, 0.6, 0.9%

단 과밀억제권역 이외의 지역에 법인을 설립하더라도 공시가격 1억이 넘는 주택을 취득하는 경우 취득세율 12퍼센트를 적용받는다는 점에 유의해야 한다.

과밀억제권역 내의 부동산을 취득할 때와 법인이 주택을 구매할 때 취득세 중과는 별개의 규정으로 보면 이해하기 쉬울 것이다. 취득세를 중과하는 경우는 해당 부동산이 위치한 지역도 관련 있지만, 법인이 공시가격 1억 초과의 주택을 취득할 때는 법인 소재지와 무관하게 무조건 취득세 12퍼센트가 중과된다는 점은 알고 있어야 한다.

중과세율을 적용받지 않으려면 법인 설립 때 과밀억제권역 외의 지역에 법인을 설립해야 하는 것이 기본이다. 또한 과밀억제권역 밖, 공시가격 1억 미만의 주택 혹은 비주거용 부동산을 취득하는 것이 유리하다.

과밀지역에 법인을 설립해도 5년이 지나면 중과세 규제를 피할 수 있다.

이런 이유로 해당 지역에서 설립한 지 5년이 지난 법인을 인수하는 사례도 왕왕 있다. 그럴 경우 복잡한 고려사항이 많으므로 사전에 반드시 세무 전문가와 상담하기를 바란다.

부동산 1인 법인
자본금은 얼마로 할까?

법인 설립 시 최적의 초기 자본금

부동산 1인 법인을 설립할 때 자본금을 얼마로 할지 고민하는 투자자가 많다. 결론부터 말하면 자본금은 많이 설정하면 투자 범위가 넓어진다는 점에서 좋다. 다만 일단 법인 자본금으로 출자한 금액은 대표자가 마음대로 회수할 수 없으므로 유의해야 한다. 법인 자본금은 법인 설립의 기본 요건이자 법인 활동의 자금줄이며, 세법상 청산 이후 잔여재산이 남은 경우에 비로소 회수할 수 있다. 대표자라도 자본금을 출금하려면 법인과의 금전소비대차계약을 하고 빌리는 방법밖에 없다. 자본금은 투자자가 처한 상황에 따라 유동성 있게 정해야 한다.

첫째, 직장인이라면 고정 수입이 있으므로 여유자금을 더 공격적으로 투입해도 무방하다. 다만 향후 결혼이나 기타 사정으로 목돈을 쓸 일이 있다면 미리 고려해두자.

둘째, 기존에 개인사업자나 법인을 운영한다면 거래처 대금, 직원 인건비, 세금 등 다양한 지출이 수시로 생긴다. 항상 여유자금이 있어야 대비할 수 있으므로 그걸 고려해 자본금을 설정하자. 만약 기존 사업에서 매월 꾸준히 현금흐름이 발생한다면 상대적으로 큰 금액을 설정할 수도 있을 것이다.

셋째, 전업투자자라면 투자로 얻은 이익으로 가족의 생계를 이어가야 한다. 여유자금을 모조리 자본금으로 집어넣으면 매달 지출해야 하는 고정비나 생활비가 부족해 난감해질 수 있다. 자칫 초조해져서 성급한 투자로 원금 손실이라도 발생한다면 큰 낭패다. 여유 있게 생활비와 고정비를 제외하고 자본금을 투입하는 것이 심리적으로도 유리하다.

투자자 각자 다양한 변수가 있으므로 감안해서 설립 자본금을 결정하면 된다. 그간 다양한 의뢰인과 상담한 결과 다수가 1~2천만 원 사이로 자본금을 정했다.

법인 자본금과 은행 대출의 상관관계

모든 은행이 그런 것은 아니지만 법인이 금융기관으로부터 대출받을 때 자본금이 너무 적다는 이유로 대출이 나오지 않을 가능성은 존재한다. 하지만 자본금은 대출 상환능력과 직접적인 연관관계가 부족하다. 법인 대출의 경우에도 대표자 재산 소유 여부나 자산 규모 등이 주요 결정 기준이 된다. 대표자 개인 자금을 법인에 입금함으로써 대출금 상환계획을 은행에 알려서 대출받을 수도 있다.

참고로 은행마다 자본금 규모에 따라서 대출 기준이 다른 데도 있고 아예 별도의 기준이 없을 수도 있다. 그러므로 대출을 실행하기 전에 은행에 개별적으로 확인할 필요가 있다. 이렇듯 대출에서의 리스크까지 고려한다면 1천만 원 미만으로 자본금을 설정하는 것은 권하고 싶지 않다.

첫 매출이 나오기 전까지는 최대한 긴축

법인 자본금은 회사 설립과 운영을 위해 주주 등으로부터 출자받은 금액으로 회사의 근간이 되는 자금이다. 부동산 1인 법인의 경우 설립 후 곧바로 매출을 만들기 어렵다. 부동산을 취득한 뒤 임대해서 임대료 수입이 발생하거나 차익을 얻고 매도하기까지는 물리적인 시간이 소요되게 마련이다. 따라서 최소 1년 정도는 법인 운영에 드는 비용을 충당할 수 있을 정도의 자본금이 필요하다.

법인을 만들었다는 데 들떠서 시작부터 임직원 급여를 설정하거나 리스나 렌트 등으로 차량을 덜컥 계약하는 이들도 있다. 법인 카드를 만들고 각종 비용을 펑펑 쓰기도 한다.

사업과 직결된 불가피한 비용이라면 안 될 것이 없지만 아직 수익이 나지도 않는 법인이 처음부터 과도한 비용을 사용하면 문제가 생길 수 있다. 비용으로 자본금을 모두 소진하면 자본잠식 법인이 되기 때문이다. 회사의 적자가 야금야금 커져서 잉여금이 바닥나고 납입자본금을 까먹기 시작하면 부분 자본잠식, 결국 납입자본금마저 모두 바닥나서 자기자본이 마이너스로 접어들면 완전 자본잠식이 되고 만다.

신선놀음에 도낏자루 썩는 줄 모른다고 초보 법인 대표가 저지르기 쉬운 실수다. 이렇게 법인 대표로서의 낭만을 만끽하다가는 정작 중요한 기회가 왔을 때 투자에 큰 제약으로 작용하게 된다. 이런 일을 예방하기 위해서라도 법인 자본금은 1년 정도 유지할 수 있는 최소한의 비용을 충당할 수 있는 범위에서 책정하고 소득이 발생하기 전까지는 비용을 매우 보수적으로 운용할 것을 권한다.

법인 자본금 넘는 투자는 불가능한가?

부동산 1인 법인 자본금은 부동산 투자의 원천 자금이다. 자본금이 많을수록 투자에 유리하며 너무 적으면 법인의 신뢰도가 떨어질 수 있다. 하지만 통상 자본금 1천만 원이면 부동산 1인 법인을 설립하고 실제 부동산에 투자하는 데 전혀 무리가 없다. 이유는 다음과 같다.

첫째, 자본금 추가 납입과 증자가 언제든 가능하다. 자본금은 법인 설립 시 대표자와 주주들이 사업 밑천으로 제공한 금원으로 등기부등본에 기재된다. 하지만 등기부등본 수정을 통해 언제든 자본금을 증액시킬 수 있다.

이를 증자라고 한다. 사업을 하다가 추가로 자본금이 필요하면 법무사와 상의해서 등기부등본상 자본금을 증액하면 된다. 증자에는 여러 형태가 있지만 유상증자로 자본금을 증가시켜야만 실질적으로 법인 자금이 늘어난다는 점을 참고하자.

둘째, 대표자가 가수금이나 대여금 형태로 자금을 투입할 수 있다. 법인 대표자는 법인과 별개의 인격체라고 했다. 그러므로 대표자가 개인 자격으로 법인에 자금을 대여해줄 수 있다. 이렇게 대여한 자금으로 법인은 부동산 투자를 이어갈 수 있다. 이후 투자에 성공하면 법인 내부에 투자수익이 쌓이고 대표자는 대여했던 자금을 회수한다. 대표자가 아닌 특수관계인(가족, 친인척)이나 제삼자로부터 자금을 빌려 투자한 다음 수익을 실현해 상환해도 된다.

셋째, 공동 투자도 얼마든지 가능하다. 법인 자본금이 부족해 원하는 물건에 투자할 여력이 부족할 경우 다른 투자자와 공동으로 투자할 수 있다. 말 그대로 뜻이 맞는 다른 투자자와 '공동'으로 투자한다. 개인과 개인, 개인과 법인, 법인과 법인도 공동 투자를 할 수 있다. 개인으로 공동 투자 할 때와 달리 법인 등기부등본, 법인 인감증명, 법인 사업자등록증 등 관련 서류가 늘기는 하지만 투자 지분과 성과 배분의 투명성을 높일 수 있다는 점에서 법인 공동 투자를 피할 까닭이 없다.

넷째, 소액으로도 얼마든지 부동산 투자를 할 수 있다. 대표자가 법인에 출자한 자본금 한도 내에서 소액 부동산에 투자하면서 사업을 시작할 수 있다. 소액 물건으로 여러 차례 경험과 투자이익이 쌓이면 법인 내에 수익금이 생겨서 이 자금으로 더 큰 투자를 이어갈 수 있다.

실제로 법인 설립을 하기 전에는 설립 자본금에 대해 고민이 많던 분들도 막상 법인 설립 후에는 더 이상 그런 고민을 하지 않는다. 법인 설립 자본금은 사업 시작의 근본이 되는 자금일 뿐 투자를 위한 추가 자금은 대표자 가수금(차입금)이나 금융기관 대출 등으로 얼마든지 융통할 수 있기 때문이다. 그러므로 자본금 규모는 1~2천만 원 내외로 결정하고 다른 더 중요한 이슈에 집중하자.

법인 차려놓고
매출 없으면 어떡하나?

수익 날 때까지 무조건 버티면 될까?

호기로운 마음으로 법인을 설립해도 초반에는 수익 창출이 쉽지 않다. 법인
으로 하는 부동산 투자가 처음이고 대내외적 환경이나 다양한 변수에 휘둘
릴 수도 있다. 대다수 신설 법인은 초반에 수익을 내지 못하고 판매관리비
등 비용만 지출하기 십상이다. 이렇듯 지출만 있어서 소위 '자본잠식'이 되
면 어떻게 될까? 자본잠식이라는 말은 왠지 부도, 파산 같은 불길한 어감을
풍겨 불길하다.

자본잠식, 겁낼 필요도 없지만 오래 방치하면 곤란하다

결론적으로 말하자면 자본잠식이 발생해도 자본금이 영구적으로 감소하는 것은 아니다. 법인을 설립할 때 정한 설립 자본금은 법인 재무제표에 자본금 항목으로 계상된다. 그런데 법인에 결손이 생기면 해당 금액을 자본금으로 충당한다. 이것이 쌓이면 심한 경우 자본금이 모두 소진되는 완전 자본잠식이 될 수도 있다. 그러나 결손금이 누적되어도 향후 15년 동안 이월되어 미래 이익과 상계되어 법인세에서 공제된다. 또한 3~5년 정도는 수익 창출이 되지 않아도 사업 초반이기에 관계 기관도 어느 정도 용인해준다.

그런데 이 기간을 넘겨도 계속 수익 창출을 못하고 결손금만 누적되면 실적 없는 부실한 재무제표 탓에 금융기관의 대출 제한, 법인 신용평가등급 하락 등의 불이익이 생길 수 있다. 그러므로 최소한 3~5년 이내에는 수익을 만들 수 있도록 투자 공부도 하고 관련 강의도 듣고 경매 입찰이나 임장 등도 열심히 하는 게 좋다.

결손금 이월 공제로 법인세 절세도 가능

자본잠식은 국세청, 금융기관, 신용평가기관 등 외부에서 법인을 평가할 때 부정적인 요인으로 작용할 수 있다. 하지만 결손금을 잘 활용하면 법인세 절세에 도움이 되기도 한다.

간단한 사례를 하나 들어보겠다. 2020년에 설립한 법인이 있다. 그런데 초창기 수익 실현이 쉽지 않았다. 설립 연도인 2020년에만 설립 비용, 기장 대행료, 공유오피스 임대료 등 결손금 400만 원이 발생했다. 2년 차인 2021년부터는 조금씩 수입이 생기기 시작했지만 여전히 미미했다. 그 결과 2021년에 250만 원, 2022년에 50만 원의 결손금이 생겨 누적 결손금이 700만 원에 달하게 되었다. 이 회사의 자본금은 1천만 원이다. 운영 3년 동안 꾸준히 결손금이 이월되어서 총 700만 원이 되었고 자본금이 300만 원으로 줄었다. 이것이 바로 자본잠식이다.

그런데 2023년 드디어 회사가 수익 전환을 해서 이익 600만 원이 생겼다. 그 결과 2023년 연말 자본금은 다시 900만 원으로 늘었다. 3년 동안 야금야금 자본잠식이 된 것이 중요하지 않다는 의미가 아니다. 정말 중요한 것은 고진감래 끝에 얻게 된 600만 원의 이익에 대해 단 한 푼의 법인세도 낼 필요가 없다는 사실이다. 3년간 이월된 결손금 700만 원이 2023년 이익 600만 원과 상계되었기 때문이다. 현행 세법은 2020년 이후 발생한 결손금에 대해 15년 동안 전액 이월 공제해준다.

법인 설립 초반의 결손으로 발생한 자본잠식은 일시적으로 법인에 부정적인 영향을 미칠 수 있다. 그러나 장기적으로는 법인이 부담해야 할 법인세를 절세해줌으로써 수익 측면에서 도움이 될 수 있기에 무작정 불안해할 필요가 없다. 결손으로 인한 자본잠식을 불안해할 시간에 실적을 올리려 노력하는 편이 훨씬 생산적이다. 법인 설립을 하고 세무사로부터 결산 재무제표를 받아보아도 뭐가 뭔지 이해하지 못하는 대표자가 상당수다. 법인 수익, 결손금, 자본잠식 여부 등에 대해 문의해 상세한 설명을 듣고 재무제표 읽는 법 등 경영에 필요한 지식도 꾸준히 공부하자.

법인 등기와 사업자등록
셀프 신청 방법

법인 등기를 위해 필요한 사항들

법인 등기를 위해서 등기소를 방문하기 전에 다음과 같은 서류를 준비해야
한다.

법인 등기에 필요한 서류
  − 법인 정관
  − 잔고증명서
  − 발기인총회 의사록

- 주식발행사항동의서

- 주식인수증

- 취임승낙서

- 인감증명서

- 인감신고서

- 주민등록등본·초본

- 조사보고서

법인 설립 최초에 대표자는 법인 계좌로 자본금을 입금한다. 그런데 법인 계좌는 사업자등록증을 받은 다음 주거래은행에 방문해야 만들 수 있으므로 법인 설립 전에는 자본금 입금을 확인할 수 없다.

이러한 시차 때문에 법인 등기를 신청할 때는 대표자 개인 계좌에 법인으로 입금할 자본금이 충분히 있는지를 증명하기 위해 주거래은행으로부터 발급받은 잔고증명서를 등기소에 제출한다.

법인 설립과 사업자등록은 별개

사업자는 사업장마다 사업개시일 20일 이내에 관할 세무서에 사업자등록을 신청해야 한다. 단 신규 사업을 시작하면 사업개시일 이전에도 사업자등록을 신청할 수 있다. 셀프로 법인 사업자등록 신청하는 법을 통해 사업자등록의 개념에 대해 알아보도록 하겠다.

법인 사업자등록 신청을 위해 필요한 서류들은 다음과 같다.

법인 사업자등록 필요 서류

- 사업자등록 신청서

- 법인 등기부등본

- 주주명부 또는 출자자명세서

- 임대차계약서 사본, 전대차 계약서, 또는 무상임대 확인서 등 사무실
  임대를 소명할 수 있는 서류

- 법인 정관 사본

- 법인 인감증명서

- 법인 인감도장

- 대표자 신분증

※ 대리인 방문 시에는 위임장, 대표자 신분증 사본, 대리인 신분증

사업자등록 신청서, 임대차계약서를 제외하고 대부분 서류는 변호사, 법무사 혹은 설립 대행업체를 통해 발급받거나 셀프로 법인 설립을 진행하면서 등기소로부터 받은 서류다. 즉 법인 등기와 법인이 임차할 사업장의 임대차 계약이 완료되면 사업자등록 신청은 상대적으로 수월하게 할 수 있다.

홈택스를 통한 온라인 신청 혹은 세무서 방문

요즘은 인터넷 홈택스를 통하면 사업자등록을 간단하게 신청할 수 있다. 세무서의 경우 해당 서류를 출력하거나 수기로 작성한다는 점만 다르다. 여기서는 홈택스 등록 위주로 설명하겠다. 세무서에 방문할 필요 없이 홈택스에 접속해서 법인 사업자등록 신청을 할 수 있다.

다만 한 가지 참고할 것은 홈택스 등록의 경우 사업자등록 신청서를 제외한 나머지 서류들은 PDF 파일로 제출해야 한다는 점이다. 사업자등록 신청에 필요한 사항들을 입력한 후 필요 서류들을 PDF 파일로 올리면 사업자등록 신청이 마무리된다. 수정사항이 없다면 신청 후 2~3일 이내에 사업자등록증이 나오며 원본은 세무서에 직접 방문해서 받을 수 있다.

세무서에 방문해서 사업자등록을 신청해도 된다. 이 경우 수기로 신청서를 작성해야 하는데 작성할 내용이 많고 여러 서류들을 참고해야 하므로 미리 양식을 챙겨서 작성 후 방문하는 것을 추천한다. 홈택스 신청과 비교해 보면 직접 방문해야 하기에 시간 소모가 더 많다는 단점이 있지만 사업자등록 신청 중에 모르는 사항이 생겼을 때 담당 공무원에게 바로 물어보고 해결할 수 있다는 장점이 있다.

인건비, 부가세, 법인세
신고와 납부

법인 대표자와 임직원 인건비 신고

인건비 신고 방법을 설명하기 전에 인건비란 무엇이며 개인사업자의 인건비 개념과 법인의 인건비 개념 차이에 대해 이해할 필요가 있다. 인건비란 인력을 고용함에 따라 지급하는 대가로 일급, 주급, 월급, 연봉 형태로 지급되는 비용을 의미한다.

개인사업자의 경우 대표자 외에 직원을 고용해야만 인건비 신고 의무가 발생한다. 하지만 법인의 경우 직원 없이 대표자 1인이라도 인건비 신고 의무가 발생할 수 있다. 법인에서는 대표자도 급여대장에 명기될 수 있기 때문이다. 그렇다면 개인사업자의 경우 대표자가 급여대장에 명기되지 않고 법인의 경우 대표자가 급여대장에 명기되는 이유는 무엇일까?

누누이 말했듯이 법인은 법으로 인격을 부여받은 존재다. 대표자와 별도의 또 다른 인격체이기에 법인 대표자라 해도 급여대장에 이름을 올릴 수 있다. 단 대표자에게 급여를 책정하지 않아 무급으로 활동한다면 세금도 없고 인건비 신고 의무도 없다.

인건비 신고는 직접 홈택스에서 할 수도 있지만 일반적으로 기장 대행을 맡긴 세무대리인이 하게 된다. 대신 대표자는 매달 혹은 반기별로 인건비 신고자료를 정리해서 세무대리인에게 전달해야 한다. 세무대리인은 급여대장을 작성해 법인에 수정사항 여부를 확인 후 국세청과 구청에 신고하고 가상계좌가 기재된 납부서를 받아준다. 대표자가 관련 세액을 납부하면 신고 절차가 마무리된다.

인건비 종류와 그에 따라 지급하는 세금들

인건비는 상용직과 일용직에 따라 다르게 지급된다.

상용직이란 말 그대로 상시근무자를 의미하며 건강보험, 연금보험, 고용보험, 산재보험 등 소위 4대 사회보험에 의무적으로 가입해야 한다. 이들은 법인에 계속 반복적으로 근로를 제공하고 급여를 받는다. 일용직은 상용직과 달리 임시로 법인에 근로를 제공하고 급여를 받는 형태의 고용을 의미한다.

이 외에 사업소득자에게 인건비를 지급할 수도 있다. 이들은 상용직도 일용직도 아니어서 회사에 종속되지 않는다. 자신의 독립적 판단에 따라 용역을 제공하고 그 대가를 받는데 통상 소득 유형에 따른 원천징수액을 납부·공제한 다음 지급하게 된다.

인건비는 월별 혹은 반기 단위로 신고한다. 월별 신고의 경우 지급일이 속하는 달의 다음 달(익월) 10일까지 소득세와 지방소득세를 신고·납부하는데, 번거로울 수 있지만 대표자가 매달 나가는 금액을 정리할 수 있다는 관리상의 장점이 있다. 반기 신고의 경우 지급일이 속하는 반기의 다음 달 10일까지 하게 되므로 사실상 매년 1월과 7월에 하게 된다. 매월 하는 것에 비해 신경을 덜 쓴다는 장점이 있지만 신고액이 많으면 한꺼번에 납부액을 부담해야 하며 입사자와 퇴사자, 급여 변동을 세세하게 관리하기에 불편하다는 단점이 있다.

친인척을 직원으로 등록해 돈을 줘도 될까?

본론과 무관한 주제일 수 있지만 법인에 친인척을 직원으로 등록시켜 인건비를 지급하는 것에 대한 문의도 가끔 오곤 한다. 물론 실제 친인척이 법인에 근로를 제공하고 법인 역시 금융기관을 통해 적법하게 인건비를 지급하고 신고한다면 전혀 문제 될 것이 없다.

하지만 실제로는 근로를 제공하지 않으면서 법인 비용을 발생시키고 친인척의 건강보험료를 절감하는 등의 부당한 목적으로 허위로 인건비 신고를 한다면 곤란하다. 그런 경우 추후 인건비 비용을 전부 부인당할 수 있으

며 비용 부인에 따른 법인세와 추가 가산세가 발생할 수 있으므로 주의해야
한다.

부가가치세 신고와 납부 방법

부가가치세(부가세) 신고 방법에 대해 알아보기 전에 그 개념에 대해 이해할
필요가 있다. 부가가치세란 재화의 거래나 용역 제공을 통해 얻은 부가가치
에 대하여 과세하는 세금이다. 면세사업자를 제외하고 모든 사업자는 매출
세액(수입)에서 매입세액(비용)을 차감해 부가세를 계산 후에 발생한 세액을
과세 관청에 신고하고 납부해야 한다.

개인사업자 경험이 있는 투자자라면 연 2회씩 하는 부가세 신고에 이미
익숙해져 있을 것이다. 그러나 회사만 다니다가 1인 법인을 처음 설립하게
되면 이 부가세 개념에 대해 이해하지 못하고 크게 당황하는 경우가 왕왕
있다.

나와 여러분 등 일반 소비자도 매일 부가세를 낸다. 재화나 서비스를 구
매하고서 받는 영수증을 보면 공급가액과 부가세 10퍼센트가 구분된 것을
확인할 수 있다. 법인 대표자가 되면 모든 수입과 지출에서 부가세 개념을
장착하고 있어야 한다.

법인이 부동산을 매도할 때 부가세가 발생하는 경우 반드시 매출 세금계
산서를 발급해야 한다. 국민주택 규모 이하의 주택과 토지는 부가세 면세로
세금계산서 발급 의무가 없다. 참고로 법인은 모든 세금계산서를 전자로 발

급해야 한다.

비용을 지출할 때도 법인은 적격증빙인 매입 세금계산서를 받아야 한다. 거래 상대방에게 거래 대금을 이체하면서 세금계산서를 요청하면 상대방은 이를 발급하고 매입자가 수취하면 업무 관련 계산이 마무리된다.

그런데 부동산 법인 거래처 중에는 관련 업무를 처리할 별도의 직원이 없거나 세금계산서 발행을 꺼리거나 구두로 발행하겠다고 하고 누락시키는 경우도 많으므로 주의해야 한다. 매입 세금계산서를 제대로 수취하지 않으면 해당 부가세를 공제할 수 없게 되어 오롯이 손실을 입을 수 있음을 명심하자.

사업용 신용카드와 현금영수증을 적극 활용하자

신용카드 매출전표나 현금영수증은 세금계산서가 아닌 단순 영수증으로 간주해 부가세 신고 시 매입세액으로 공제되지 않는 것이 원칙이다. 세법상 일정 요건을 갖춘 신용카드 매출전표와 현금영수증은 매입세액으로 공제받을 수 있다. 여기서 일정 요건을 세세하게 전달하기는 곤란하다. 세무대리인이 처리해야 할 영역이기 때문이다.

다만 법인 대표자로서 꼭 알아두어야 할 점은 사업과 관련해 지출이 발생했는데 세금계산서를 받기 어려운 경우라 하더라도 반드시 사업용 신용카드로 지급하거나 현금영수증을 받아두는 습관을 들여야 한다는 점이다. 큰 금액이 아니라도 사업용 신용카드 혹은 현금영수증 등 증빙이 가능한 지출을 한다면 매입세액 공제를 조금이라도 더 받을 수 있다.

부가세를 간과하다가 당황할 수 있다

법인은 분기마다 부가세 신고와 납부를 해야 하는데 실제 운영하다 보면 이 기간이 생각보다 빨리 돌아온다는 걸 체감하게 된다. 게다가 신고 후 납부 기한은 매우 촉박한 편이라 이를 염두에 두지 않고 비용을 지출하다가 자칫 세금을 납부할 자금이 모자란 경우를 맞닥뜨릴 수 있으므로 주의해야 한다.

　법인 대표자는 부가세 신고 대상 분기와 해당 신고 및 납부 기한을 머릿 속에 숙지하고 있어야 한다. 특히 사업이 번창해서 납부세액이 늘면 분기마 다 부가세 내는 것도 큰 부담으로 다가온다. 내가 벌어들인 수입에 이미 포 함된 금액이라고는 하지만 막상 내야 할 때는 꽤 큰 액수라 깜짝 놀랄 경우 도 있다.

● **부가가치세 신고 대상 분기 및 납부 기한**

대상 분기	납부 기한
1분기(1~3월)	4월 25일
2분기(4~6월)	7월 25일
3분기(7~9월)	10월 25일
4분기(10~12월)	이듬해 1월 25일

요령은 매출이 생겨 수입이 들어올 때마다 부가세에 해당하는 금액을 별도로 빼놓는 등 회계 관리에 신경 쓰는 것이다. 특히 납부 기한은 달력 등에 미리 표기해놓고 대략적인 예상 금액을 1개월 전부터 미리 준비하는 것이 좋다.

법인세 신고 방법과 주의사항

법인세란 법인이 1년 동안 발생한 모든 사건을 기록해서 관련 증빙을 제출하고 과세 관청과 구청에 신고한 다음 납부해야 하는 세금이다. 즉 법인이 한 해에 활동한 모든 기록의 응축인 셈이다. 매출액, 매출원가와 판매관리비, 영업외수익, 영업외비용 등의 개념이 여기 들어간다. 또한 법인세와 법인 지방소득세를 계산해 신고·납부한다.

추가로 부동산 매매 법인의 경우 해당 사업연도에 발생한 소득에 대해 납부해야 하는 법인세와는 별도로 법령에서 정하는 소재지 주택(부수 토지 포함)과 주택을 취득하기 위한 권리와 비사업용 토지를 양도하는 경우, 해당 소득에 대한 법인세를 추가로 납부해야 한다.

법인세 신고라고 하면 복잡하고 거창하게 생각할 수 있지만 개인이 1년 동안 발생한 소득에 대한 종합소득세 신고를 하는 것과 똑같이 또 다른 인격인 법인이 신고하는 것이라고 보면 된다. 또한 세무대리인과 기장 수임 계약을 할 때 법인세 신고도 업무 내용에 포함되기 때문에 도움을 받아 차근차근 준비하면 어렵지 않으므로 크게 걱정할 필요가 없다.

법인세는 사업연도 종료일이 속하는 달의 말일로부터 3개월 이내에 신고하고 납부해야 한다. 통상 법인의 사업연도는 정관에 기재하는데 다수는 1월~12월로 정한다. 이 경우 법인세 신고·납부 기한은 사업연도 종료일이 속하는 달의 말일로부터 3개월 뒤인 이듬해 3월 31일까지다. 법인 정관에 이와 달리 사업 기간을 정하거나 별도의 사업연도를 정해 세무서에 신고할 수도 있다. 사업연도 설정에 따른 신고 기한은 아래의 표와 같다.

대부분은 12월 결산법인이다. 이들의 신고 사이클은 통상 10월에 법인의 부가가치세 2기 예정신고를 하고 11월부터 연말까지는 다가올 법인 결산을 준비하게 된다. 법인 대표자는 세무대리인과 소통하면서 필요한 자료를 제공하고 추가적인 요청에 따른 준비를 해야 한다.

법인세 신고는 법인 결산을 전제로 진행된다. 법인 결산이란 재무상태표, 손익계산서, 이익잉여금처분계산서 등의 작성을 의미한다. 결산이 마무리되면 해당 자료들을 바탕으로 법인세 신고에 필요한 세무조정 계산서와 법인세 과세표준 및 세액신고서를 작성해 법인세 신고를 하게 된다.

● **법인 사업연도 구분과 그에 따른 신고 기한**

구분	법정 신고 기한
12월 결산법인(동일 연도 1월~12월)	3월 31일
3월 결산법인(전년 4월~3월)	6월 30일
6월 결산법인(전년 7월~6월)	9월 30일
9월 결산법인(전년 10월~9월)	12월 31일

법인세 신고를 위해 평상시 준비해야 할 것

법인세 신고에 필요한 서류 하나하나를 법인 대표자가 다 알고 있어야 할 필요는 없다. 그런 세부 서류는 세무대리인이 작성하기 때문이다. 매달 혹은 분기별로 진행한 인건비 신고와 부가세 신고를 통해 비용, 매출, 매입 등이 확정되고 이것이 누적되어 1년 동안의 법인 이익 혹은 손실이 계산된다.

다만, 법인의 대표자가 평상시에 잊지 말고 해두어야 할 업무들도 있다.

첫째, 적격증빙을 발급하고 수취하는 일이다. 평소 법인으로 부동산 매수·매도해 수입과 지출이 발생하고 여타 영업으로 인한 영업외수익과 영업외비용이 발생할 때 적격증빙인 세금계산서, 계산서, 현금영수증, 사업용 신용카드 등을 적절히 이용해서 매출과 매입에 대한 증빙을 확실하게 남겨두어야 한다.

둘째, 통장 정리 및 입출금 명세, 가지급금·가수금 기록이다. 법인이 부동산을 매수하거나 매도할 때마다 법인 계좌에서 입출금이 일어날 것이다. 그 외에도 다양한 형태로 수입과 지출이 발생한다. 이때 적요(메모)에 어떤 이유로 입출금이 발생했는지 꼼꼼히 기재하면 상대적으로 수월하게 법인 결산을 할 수 있다.

셋째, 계약서 및 기타 서류들을 잘 관리하는 일이다. 부동산 법인의 주된 업무는 부동산을 매수하고 매도하는 것이다. 경매 혹은 공매로 부동산을 취득할 때는 법원에 지급한 부동산 대금 및 여타 지출에 관해 상세한 관련 자료를 잘 갖춰야 한다. 일반 매매로 부동산을 매수하고 매도할 때도 매매계약서 등을 잘 준비해야 한다.

이렇게 정리한 자료를 평소 혹은 연말에 세무대리인에게 실물 혹은 이미지 형태로 보내면 원활하게 법인 결산 및 법인세 신고를 할 수 있다.

법인 폐업,
청산 방법과 절차

법인이 자신에게 맞지 않는 번거로운 옷이라면

부동산 1인 법인을 설립해서 투자를 진행했는데 기대만큼 실적이 나오지 않거나 자신에겐 법인 투자가 시기상조라 판단되어 진지하게 폐업을 고려하는 때도 있다. 오랜 기간 법인을 운영했어도 일신상의 이유로 그만두고 싶을 수도 있다. 그런 경우 어떻게 해야 할까?

법인 폐업 신고서를 법인 소재지 관할 세무서에 제출하면 폐업 절차가 진행된다. 폐업 신고서 양식은 복잡하지 않으며 세무대리인과 상의해서 작성해 제출하기만 하면 폐업과 관련해 추가로 세무서와 진행할 업무는 없다.

다만, 사업연도 중 폐업을 할 경우라도 아래와 같은 부수적인 업무가 발생하기에 폐업 신고를 했더라도 세무대리인과 협의해 해당하는 신고 업무를 잘 처리해야 한다.

첫째, 폐업 부가세 신고를 마친다. 분기마다 하는 부가세 신고 외에 폐업 신고를 한 법인은 폐업일 다음 달 25일까지 최종적인 잔여 부가세를 신고하고 납부해야 한다.

둘째, 폐업 법인세 신고를 마친다. 폐업 신고서를 제출했어도 해당 사업연도 종료 후에는 이전과 마찬가지로 3개월 이내에 법인세 신고를 정상적으로 해야 한다. 법인세 신고 의무는 사라지지 않는 것이다. 그러므로 법인 결산과 세무조정, 법인세 신고를 위해 필요한 자료는 준비해두어야 한다.

셋째, 사회보험 상실 신고를 한다. 대표자를 포함해 법인에 소속된 정규직 직원의 사회보험 상실 신고를 해야 한다. 법인 설립 후에 최초로 직원을 고용할 때 사회보험 성립 신고를 했던 것과 반대로 사회보험 사업장 탈퇴 신고도 함께해야 한다.

넷째, 지급명세서 최종분을 제출한다. 간이 지급명세서를 제외한 일반 지급명세서의 경우 원칙적으로 연 1회 제출한다. 하지만 법인이 폐업하면 폐업일 다음 달 말일까지 근로소득, 퇴직소득, 사업소득, 종교인소득, 이자소득, 배당소득, 기타소득 등에 대한 지급명세서를 제출해야 한다.

법인 폐업의 2가지 절차

폐업 신고서를 세무서에 제출해 사업자등록증을 없앤다고 법인이 완벽히 폐업되는 것은 아니다. 회사의 재무 상태에 따라서 채권자에게 지급해야 할 금액을 모두 갚은 다음 폐업 절차가 완료된다.

법인 폐업은 다음 2가지 절차로 이뤄진다.

첫째, 폐업 신고와 함께 법인 사업자등록증을 반납한다.

둘째, 법인 등기부등본을 폐쇄한다.

이 두 절차는 모두 법인 폐업에 필수적이지만 처리 기관이 다르므로 주의가 필요하다.

첫 번째, 법인 폐업 신고의 처리 기관은 관할 세무서다. 법인 대표자가 관할 세무서에 법인 폐업 신고서를 제출한다는 의미는 법인이 더 이상 영업을 하지 않는다고 세무서에 알리는 것이다. 법인 폐업의 정해진 시기는 없으므로 원하는 일자에 관할 세무서를 방문하거나 홈택스로 법인 폐업 신고서를 제출하면 된다.

이때 유의할 점이 있다. 세무서에 폐업 신고를 하고 사업자등록증을 반납한다고 자동으로 법인 등기부등본이 폐기되는 것은 아니라는 점이다. 법인 등기부등본을 바로 없애지 않으면 추후 별도로 해산 및 청산 등기를 하거나 8년을 기다려 법인 청산 종결로 간주가 된 후라야 법인 등기부등본이 폐쇄된다.

그렇다면 두 번째 절차인 법인 등기부등본 폐쇄는 어디서 해야 할까? 바로 등기소다. 사업자등록증을 반납하고 법인 폐업 신고를 마치면 곧바로 법인 등기부등본까지 없애야 비로소 법인격이 소멸하고 완전히 법인이 사라지게 된다. 이를 위한 절차가 바로 해산과 청산이다.

법인 해산과 청산을 위한 프로세스

개인사업자와 달리 법인은 별개의 인격체라고 누누이 강조했다. 이런 이유로 법인은 폐업 신고와 더불어 해산, 청산 및 파산 과정을 밟아야 완벽하게 정리가 된다.

법인 해산·청산이란 정관에서 정한 해산 사유 혹은 법인 경영으로 사업 목적을 달성할 수 없다고 판단될 때 경영활동을 종료하고 해산하는 것을 의미한다. 이후 잔여재산으로 채권자들에게 채무를 변제하고 남은 재산을 주주들에게 분배하는 등 청산 과정을 거쳐야 법인 폐업이 가능해진다.

법인 자산이 부채를 다 정산하고도 남을 정도라면 문제 될 게 없다. 해산 등기를 먼저 진행한 다음 청산 등기까지 완료하면 법인격이 소멸하고 등기부등본이 폐쇄된다. 주주총회를 열어 해산을 결의하고 청산인을 선임해서 관련 서류를 신고하고 절차에 따라 채권 신고를 공고한 다음, 청산 종결 등기를 마친다. 이렇게 남은 잔여재산은 주주들에게 분배한다. 결산보고서의 주주총회 승인을 마치면 청산 종결 등기를 신청할 수 있고 이것이 완료되면 등기부등본이 소멸하고 법인격이 사라진다.

그런데 반대로 법인 부채가 자산보다 더 크다면 어떻게 해야 할까? 이 경우는 청산 등기가 아니라 파산 절차를 밟아야 한다. 파산이란 법인은 폐업

해도 잔여재산은 법원의 감독하에 채권자들에게 배당하는 절차를 밟는 것이다. 그런데 파산신청이 무조건 받아들여지는 것은 아니다. 법인의 재산으로 무슨 방법을 동원해도 도저히 채무를 갚기 불가능한 경우에만 받아들여진다. 파산 절차는 부동산 1인 법인에는 거의 해당하지 않는 경우가 많으며 실질적으로는 세무 전문가의 도움을 받아야 하는 사항이므로 여기서는 구체적으로 설명하지 않는다.

법인 해산·청산 등기 없이 자동 소멸시키는 경우

법인 폐업 시점에 잔여재산도 거의 없고 채무도 없어 대표자가 세무서에 법인 폐업 신고를 한 뒤 등기부등본을 그대로 두는 예도 있다. 법인 등기를 소멸시키지 않고 일정 기간이 지나면 법원이 직권으로 등기부등본을 소멸시키기 때문에 별도의 해산 및 청산의 과정을 거치지 않아도 된다.

법인 실적이 없이 등기부등본을 5년 동안 그대로 두면 법원으로부터 최후 등기 통지서를 받게 된다. 이 기간 내에 아무런 조치를 하지 않으면 법원이 직권으로 법인이 해산된 것으로 간주해서 처분하게 된다. 그 상태에서 다시 3년이 지나면 청산으로 간주해 등기부등본이 자동으로 말소된다.

이 방법은 별도의 비용이 들지 않는다는 장점이 있기에 잔여재산을 분배할 필요가 없는 소규모 법인들이 많이 선택하는 방법이다. 하지만 법원의 직권으로 법인이 완전히 소멸하려면 8년이라는 긴 시간이 소요된다는 단점이 있다. 또한 이 기간 내에 영업 수익이 발생하거나 도중에 다시 등기를 하

면 그동안 등기하지 않은 것에 대해 과태료가 부과될 수 있기에 주의해야
한다.

청산 소득에 대한 법인세 신고

법인이 해산되어 소멸하는 영리 내국법인은 해산 과정에서 발생한 소득에
대한 법인세를 신고·납부해야 한다. 이때의 과표 기준은 '잔여재산가액−해
산 등기일 현재 자기자본총액'이 된다. 잔여재산가액이란 법인 청산 후 자
산 총액에서 부채 총액을 뺀 것이다. 자기자본총액을 계산하는 공식은 '납
입자본금＋(세무상 잉여금 − 세무상 이월결손금)＋법인세 환급액'이다. 관
련 세부 사항은 세무대리인과 상의한다.

　법인 해산 때의 법인세율은 계속사업을 하는 경우와 똑같이 적용된다. 청
산 소득에 대한 법인세는 잔여재산가액 확정일이 속하는 달의 말일부터 3개
월 이내에 신고·납부해야 한다.

사업자등록증 종목 무엇까지 포함할까?

설립부터 확장성을 고려해 다양한 종목과 업태를 포함하자

법인을 설립할 때 가장 고민되는 것이 정관에 포함될 종목 선정이다. 대한 민국에서 선정할 수 있는 사업자 종목은 1,500개가 넘는다. 하지만 종목이 많다고 너무 깊게 고민할 필요는 없다. 우리는 법인 설립을 통해 부동산 투자를 하고자 한다. 투자 법인에 맞는 종목은 한정적이므로 그와 관련된 종목을 포함하면 된다. 단, 최대한 많은 종목을 넣자.

법인 설립 후 사업 확장을 위해 종목을 추가하면 건별로 법무 비용을 내야 한다. 일례로 부동산 투자를 하다가 투자한 상가를 직접 운영하고 싶어질 수도 있다. 이때 관련 종목을 추가하려면 비용이 든다. 하지만 최초 법인 설립 때는 종목 제한이 없다. 그러므로 설립 때 한 번에 담아두는 게 좋다.

누군가는 회사의 정체성을 나타내야 하기에 종목 선정을 까다롭게 최소한만 해야 한다고 주장한다. 그러나 내 회사의 정체성과 철학은 명함이나 홈페이지에만 드러나면 된다. 사업자등록증에 적힌 내용을 보며 너무 많다고 의아해하는 이들은 거의 만나 보지 못했다. 나 역시 세금계산서 발급을 위해 수강생이나 협력업체로부터 사업자등록증을 받을 때가 많다. 그때 업태와 종목을 살펴보면서 의외의 것을 발견하면 '아, 이런 사업을 하고 계시구나, 향후 협력할 부분이 많겠어!' 하고 오히려 시너지를 낼 일을 상상하게 된다. 종목이 많다고 고개를 갸웃한 적은 없다.

한 우물만 파면 좋다는 것은 다 옛 얘기다

이 책의 독자라면 우선 '부동산 투자'가 주된 사업목적일 것이다. 그런데 부동산 관련 종목으로 또 무엇이 있을까? 부동산 매매업(주거용 건물 매매업), 임대업(비주거용 건물 임대업, 부동산 분양 및 관리업) 등이 있다. 다양한 사업으로 확장하고 싶다면 얼마든지 종목을 추가해도 된다. 부동산 투자를 하면서 학원을 병행하고 싶다면 교육서비스업 업태에 일반 교과학원, 음악학원, 미술학원, 기타 예술학원, 외국어학원 등 원하는 종목을 넣어주면 되고, 부동산 관련 강의를 기획하고 싶다면 같은 업태에 부동산강의 종목을 추가하면 된다. 온라인 교육 사업을 하고 싶다면 온라인 교육학원 종목을 추가하면 된다. 게다가 요즘 대세는 무엇이든 온라인이나 SNS 시장과 연계하는 것이다. 이를 위해서 통신판매업과 전자상거래 소매업 종목을 추가할 수 있다.

미래에 벌일 사업까지 예상해서 종목을 넣었는데도 시간이 흐르고 나면 또 추가하고 싶은 종목이 생길 수도 있다. 종목 추가는 셀프로도 할 수 있고 법무사에게 의뢰할 수도 있지만 등기소까지 가야 하는 번거로움을 고려하면 법무사에게 의뢰하는 편이 가장 깔끔하고 정확하다.

임대 목적이라면 부동산 임대업 필수

부동산 투자가 주된 목적인 법인은 단기 매도를 통한 수익 실현을 원할 수도 있고 임대를 통한 꾸준한 이익금 실현을 원할 수도 있다. 그런데 전세나 월세로 임대를 줄 때, 특히 전세를 주어 세입자가 전세자금 대출을 알아보려 할 때 갑자기 난감해지는 경우가 있다. 대출기관은 임대주인 법인의 정관과 사업자등록증의 '부동산 임대업' 포함 여부를 반드시 확인한다. 그러므로 임대업 종목을 미리 등록해두지 않으면 전세자금 대출을 원하는 세입자를 받을 수 없게 된다. 부동산 투자에는 임대가 포함될 수밖에 없으므로 반드시 관련 종목을 다양하게 추가하자. 여기 우리 법인의 사업자등록증을 참고해서 다양한 종목을 포함하면 추후 돈을 들여 추가하는 번거로움에서 벗어날 수 있을 것이다.

● 준민컴퍼니 사업자등록 종목과 업태 예시

사업자등록증 [별지] – 사업의 종류

사업자등록번호 :

업태	종목
도소매	통신판매업
부동산업	비주거용 건물 임대업
부동산	부동산 분양 및 관리업
부동산	비주거용 건물 매매업
정보통신	프로그램 개발업
서비스	투자컨설팅
서비스	광고대행업
서비스	구매대행
교육서비스업	일반 교과학원, 음악학원, 미술학원, 기타 예술학원, 외국어학원
교육서비스업	부동산강의

– 이 하 여 백 –

제3장

전문가도 안 알려주는
부동산 1인 법인 핵심 노하우

절세와 상속, 증여의 관점에서 지분을 설계할 필요가 있다.
실적이 크지 않을 때 지분을 지혜롭게 배분하면
향후 세제나 혜택 면에서 다양한 이점을 얻을 수 있다.

안심하고 공동 투자하는
법인 활용법

공동 투자, 꼼꼼하게만 하면 어려울 것이 없다

공동 투자란 말 그대로 혼자가 아니라 뜻이 맞는 투자자와 함께 부동산 투자를 하는 것을 의미한다. 단독으로 투자하기에는 투자금이 커서 2명 이상이 모여 투자한다. 개인들이 공동 투자할 때 가장 중요한 것은 약정서를 면밀하게 작성하는 것이다. 투자자별 투자금과 그에 따른 지분 배분, 도중에 부득이하게 이탈할 때 포기하는 지분에 대한 대가, 매도 후 수익 배분 등 여러 변수를 고려해 약정서를 써야 한다. 저마다 관점과 의견이 다를 수 있기에 혼자 하는 단독 투자보다 더 면밀하고 세심하게 준비해야 한다. 의기투

합해서 시작했다가도 도중에 의견 차이로 인해 깨지거나 인간관계에도 금이 가는 예가 많으므로 그만큼 더 고려할 것이 많다.

공동 투자에서 무조건 법인이 유리한 것은 아니다. 단독 투자 때와 마찬가지로 개인, 개인사업자, 법인 중 유리한 것을 선택해 운용의 묘를 발휘하면 좋다.

법인으로 하면 유리한 공동 투자 사례

첫째, 조정지역 내 개인 명의 주택을 2채 이상 보유하고 있어 추가로 취득하고 양도했을 때 중과세율을 적용받을 가능성이 있다면 법인으로 공동 투자하는 게 유리할 수 있다.

부동산을 매수한 후 단기에 매도하면 개인은 양도세 중과를 받지만, 법인은 별도의 규제가 없다. 그러므로 둘째, 단기 매도를 통한 시세 차익을 원할 때 법인을 활용해 공동 투자할 수 있다.

셋째, 대출 면에서 유리하다. 부동산 투자자라면 기존 대출이 어느 정도 있을 것이다. 그래서 공동 투자를 하려 해도 DSR(총부채원리금상환비율) 때문에 더 이상 추가 대출이 불가능할 수 있다. 이때 법인을 활용하면 대출이 가능해져 공동 투자를 할 수 있다.

법인으로 공동 투자함으로써 누릴 수 있는 이점

여러 번 반복해 설명했지만, 법인과 개인사업자는 세금 면에서 크게 차이가
난다. 부동산 매매로 1억 원의 이익이 발생했다고 가정하자. 법인이라면 법
인세와 법인 지방세를 포함해 990만 원을 내면 된다. 그러나 개인(개인사업
자)이라면 종합소득세와 지방세를 합쳐 2,151만 원을 세금으로 내야 한다.
게다가 법인에는 없는 추가 건강보험료도 발생할 수 있다. 공동 투자로 여
러 물건에 투자해서 높은 이익을 실현하고자 한다면 개인보다는 법인이 훨
씬 유리한 이유다.

법인 만들면
매년 들어가는 고정비용

법인이 숨만 쉬어도 매년 나가는 돈

법인을 설립하면 아무리 아끼려고 노력해도 기본적으로 고정비가 들어간다.

첫째, 사무실 임차료. 법인을 설립하고 운영하려면 사업장이 필수다. 법인 명의의 상가가 있다면 임차료를 내지 않아도 되고 대표자 명의의 사업장이 있다면 법인과 대표자 간 임대차 계약을 체결해 대표자가 임차료를 받을 수도 있을 것이다. 그러나 대개 사무실을 임차할 수밖에 없다. 이 경우 매달 임차료와 관리비를 내며 금액은 여러 조건에 따라 크게 달라진다. 사업 초기에는 직원도 없고 사업장도 필요치 않으므로 공유오피스와 연간 단위로 계약하면 저렴하게 법인 사업장을 임차할 수 있다. 사무실은 법무사에게 법인 설립을 의뢰하기 전에 미리 구해두어야 하는데 법인 등기부등본에 사업장 주소지가 들어가기 때문이다.

둘째, 세무사에게 주는 기장 수수료 등도 고정비에 해당한다. 법인은 정해진 기간에 원천세, 부가세, 법인세 신고를 한다. 그러려면 평소 법인 장부를 작성해야 하고 세무대리인에게 관련 업무를 위임한다. 이를 기장이라 하는데 대개 매월 수수료를 지급한다. 개인사업자 역시 부가가치세나 종합소득세 신고를 위해 건별 수수료를 지급하고 관련 업무를 의뢰한다. 하지만 법인은 복식 기장을 해야 하는 의무 사업자다.

셋째, 매년 3월 결산하는 법인세 신고 수수료와 성실신고 수수료 등도 고정비에 포함된다. 법인은 연간 재무제표를 확정하는 결산 과정에서 법인세법에 따라 세무조정을 하게 된다. 법인세 신고 수수료는 실질적인 이익을 바탕으로 변동된다. 부동산 매매·임대 등 특정 요건에 해당하는 법인은 세법에서 규정한 성실신고 대상자가 될 수 있다. 이 경우 성실신고 수수료가 추가된다.

법인을 유지하고 경영하기 위해 지출해야 하는 돈

법인의 성과와 실적에 따라서 추가로 들어가는 비용도 있다.

넷째, 필요에 따라 상시 혹은 임시 고용한 인력에 대한 인건비와 사회보험료를 지출해야 한다. 법인을 만들어 사업을 벌여 매출이 늘면 임장, 입찰,

법인 내부 업무 관리 등 다양한 목적의 인력을 채용할 수 있다. 이들과 체결한 근로계약에 따라 정해진 급여를 인건비로 지출한다. 또한 고용에 따른 사회보험료(건강, 연금, 고용, 산재)도 부담한다. 인력을 채용하지 않고 대표자 역시 법인에서 급여를 받지 않는다면 무보수 대표자 신고를 하고 사회보험료 부담을 피할 수 있다.

다섯째, 수익에 따른 각종 세금과 공과금을 지출해야 한다. 법인을 세워 직원을 고용하면 원천세를 신고하고 납부해야 한다. 부가가치세가 포함된 재화나 용역을 공급하거나(매출) 공급받으면(매입) 부가세도 납부해야 하며 매출과 매입에 따른 법인세도 내야 한다. 이러한 국세 외에도 자동차세, 주민세, 지방소득세 등 지방세도 내게 된다.

여섯째, 부동산 거래와 법인 관련 업무에 따른 법무사비도 지출한다. 법인 설립뿐 아니라 등기부등본, 정관, 주주명부 등을 수정할 때 비정기적으로 법무사비가 발생할 수 있다. 부동산 거래에 따른 등기나 이전 업무에도 비용이 발생한다.

법인을 처음 시작하면 여러 고정비가 부담으로 다가온다. 하지만 투자를 통한 수익을 실현하고자 한다면 그에 따른 비용도 당연히 지출해야 한다. 더불어 고정비도 법인 비용 처리가 되므로 법인세 절세에 도움이 된다. 아깝다고 생각하기보다 더 큰 수익 실현을 통해 상계한다는 마음가짐으로 사업 운영을 해나가면 좋겠다.

대표가 법인 돈을 가져오는
몇 가지 방법

최대한 적은 세금을 내고 합법적으로

부동산 1인 법인을 설립하고 사업 초반에는 법인이 보유한 자금이 자본금밖에 없다. 그런데 부동산을 매수하려면 자본금 이상의 자금이 필요하다. 그러므로 사업 초반에는 대표자 개인 자금을 법인에 많이 투입할 수밖에 없다. 시간이 흘러 부동산 매매로 실적이 늘고 당기순이익이 생기면 법인에 잉여금이 쌓인다. 대표자는 자연스레 잉여금을 회수하고 싶을 것이다. 급전이 필요해질 수도 있다. 이때 법인 자금을 회수하는 방법은 어떤 것이 있는지 알아보자.

첫째, 가수금 회수는 가장 간단히 법인 자금을 돌려받는 방법이다. 투자를 위해 투입했던 대표자 개인 자금은 법인에는 채무, 대표자에는 채권이 된다. 그러므로 빌려준 돈을 돌려받는 것이기에 가수금(주주임원종업원단기채무) 범위 내에서는 자유롭게 출금해도 무방하다. 가수금을 회수하는 방식으로 법인 자금을 가져오면 법인세, 지방세, 사회보험료 등 추가 비용이 발생하지 않는다.

법인의 투자 수익을 배당하는 법

둘째, 배당으로 수익을 돌려받을 수도 있다. 배당이란 법인에 누적된 이익잉여금을 주주 지분비율에 따라 지급하는 것을 말한다. 법인이 사업을 해서 벌어들인 당기순이익이 누적된 합계를 이익잉여금이라고 하며, 잉여금 한도 내에서 배당을 줄 수 있다. 하지만 배당에는 세금이 발생하므로 책정할 때 주의해야 한다.

배당에는 기본적으로 배당소득세가 부과된다. 법인은 배당금에서 배당소득세 14퍼센트와 지방소득세 1.4퍼센트를 원천징수 후 지급한다. 단 배당금을 포함해 이자와 배당의 합계액이 2천만 원 미만이면 추가적인 종합소득세 납부 의무는 없다.

그런데 주주의 금융소득(이자+배당)이 2천만 원을 초과하면 어떻게 될까? 그 경우 배당도 기존 소득(근로소득, 사업소득, 연금소득, 기타소득)과 합산되어 종합소득세가 부과된다. 2020년 11월부터는 배당소득에도 건강보

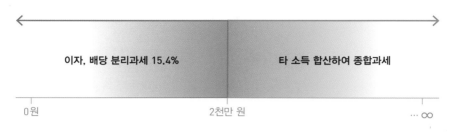

| 이자, 배당 분리과세 15.4% | 타 소득 합산하여 종합과세 |

0원   2천만 원   ··· ∞

험료가 부과된다. 금융소득이 1천만 원을 넘으면 건강보험료가 추가되는 방식이다. 그러므로 여러 기준을 고려해 배당금을 정하는 것이 좋다.

법인 자금을 가져올 때 꼭 주의해야 할 점

셋째, 대표자 급여를 책정해 가져올 수도 있다. 개인사업자와 달리 법인은 대표자도 급여를 받을 수 있다. 단, 사용자의 지위이므로 건강보험과 연금보험 가입 의무만 있고 고용과 산재보험 가입 의무는 없다. 근로소득세와 지방소득세는 다른 직원들과 동일하게 신고하고 납부해야 한다. 이론적으로는 법인 대표자 급여를 아주 높게 책정해 법인 자금을 가져올 수도 있다. 그렇게 하면 비록 각종 세 부담이 커지지만, 대표자의 근로소득이 높아져서 신용대출이나 소득 증빙 등에서 긍정적으로 작용하기도 한다.

법인에서 자금을 가져오기 전에 여러 사항을 고려해 신중하게 접근할 필요가 있다. 모두 적법한 절차를 거쳐야 하며 이유 없이 자금을 대표자가 가져가면 가지급금(대표자 차입금)이 누적되어 회계상 불리해진다. 만약 가지급금이 큰 상태에서 갑작스레 폐업하게 되면 과세 관청은 부가가치세와 법인세를 부과하고 해당 금액을 대표자 상여금으로 간주해 개인에게 소득세 폭탄이 떨어지기도 한다. 그러므로 반드시 세무사와 상의하여 계획적으로 세금을 최소화하면서 법인 자금을 회수하는 게 바람직하다.

가수금, 가지급금은
어떻게 관리해야 할까?

가수금과 가지급금은 깔끔하게 관리할 것

법인 설립에 관심이 있다면 가수금이나 가지급금이라는 단어를 들어보았을 것이다. 가수금은 법인 대표자가 자신의 자금을 법인 통장으로 이체하는 것을 의미한다. 가수금은 대표자가 법인에게 빌려준 돈이며 정당하게 빌려주었다면 세법상 불이익이 없다. 간혹 가수금이 너무 많으면 세무서는 대표자가 매출을 누락시키는 방식으로 개인 자금을 마련했다고 의심할 수도 있다. 그러나 관련 증빙만 갖춘다면 얼마든지 소명할 수 있다.

가지급금은 반대로 법인 대표자가 법인 통장에서 개인 통장으로 자금을 이체하는 것이다. 대표자가 법인에서 돈을 빌린 셈이다. 이것을 제대로 상환하지 않으면 법적으로 횡령이 된다. 그러나 법인 통장에서 대표자 개인 통장으로 자금을 이체했다고 모두 가지급금이 되는 것은 아니다. 가수금 범위 내에서 회수한 금액이라면 가수금 상환이 되고 가수금 범위를 넘으면 가지급금이 된다.

그러나 이 2가지 모두 법인 재무제표에는 가급적 없는 편이 바람직하다. 그러나 일시적으로는 얼마든지 발생할 수 있다. 중요한 것은 대표자 스스로 가수금과 가지급금이 언제 얼마나 발생했는지 알고 있어야 하며 평소 잘 관리해야 한다는 점이다. 미리 잘 정리해두지 않으면 나중에 헷갈릴 수 있다.

법인 통장의 적요를 꼼꼼하게 정리할 것

법인 통장에는 수많은 입출금 내용이 기록된다. 평소 들고 나는 금액 옆에 '대표자 가수금', '대표자 가지급금'이라고 각각 표기해두면 한꺼번에 결산할 때 혼동하지 않을 수 있다. 내용을 알 수 없는 입출금에 대해 평소 통장 적요 정리가 안 되어 있으면 세무대리인이 임의로 가지급금이나 가수금 명목으로 처리하는 일도 있다. 혹여 세무조사라도 받으면 세무공무원은 법인 재무제표상 가수금과 가지급금의 적정성 여부를 가장 먼저 확인한다. 드물긴 하지만 가수금이 과도한 상태에서 법인 대표자가 갑자기 사망하면 해당 금액이 대표자의 상속재산에 포함되어 상속세 부담이 커지는 예도 있다.

● 가수금 · 가지급금에 따른 세무상 문제점

	가수금	가지급금
인정이자 여부	입금 내역 불명확 시 가수금 인정 어려움	익금산입 · 상여 처분으로 법인세와 소득세 증가
비용 인정 여부	매출 누락, 가공경비 시 대표자 상여로 처분	업무 무관 가지급금의 경우 손금불산입으로 법인세 증가
조사 대상	법인세, 소득세	법인세, 소득세
청산 또는 대표자 사망 시 문제점	상속세 재산가액에 포함	법인세 · 소득세 발생 가능

출처: 부동산114

주식 지분은 어떻게
산정하는 게 유리할까?

현명한 법인 주식 지분의 설계

법인의 주인은 주주다. 그러므로 법인을 설립할 때 주주와 지분비율을 잘 구성해야 한다. 미혼인 경우와 기혼인 경우를 구분해 주식 지분 구성의 예를 알아보겠다. 법인 설립자가 부양가족이 없는 미혼이라면 대표자 본인 지분 100퍼센트로 구성할 수 있다. 그런데 대표자가 기혼이고 가족을 주주로 참여시키고 싶다면 어떨까?

여기 가상의 4인 가족이 있다. 아버지가 법인을 설립하고자 한다. 나는 이런 경우 가족 모두 주주로 참여하는 게 좋다고 생각한다. 물론 부모의 지분이 자녀 것보다는 많아야 할 것이다. 주주는 자신의 지분 비율만큼 자본금을 납입해야 한다. 부모는 경제활동을 통해 자본금을 마련할 수 있겠지만 미성년 자녀라면 그렇게 하기 어려울 수도 있다. 자녀가 보유한 저축, 증여 문제 등을 고려해 전문가와 상의해 적정 비율을 정하면 된다.

법인이라도 과점주주에게는 책임 부과

국세기본법은 "주주 또는 유한책임사원 1인과 특수관계인이 소유하는 주식의 합계 또는 출자액의 합계가 당해 법인의 발행주식총수 또는 출자총액의 100분의 50을 초과하는 경우"를 과점주주라고 규정한다. 말이 어렵지만 주주로 참여한 대표자와 특수관계인(친인척)의 지분이 50퍼센트를 넘으면 과점주주가 된다는 말이다.

앞서 법인은 대표자나 주주와 별개의 인격체라고 설명했다. 그러기에 법인에서 발생한 채무 등에 대해 대표자가 이행 책임을 지지 않는다. 하지만 과점주주의 경우는 몇 가지 책임이 부여된다. 과점주주가 되면 간주취득세가 부과되는데, 그 대상은 부동산(토지, 건물 등), 차량, 기계장비, 입목, 항공기, 선박, 광업권, 어업권, 골프회원권, 콘도미니엄회원권, 승마권, 종합체육시설권 등이다. 또한 2차 납세의무도 지게 된다. 즉 법인이 국세 등을 미납했을 때 세금 납부 의무를 과점주주가 이행하도록 한 규정이다. 법인이 제대로 원천세, 부가가치세, 법인세 등을 신고하고 납부한다면 걱정할 필요가 없는 조항이다.

사업이 잘되기 전에 지분을 먼저 고민하자

실제 법인을 설립하려는 투자자 대부분은 이미 개인이나 개인사업자로 부동산 투자를 해서 큰 이익을 거둔 후 절세 등의 목적으로 법인을 고려하게 된다. 그렇다 보니 주식 지분비율의 중요성에 대해서는 간과하는 경우가 많다. 법인 설립 시점에는 대표자 100퍼센트 단독 주주 방식으로 단순하게 접근하게 된다.

그런데 나중에 시간이 지나서 법인 명의 부동산 자산이 늘고 이익이 누적되면 슬슬 지분비율 걱정을 하기 시작한다. 자녀에게 지분을 양도해 자산을 물려주고 싶다는 생각도 든다.

그런데 이때 고민하면 너무 늦다. 사업이 잘된다는 것은 주식의 가치도 그만큼 높아졌다는 의미이므로 처음 법인 설립 당시에 비해 양도가 더 까다로워진다. 좀 어려운 얘기지만 주식은 통상 손익(이익)가치 3, 순자산(자산)가치 2의 비중으로 평가한다. 그런데 부동산 보유 법인(자산 중 부동산 비율 50퍼센트 이상)의 경우 손익가치 2, 순자산가치 3의 비중으로 주식을 평가한다. 즉 법인 사업이 잘되고 나면 액면가보다 주식 가치가 높아지고 같은 비중의 지분을 물려주어도 금액이 크게 높아진다.

예를 들어보자. 주당 액면가 1,000원인 주식회사가 있다. 그런데 사업이 잘되고 자산이 늘어 주식 가치를 평가해보니 50,000원이 되었다. 대표자가 자녀에게 2,000주를 양도하려면 주당 차액이 49,000원(50,000원-1,000원)이 되어 양도차익만 9,800만 원에 달하게 된다. 세율 22퍼센트를 적용하면 양도세는 대략 2,200만 원이 된다. 애초에 법인을 설립할 때 주주 구성을 잘해두었다면 지출하지 않아도 될 세금을 부담하는 셈이다. 그러므로 관련 전문가의 컨설팅을 거쳐 설립 단계에서부터 지분 설계를 지혜롭게 해둘 필요가 있다.

손해 난 해와 돈 번 해의
밸런스를 맞춰라

법인 절세에 유용한 이월결손금 공제

법인 이월결손금 공제에 대해 알아보기 전에 결손금, 이월결손금, 이월 공제의 개념에 대해 먼저 알아보자.

첫째, 결손금이란 무엇일까? 부동산 1인 법인을 설립한 초창기에는 이익은 미미하고 고정비 지출만 이어진다. 매출이 있어도 지출보다 적어서 손실이 날 수 있다. 이렇게 수익보다 비용이 클 때 당기순이익이 마이너스(−)를 기록할 수 있는데 이를 결손금이라고 한다.

둘째, 이월결손금이란 결손금이 다음 사업연도로 넘어가는 것을 의미한다. 그런데 결손금은 왜 이월될까? 결손은 사업을 해서 손해를 봤다는 뜻이다. 그런데 국세청은 손해 본 금액을 계속 이월시켜서 나중에 생길 이익으로 보충할 수 있도록 사업자에게 혜택을 준다. 그래야 당장 손해를 봐도 열심히 노력해서 만회하려 노력할 것이기 때문이다. 우리 세법은 결손금을 발생 시점부터 15년간 이월할 수 있도록 해준다. 15년이 지나도 아예 없어지지 않고 법인 폐업과 청산 시점까지 공제되기도 한다.

셋째, 이월 공제란 과거에 생긴 결손금을 이익이 생긴 시점에 차감하는 것이다. 특별한 제한이 없는 한 거의 모든 중소기업에 100퍼센트 공제해주며 세무대리인이 알아서 처리할 문제이므로 이월결손금 공제 한도 등 복잡한 것에 대해서까지 대표자가 신경 쓸 필요는 없다.

● **소급 공제와 이월 공제**

구분	소급 공제	이월 공제
정의	결손금을 이전 사업연도의 소득금액에서 공제해 이미 납부한 세액을 환급받는 제도	결손금을 이후 사업연도의 소득금액에서 공제해 납부할 세액을 감소시키는 제도
대상 법인	중소기업	모든 법인
대상 기간	직전 사업연도	15년
공제 신청 여부	신청 요건	강제 공제

출처: 국세청

결손금 소급 공제도 가능하다

법인을 만들어 사업이 잘되어서 법인세를 낸 다음, 도중에 다시 어려워져 결손이 발생하면 어떻게 해야 할까? 다시 이익이 날 미래까지 기다렸다가 해당 결손을 이월 공제해야 할까? 그렇지 않다.

중소기업의 경우 사업 도중 발생한 결손금을 직전 사업연도로 소급 공제해서 이미 납부했던 법인세를 돌려받을 수도 있다. 단 여기엔 몇 가지 조건이 있다. 중소기업이어야 하고, 결손금을 소급 공제할 전년도 법인세를 기한 내에 신고·납부했어야 하며, 결손금 소급 공제를 신청해야 한다. 이월 공제는 자동으로 되지만 소급 공제는 신청해야 하기 때문이다. 해당 요건에 맞춰 세무대리인의 조력을 받아서 환급받으면 된다.

법인을 설립하고 사업 초반에 결손이 발생하거나 사업연도 도중에 부득이한 사유로 결손이 발생하더라도 해당 결손은 과거의 이익이나 미래의 이익과 상계해서 만회할 수 있다. 그러므로 부동산 1인 법인 경영자라면 이러한 일시적인 결손에 대해 전전긍긍하며 스트레스를 받기보다는 꾸준한 투자를 통해 안정적인 수익구조를 만들어가는 데 더 전념하면 된다.

절세 노하우 알려주는
기장 세무사 고르는 법

법인 경영의 핵심 파트너 세무대리인

법인 설립은 생각보다 간단하다. 설립 전에는 '과연 법인까지 설립해야 할까?' 망설이며 고민하거나 두려워하는 이들이 많다. 나 역시 그랬다. 하지만 뭐든 실행하고 알게 되면 두려움은 사라진다. 머릿속으로 생각만 한다고 이뤄지는 것은 아무것도 없다. 부동산 투자든 법인을 활용한 투자든 직접 해봐야 내 것으로 만들 수 있다. 처음부터 완벽하게 준비하고 시작한다는 자세로는 늘 시작도 못 하고 포기하게 되곤 한다. 이 책을 선택한 이유는 조금이라도 부동산 1인 법인에 관심이 있었기 때문일 것이다. 그러니 이제 더 이상 망설이지 말자. 책을 읽기 전과 후가 같다면, 책을 제대로 읽지 않은 것이다. 책을 덮으면서 곧바로 법인을 설립해 적극적이고 도전적으로 투자에 활용했으면 좋겠다.

법인 설립자이자 대표자인 내가 완벽한 법인 전문가가 될 필요는 없다. 관련 분야마다 도와주는 전문가를 잘 활용하면 된다. 법인 관련 최고의 전문가는 누구일까? 바로 세무대리인인 세무사다. 세무대리인은 단순히 세금 관련 신고만 대행해주는 존재가 아니다. 대표자가 궁금해하는 세법 관련 모든 질문에 답변해주는 든든한 조력자다. 세무사는 세금 관련 신고 대행, 재무 관련 컨설팅, 직원 입사와 퇴사에 따른 사회보험 관련 업무, 법인 운영에 필요한 보험 추천, 증여나 상속 컨설팅 등 수많은 일들을 도와준다.

꼭 부동산 법인 전문 세무사여야 할까?

세무대리인이 해주는 모든 방대한 일을 대표자가 일일이 공부해 처리하기는 곤란하다. 경영자란 자신이 모든 것을 하기보다 적재적소에 필요한 인력을 효율적으로 활용해 시너지를 높이는 사람이다. 그런데 부동산 1인 법인 세무대리인이 꼭 부동산 법인 전문 세무사여야 할까?

어떤 분야든 경쟁이 치열한 세상이다. 내 사무실이 있는 마곡 주변만 봐도 세무법인이나 세무사 사무소가 즐비하다. 경쟁이 심하니 요즘 세무사들도 책을 쓰고 유튜브와 블로그를 하며 적극적으로 전문성을 어필한다. 이들 중에 어떤 사람을 고르는 게 좋을까?

만약 이미 부동산 법인을 운영하는 지인이 있다면 추천받는 것이 좋다. 겉으로 보이는 모습이나 잘 꾸며진 외형만 보고 평가하기는 힘들다. 함께 일하면서 검증된 사람, 특히 부동산 법인 기장을 많이 해온 경력자라면 신뢰할 만하다. 더 나아가 세무사이면서 스스로 부동산 투자까지 하고 있다면 더할 나위 없이 좋다고 할 수 있다. 스스로 부동산 투자를 하고 부동산 분야에 특화된 세무사라면 빠르게 변하는 부동산 정책과 세법에 계속 관심 두고 끊임없이 공부한다. 안타깝지만 세간에는 연구도 하지 않고 예전에 배운 지식을 바탕으로 단순 반복하며 일하는 세무사들도 분명히 있다.

발품 팔고 상담하면서 고르자

나는 현재 13개의 법인을 운영하면서 여러 세무사와 협업한다. 그러다 보니 '이런 세무사는 피했으면 한다'는 기준이 분명해졌다. 일단 대행업체와 연계된 곳은 피하자. 블로그나 카페 홍보문구만 보면 전문성과 능력이 있는 듯하다. 시중보다 저렴한 기장 수수료나 일정 개월 무료 등을 내세우며 고객 유치에 혈안이 된 업체도 있다. 싼 가격만 보고 덜컥 계약했다가 제대로 된 서비스도 받지 못하고 피해 보는 경우가 왕왕 있다. 박리다매다 보니 대응도 늦고 세무사는 바빠 코빼기도 볼 수 없고 직원과만 소통해야 한다.

부동산 투자가 그렇듯 세무대리인을 선택할 때도 직접 발로 뛰는 것만큼 좋은 게 없다. 나도 마곡에 사무실을 내고 세무대리인을 고를 때 주변 세무사 사무실 10곳 이상을 방문해서 상담했다. 직접 사무실을 방문했을 때 확인할 사항은 대체로 다음과 같은 것이다. 가장 먼저, 부동산 법인 기장 대행 경험이 얼마나 되는지 확인한다. 부동산 법인(매매, 임대)은 업무의 특수성 탓에 피하는 곳도 있다. 사무실을 방문했을 때는 우선 규모와 직원 수를 헤아려 보자. 규모가 너무 크고 직원이 많아 기장 건수를 채우는 데 급급한 사무소나 반대로 너무 작고 직원이 적어 업무량이 과중한 곳은 피한다. 상담을 누가 해주는가도 중요하다. 대개 지인 소개가 아니라면 사무장이나 직원이 상담하게 되는데 가급적 세무사가 직접 상담하는 곳을 택하는 게 좋다. 세무사와 상담할 때 얼마나 적극적이며 진취적인 마인드를 가졌는지 알아보자. 타성에 빠져 있다면 새로운 것을 공부하며 조력해주기 어려울 수 있다. 세무사 본인이 부동산 투자를 해본 경험이 있거나 하고 있는지도 확인하면 좋다.

나는 직접 상담해 여러 사항을 확인한 다음, 부부 세무사가 운영하는 곳을 택했다. 부부 중 누구와도 언제든 상담할 수 있고 양질의 서비스를 받을 수 있다고 판단했기 때문이다. 여러 곳을 방문하면 확실히 전해지는 느낌이 있다. 충분히 대화해보고 마음이 끌리는 곳과 계약하면 된다.

세무사를 한 번 선택했다고 끝까지 함께 해야 하는 것도 아니다. 소통하기 어렵고 서비스가 불만이면 얼마든지 다른 세무사로 바꿔도 된다. 방법도 어렵지 않다. 신규 세무사와 계약만 하면 그곳에서 기존 세무사와 소통해 자료 일체를 전달받아 처리한다. 통상 6개월에서 1년 정도 세무사와 손발을 맞추면 지식과 노하우가 쌓여서 문의하는 빈도도 줄어들게 된다.

결국 최종 결정자는 대표자 본인이다

그러나 경영자라면 오롯이 세무사만 믿고 모든 것을 맡기며 의지해선 곤란하다. 법인 운영과 모든 의사결정은 대표자인 내가 해야 한다. 세무사에게 정보를 확인하거나 의견을 물어도 최종 결정은 대표자가 한다. 그러므로 법인 대표자는 끊임없이 공부해서 부동산 법인에 대한 이해를 높이고 정부 정책에 촉각을 세우며 세법에도 관심을 기울여야 한다. 그래야 세무사와도 질 높은 대화와 소통을 이어갈 수 있다. 아는 만큼 세금을 줄일 수 있고 수익을 높일 수 있다.

좋은 기장 대행 세무사 고르기

- 부동산 법인 기장 대행 경험이 있을 것
- 적정 규모와 직원 수
- 세무사와 직접 소통할 수 있을 것
- 세무사와 직원이 친절하고 적극적으로 고객을 응대할 것
- 세무사가 직접 부동산 투자를 하고 있다면 금상첨화
- 아는 만큼 물을 수 있으므로 법인 대표자도 열심히 공부할 것

제4장

부동산 1인 법인으로
세금, 규제 피하는 법

법인 사업자의 비용공제 범위와 한도는 개인에 비해 유리한 점이 많다.
사업을 운용하면서 적극 활용한다면
효율적인 회사 경영과 절세에 도움이 될 것이다.

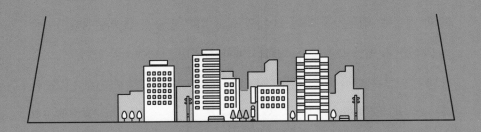

법인과 개인,
세금 차이는 어떠한가?

부동산을 사고 보유하고 팔 때 내는 세금

과도한 규제와 경기 하락이 맞물리며 부동산 시장이 급격히 위축되기 시작하자 현 정부는 규제를 풀거나 대폭 완화하는 정책을 연이어 내놓고 있다. 이럴 때일수록 관련 흐름을 제대로 읽어서 찾아온 기회를 놓치지 않도록 해야 할 것이다. 정부가 논의 중인 것과 실제 시행령 등을 통해 변경한 것, 국회 의결을 거쳐 공포한 것 등 변화를 놓치지 않고 잘 대응해야 한다.

어떤 이들은 세무사에게 일임하면 알아서 다 해주지 않냐고 말하기도 한다. 그야말로 한가한 소리다. 경영자인 내가 아는 것이 있어야 무엇이 쟁점

인지 물을 수 있고 자문 내용도 제대로 이해해서 의사결정 할 수 있다. 대표자가 부동산 세금에 대한 기초를 숙지하는 것은 기본 중의 기본이다. 우리 집 가계부를 생판 남에게 맡긴다는 것은 말이 안 된다. 법인의 세제상 장단점을 살펴보기 위해서는 기본적인 부동산의 세금 구조를 이해해야 한다. 반복 같겠지만 다시 한 번 설명한다. 주택을 취득해서 보유하고 양도하기까지의 전 과정에서 세금이 발생한다. 취득할 때는 취득세, 보유할 때는 보유세(재산세, 종합부동산세), 양도할 때는 양도세가 발생한다.

● **부동산 보유 단계별로 부과되는 국세와 지방세**

구분	국세	지방세제	
		지방세	관련 부가세
취득 시	인지세(계약서 작성 시)	취득세	농어촌특별세(국세) 지방교육세
	상속세(상속받은 경우)		
	증여세(증여받은 경우)		
보유 시	종합부동산세 (기준금액 초과 시)	재산세	지방교육세 지역자원시설세 재산세 과세특례 (재산세에 통합과세)
	농어촌특별세(종합부동산세 관련 부가세)		
처분 시	양도소득세	지방소득세(소득분)	해당 없음

※ 국세는 중앙정부의 행정관서인 국세청(세무과)과 관세청(세관)에서 부과·징수하는 세금을 말하며 국방·치안·교육·지역 균형발전 등 국가 전체의 이익을 위해 사용된다.
※ 지방세는 지방자치단체인 특별시와 광역시 및 도와 시·군·구의 행정기관에서 부과·징수하는 세금을 말하며 이는 상·하수도 및 소방 등과 같은 지역 주민의 이익과 지역 발전을 위해 사용된다.

출처: 국세청

개인이 내는 소득세 폭탄 피하려면

개인(개인사업자 포함)과 법인의 부동산 관련 세금 중 취득 시와 보유 시에 내는 세금에는 큰 차이가 없다. 취득세의 경우 법인이 오히려 개인보다 더 많다. 보유세도 법인은 개인과 비교해 장점이 거의 없다.

그런데 부동산 관련 세금 중 가장 큰 비중을 차지하는 것은 양도세로 누누이 강조했듯 개인사업자는 개인의 소득세율을 따르고 법인은 법인세를 따른다.

법인세의 세율구간은 4단계로 개인과 비교해 단순하며, 2억 원 이하까지는 9퍼센트, 3,000억 원을 넘어도 최대 24퍼센트 세율을 적용받는다. 부동산을 목적으로 하는 법인의 경우 대부분 9~19퍼센트의 세율을 적용받게 된다고 보면 무난하다. 단순 계산으로도 개인보다 25퍼센트 이상의 이점이 있다. 매출이 크고 과표가 클수록 법인 사업자가 유리한 이유다.

단 법인에서 발생한 매출은 법인의 자금이므로 이것을 대표자 개인의 자금으로 가져오려면 추가로 소득세를 내야 한다. 나는 처음부터 매출이 충분히 발생하기 전까지는 자금을 가져오지 않았고 법인의 투자 수익은 오롯이 재투자에만 활용했다. 이렇게 법인의 재무 상태를 우량하게 만들고 나서 적정한 급여 등을 책정하고 비용을 사용함으로써 절세에도 도움이 되도록 하고 있다.

주택 관련 세금, 매매사업자와 법인 어느 쪽이 유리?

주택 투자를 주로 하는 투자자에게 공통으로 듣는 질문이 바로 매매사업자와 법인 중 어느 쪽이 세금 면에서 유리한가 하는 것이다. 반복해서 설명했듯이 개인 명의로는 주택 2채부터 모든 세금이 중과되어 부담이 커진다.

매매사업자는 개인 일반과세 사업자로 세무서에 간단히 신청만 하면 누구나 사업자등록증을 받을 수 있다. 매매사업자의 가장 큰 장점은 주택 매매 시 양도세가 아니라 종합소득세로 세금을 납부한다는 점이다. 급매나 경매 등으로 시세보다 저렴하게 주택을 취득할 수 있다면 단기 매도를 통해 수익을 내는 전략이 가능하다.

매매사업자는 필요경비 공제 면에서도 장점이 크다. 개인으로 주택을 취득할 때보다 훨씬 많은 부분에서 공제받을 수 있기 때문이다.

매매사업자 필요경비 공제항목
- 인건비: 상용직 및 일용직 등 인건비
- 복리후생비: 임직원을 위해 사용된 식대, 간식, 운동비 등(대표자 제외)
- 접대비: 연간 3,600만원 한도로 경조사, 청첩장 등 1매 20만 원 한도
- 세금 및 공과금: 재산세와 종합부동산세, 영업용 차량 자동차세
- 보험료: 직원과 대표자 4대 보험료
- 감가상각비: 건물(토지 제외) 취득가액을 5~50년 정액법, 정률법, 생산량비례법으로 상각(다만 업무용 승용차는 5년 정액법으로 연간 800만 원 한도로 상각)

- 차량유지비: 유류비, 통행료, 수리비, 자동차보험료, 주차요금 등
- 건물 수선비: 경상수선비(엘리베이터, 건물 수선비 등), 대수선비(리모델링) 등
- 이자 비용: 부동산 취득 시 받은 대출금 이자 상환
- 기타 비용: 휴대전화, 도서 인쇄비, 기부금 등

이렇듯 사업과 관련이 되어 있는 비용들을 적극적으로 활용하면 종합소득세 신고 때 과표가 줄어들어 절세에 유리하다. 대출 면에서도 개인에 비해서 유리한데 비조정지역에서 주택 취득 시 시세의 60~70퍼센트까지 대출이 가능해 초기 투자금 부담을 줄일 수 있다. 또한 종부세가 6억 원까지 공제되므로 다주택자의 경우 부담이 줄어든다.

매매사업자의 단점도 분명 존재한다. 기존에 급여 등 소득이 있거나 투자

● **매매사업자와 법인의 주택 투자 장단점**

구분	매매사업자	법인
장점	• 매도 차익 종합소득세(6~45퍼센트) 적용 • 각종 비용공제 범위 확대 • 종부세 부담 비교적 낮음	• 주택, 상가 등 부동산 매도 차익 법인세(9~24퍼센트) 적용 • 대표이사 급여 비용공제 가능 • 각종 비용공제 범위 확대
단점	• 기존 소득이 많으면 종합소득세 증가 • 비규제지역 공시가격 1억 미만 주택 투자 제한	• 2주택 취득세 중과(12퍼센트) • 종부세(2.7~5퍼센트) 부담 • 주택담보대출 불가

를 통해 많은 이익을 거두면 종합소득세 과표가 올라가 세금 부담이 급격하게 증가한다. 매매사업자도 공시가격 1억 초과 주택은 취득세 중과(8~12퍼센트) 대상이 되므로 실질적으로 투자 가능한 주택은 비조정지역의 공시가격 1억 미만 주택에 한정된다는 것 역시 단점이다. 급여를 많이 받거나 사업소득이 있다면 법인으로 투자하는 편이 훨씬 더 유리하다.

주택만 단기 매매한다면 법인의 장점은 크다. 단기 매도 시 양도차익 2억 원까지 9퍼센트의 법인세만을 적용받으며 사업과 관련된 비용공제의 폭도 넓다. 반면 취득세의 경우 12퍼센트 단일세율을 적용받고 매년 6월 1일을 기준으로 공제 없는 종부세(2.7퍼센트~5퍼센트)를 부담해야 하며 주택담보대출도 받을 수 없다는 점은 단점이라 하겠다.

하지만 법인은 주택뿐 아니라 상가, 지식산업센터, 오피스텔, 공장, 빌딩 등 상업용 부동산 투자를 할 때 장점이 훨씬 더 많다. 다양한 지역에서 다양한 부동산에 투자하고자 한다면 매매사업자보다 장점이 매우 크다.

부동산 1인 법인이
내야 하는 세금들

법인 대표자라면 꼭 알아야 할 법인 세금 상식

대표자가 법인 세금 체계를 모두 공부하고 나서 법인을 만들려면 한도 끝도 없을 것이다. 그렇다고 법인 경영자가 세법을 아예 몰라도 되느냐? 그것도 아니다. 친절하게 세법을 설명해주는 세무대리인이 있어 법인 설립 초반부터 함께 해준다면 더할 나위 없이 좋다. 하지만 어느 정도까지는 대표자가 알고 있어야 원활한 소통이 가능해진다.

여기서는 법인 경영에 필요한 세금 관련 기본만 설명하겠다. '세금 얘긴 골치 아프다'고 생각된다면 일단 넘어가도 괜찮다. 나중에 필요해졌을 때 다시 들춰봐도 된다. 다만 이런 게 있다는 수준으로 받아들이면 좋겠다.

법인은 양도세를 내지 않는다?

개인 혹은 개인사업자가 부담하는 세금은 종합소득세, 퇴직소득세, 양도소득세 3가지로 분류된다. 이 중 양도소득세는 개인이 부동산(토지, 건물 등)이나 금융자산(주식, 파생상품 등), 분양권 등을 양도해 발생하는 소득에 부과하는 세금이다.

반면 법인은 사업연도에 발생한 소득과 양도소득, 미환류소득 등 일체에 대해 법인세로 과세한다. 이중 법인의 양도소득은 주택(토지 포함)이나 주택 취득 관련 권리나 비사업용 토지 등을 양도하며 발생하는 소득이다. 양도소득에 대해서도 법인세가 부과되므로 법인은 양도세를 내지 않는다고 하는 것이다. 즉 법인은 모든 소득을 법인세로 통합해 신고하므로 양도소득세가 따로 없다.

그러나 주의할 점이 있다. 법인이 사업을 하면서 '토지 등 양도소득에 대한 법인세 과세 대상' 부동산을 양도하면 법인추가세를 내야 한다는 사실이다. 법인추가세 과세 대상 부동산은 특정 지역 소재 주택(토지 포함), 별장, 비사업용 토지, 분양권 등이다. 여기에 대해서는 뒤에서 더 자세히 알아보겠다.

법인이 내는 세금 1 : 원천세

원천세란 인건비 신고 때 발생하는 세금이다. 법인을 경영하면서 임직원(대표자 포함)에게 급여를 지급하거나 용역을 제공받은 사업소득자나 일용직에게 비용을 지급할 때 소득세와 지방소득세를 공제한 다음 내보낸다. 이렇게 공제한 소득세와 지방소득세를 세무서나 구청에 신고·납부하는 절차가 원천세 신고·납부다. 원천세는 매월 신고하는 게 원칙이지만 납세자 편의에 따라서 반기별(연 2회)로 신고할 수 있다.

법인이 내는 세금 2 : 부가가치세

부가가치세란 상품(재화)이나 서비스(용역) 거래 과정에서 얻은 부가가치에 과세하는 세금이다. 매출(법인이 제공한)세액과 매입(법인이 제공받은)세액을 차감한 다음 차액을 납부한다.

부동산 법인은 오피스텔, 상가 등을 매매할 때 부가세를 신고한다. 부가세 부과 대상이기 때문이다. 반면 국민주택 규모 주택이나 토지 등 부가세 부과 대상이 아닌 부동산도 면세수입금액으로 신고서에 기재해야 한다. 자세한 것은 세무대리인과 상의하면 된다.

개인사업자는 반기별로 부가세를 신고하지만, 법인은 분기별로 한다. 각각의 신고와 납부 기한은 다음과 같다. 개인사업자를 하다가 법인을 설립하면 부가세 신고·납부 기한이 너무 빨리 돌아와 당황하는 경우가 있다. 일정

● 법인과 개인사업자의 부가가치세 신고와 납부 기간

과세 기간	과세대상 기간		신고·납부 기간	신고 대상자
제1기 (1월 1일~ 6월 30일)	예정신고	1월 1일~ 3월 31일	4월 1일~ 4월 25일	법인사업자
	확정신고	4월 1일~ 6월 30일	7월 1일~ 7월 25일	법인사업자
		1월 1일~ 6월 30일		개인사업자
제2기 (7월 1일~ 12월 31일)	예정신고	7월 1일~ 9월 30일	10월 1일~ 10월 25일	법인사업자
	확정신고	10월 1일~ 12월 31일	이듬해 1월 1일~ 1월 25일	법인사업자
		7월 1일~ 12월 31일		개인사업자

출처: 국세청

을 기록해두고 납부 대금을 미리 준비하자.

법인이 내는 세금 3 : 법인세

국내에 사업장을 둔 법인은 국내와 국외 소득 모두에 대하여 법인세를 납부
해야 한다. 사업연도마다 법인에 귀속되는 소득에 대해 법인세가 부과된다.
또한 앞서 설명한 대로 법령에서 정한 곳에 소재하는 주택(부수 토지 포함),

주택을 취득하기 위한 권리, 비사업용 토지를 양도하면 '토지 등 양도소득에 대한 법인세(법인추가세)'를 추가로 납부해야 한다.

법인추가세 과세 대상은 첫째 주택 및 주거용 건축물로서 상시 주거용으로 사용하지 않고 휴양, 피서, 위락 등의 용도로 사용하는 건축물(별장), 둘째 비사업용 토지, 셋째 주택을 취득하기 위한 권리로서 조합원 입주권 및 분양권 등이다. 세율은 아래 표와 같다.

● **토지 등 양도소득에 대한 법인추가세 세율**

구분	주택	주택을 취득하기 위한 권리	비사업용 토지
등기	20%	20%	10%
미등기	40%		40%

법인이 내는 세금 4 : 사회보험료

국세나 지방세는 아니지만 법인이 대표자나 정규직 직원에게 급여를 지급할 때 건강보험료, 연금보험료, 고용보험료, 산재보험료 등 사회보험료를 내야 한다. 부동산 1인 법인을 시작하는 단계에서 대표자 무보수 설정을 하면 사회보험료에 대해 신경 쓸 필요가 없다. 하지만 사업이 번창해서 대표자에게도 급여를 지급하고 직원을 채용하면 사회보험료 지출도 무시 못할 수준이 된다. 향후 사회보험 요율이 높아질 가능성이 높으므로 신중히 계획해 운용하는 게 좋다.

법인 통장 발급 받고
관리하는 방법

법인 계좌를 만드는 방법

법인은 대표자와 독립된 인격체이므로 법인을 설립해 사업을 벌이려면 법
인 명의 통장을 발급해야 한다. 법인 통장 발급과 관리 방법에 대해 하나하
나 알아보자.

　법인 통장을 발급받으려면 법인 대표자나 대리인이 직접 금융기관에 방
문해야 한다. 그런데 시중에 금융기관은 너무도 많다. 부동산 1인 법인이라
면 어떤 곳에 계좌를 개설해야 더 유리할까? 대표자 개인 주거래 은행에서
만들어도 되지만 경매 등 업무가 쉬워지려면 전국 법원에 지점이 많은 은행

을 선택하는 것도 좋다. 금융기관 방문 전에 필요 서류를 미리 전화로 확인하는 게 시간과 노력을 절약하는 방법이다. 대체로 법인 통장 발급을 위해서는 다음 서류들이 필요하다. 법인 설립에 필요한 서류와 겹치는 것이 많다.

법인 통장 개설할 때 필요한 서류
- 법인 사업자등록증
- 법인 등기부등본
- 주주명부
- 법인 인감
- 사업장 임대차계약서
- 대표자 신분증

법인 계좌를 개설할 때 법인 신용카드나 공동인증서도 함께 발급하는 것이 편리하다. 처음 법인카드를 발급할 때는 1개만 하게 되지만 추후 직원이 생겨 2개 이상이 필요할 수 있다. 은행마다 차이가 있지만 일부 금융기관은 설립 자본금 규모에 따라 법인카드 발급 요건이 적용되므로 미리 확인하기를 바란다. 법인 공동인증서는 홈택스 접속과 세금계산서 발행에 필요하므로 법인 계좌를 개설하면서 꼭 함께 발급해두어야 한다.

법인 통장 관리의 첫걸음은 적요 관리

법인 통장 첫 페이지의 명의를 보면 소유자가 대표자가 아니라 법인임을 확인할 수 있다. 통장 표지가 상징하듯이 기존에 대표자 본인이 갖고 있던 통장과는 완전히 다른 관리 방식으로 법인 통장을 활용해야 한다. 개인사업자에게도 사업용 계좌가 있지만 이는 개인 통장과 거의 비슷하게 사용된다. 그러나 법인 통장은 그와는 확연히 다르다는 것을 꼭 기억해야 낭패를 피할 수 있다.

특히 법인으로 사업을 하면서 발생하는 모든 입출금 내용은 꼼꼼히 기재한다. 입금의 경우는 상대방이 해당 내용을 작성하기에 내가 개입할 여지가 적다. 그러나 출금은 다르다. 출금 사유, 매입 세금계산서 발행 업체명 등을 명확히 기재하는 것이 법인 통장 관리의 첫 단추다. 즉 통장 적요를 잘 활용해서 추후 해당 내용만 보아도 어떤 거래 내용인지 스스로 확인할 수 있고 세무대리인도 잘 알아볼 수 있게 하는 게 좋다.

나중에 법인 결산과 법인세 신고를 할 때 1년 치를 한꺼번에 합산하려면 입출금 내용이 방대해지게 마련이다. 대개 해당 내용을 엑셀 파일로 받아 전달하는데 이때 적요가 빈 상태거나 출금 내용을 확인하기 힘들면 원활한 결산과 법인세 신고가 힘들어진다.

대표자와 법인 사이의 금전 거래는 투명할 것

흔히 개인사업자를 하다가 법인을 세우면 이전의 습관이 남아서 아무렇지 않게 법인 통장의 이익금을 개인 통장으로 옮기는 경우가 많다. 대표자가 실질적인 법인의 주인이라 해도 법인 통장은 대표자 개인의 통장이 아님을 명심해야 한다. 명의가 다른 통장은 엄연히 주인이 다르다. 법인 통장과 대표자 통장 간 입출금에 신중해야 하는 이유다.

대표자가 사적으로 돈이 필요하다고 해서 법인 통장에서 임의로 자금을 출금하면, 이는 법인이 대표자에게 돈을 빌려준 것으로 보아서 법인에는 '채권', 대표자에는 '채무'가 발생하게 된다. 해당 채무에 대해 대표자는 매년 법인에 이자를 지급해야 하며 이를 지키지 않으면 해당 미지급 이자는 대표자 상여금으로 처리되어 추가로 소득세가 발생할 수 있다.

법인 설립 초기에는 가계부 쓰듯 꼼꼼히 통장을 관리하자

간혹 처음부터 법인 통장을 여러 개 발급해 용도를 달리해서 사용하려는 대표자도 있다. 개인 통장을 쓰던 습관 때문에 그렇다. 그런데 법인 설립 후 사업연도 초반에는 법인 통장 1개 혹은 많아도 2개 정도만 관리하는 걸 권하고 싶다. 통장이 여럿이면 체계적인 관리가 힘들 수 있다. 적요를 잘 활용하면 용도에 맞게 사용할 수 있으며 통장이 1개여야 사업 내용을 일목요연하게 파악할 수 있어 편리하다.

법인 설립 초반에는 가계부 쓰듯 입출금을 기록하는 것도 좋다. 회계 담당자가 별도로 없기도 하고, 들고 나는 금전을 잘 파악해야 사업 감각을 익힐 수 있다. 어디서 돈이 새는지 파악할 수 있고 투입비 대비 수익도 계산할 수 있다. 이렇듯 법인 통장 관리에 어느 정도 익숙해지면 필요에 따라 추가로 통장 개설을 해도 무방할 것이다. 설립 초반에 깐깐하게 통장 관리를 해본 경험이 있기에 큰 어려움 없이 관리할 수 있다.

법인 카드 잘 만들고
잘 쓰는 방법

법인 카드는 사업자 카드와 다르다

사업용 카드, 즉 법인 카드는 법인의 사업을 위해 사용되는 카드를 의미한다. 사업용 카드도 사업용 계좌와 마찬가지로 금융기관에서 만들게 된다. 이때 주의할 점은 법인 통장과 마찬가지로 개별 인격체인 법인 명의로 만들어진 법인 카드는 반드시 법인의 사업과 관련해서만 사용해야 하며 그래야만 지출 비용을 경비로 인정받을 수 있다는 사실이다. 보통 사업용 계좌를 개설할 때 사업용 카드도 함께 발급받게 되므로 사업용 카드 개통만을 위해 별도로 금융기관을 방문할 필요는 없다. 통상 사업용 계좌 개설이 끝날 때

쯤 자연스럽게 은행원이 사업용 카드에 관해 설명할 것이다.

부동산 1인 법인을 처음 설립하면 대표자에게만 법인 카드가 필요할 것이다. 하지만 사업이 번창해 직원을 채용하게 되면 추가로 법인 카드가 필요할 수도 있다. 이 경우 기존 법인 카드를 발급받은 금융기관에 문의해 추가로 법인 카드를 만들 수 있다. 직원도 사업에 관련된 지출만 법인 카드로 사용해야 비용으로 인정받을 수 있다.

개인사업자 경험이 있는 분이라면 사업자 카드를 국세청 홈택스에 등록해서 사용해야 하듯이 법인 카드도 등록해야 하는지 궁금할 것이다. 그런데 개인사업자의 사업용 카드와 달리 법인 카드는 별도 절차 없이 발급 즉시 자동으로 국세청에 등록된다.

법인 카드, 어떤 점을 기준으로 만들까?

사업용 카드는 적격증빙 발급 수단이다. 법인 사업과 관련해 지출할 금원을 카드로 결제한 다음 추후 법인 계좌에서 카드 대금을 출금한다. 금융기관 혹은 동일 금융기관의 카드마다 본질적인 역할에서는 차이가 없다. 하지만 카드마다 혜택이 다를 수 있으니 선택 가능한 카드별 혜택을 확인한 다음 법인이나 대표자에게 가장 유리한 조건의 카드를 선택해 만들 것을 추천한다.

대표자의 신용도나 법인 설립 시점에 서비스하는 카드 유형에 따라 혜택이 달라질 수 있으므로 비교 후 결정하면 된다. 흔치 않지만 법인 계좌 개설은 A금융기관에서 하고 법인 카드는 B금융기관에서 만들 수도 있다. 다만 그 경우 A에서 사업용 계좌 개설할 때 담당 직원에게 사업용 카드는 B에서 만들 예정이라고 전달하면 된다.

손해 보지 않는 법인 카드 사용법

부동산 1인 법인을 운영하면서 효과적으로 법인 카드를 활용하는 팁을 알아보자. 법인은 개인사업자와 달리 사업용 계좌의 상세 명세 모두 기장을 해서 결산 과정을 거치게 된다. 법인 카드 사용으로 발생하는 지출 역시 모두 법인 계좌에서 출금되므로 법인 카드 사용 금액과 지출 명세가 일치해야 기장이 정상적으로 이뤄진다.

법인 카드를 대표자 개인이 사적인 용도로 사용해도 어떠한 형태로든 기장이 되어야 한다는 말이다. 이 경우 대표자가 법인 돈을 출금해 사적인 목적에 유용한 것으로 판단해 재무상태표의 가지급금 계정으로 올라가게 된다.

아무리 내가 100퍼센트 지분을 가진 대표자라 해도 법인에 불필요한 가지급금이 발생하는 상황을 만들어선 곤란하다. 초보 법인 설립자들이 많이 저지르는 유형의 실수이므로 법인 카드를 철저히 관리함으로써 만약에 발생할 불상사를 사전에 예방하기 바란다.

부동산 1인 법인
경비 처리 한도와 범위

투자한 주택의 인테리어, 비용공제가 될까?

주택을 경매, 공매, 일반 매매로 매수하고 내부 상태가 좋지 않으면 인테리어 공사를 한 다음 전·월세 임대를 주거나 매도하는 경우가 많다. 그 경우 개인사업자와 법인 간 비용공제 가능 범위에 차이가 있을까? 결론부터 말하면 그렇다.

인테리어 비용은 자본적 지출과 수익적 지출로 나뉜다. 2가지 개념을 알아야 비용공제 여부를 판단할 수 있다. 자본적 지출이란 자산의 내용연한을 늘리거나 가치를 높이는 수리비를 의미한다. 반면 수익적 지출은 주택 가치와 무관하나 기능을 유지하기 위한 유지비를 말한다. 통상 수선이나 미미한 개량에 해당하는 비용이다. 개인이나 개인 매매사업자의 경우 인테리어 비용 중 '자본적 지출'은 인정받을 수 있지만 '수익적 지출'은 인정받지 못한다. 각각의 예시는 다음과 같다.

자본적 지출의 예시
- 승강기, 냉·난방 장치 설치
- 본래의 용도를 바꾸기 위한 개조
- 건물 피난시설 설치
- 재해에 의한 멸실과 훼손의 복구
- 주택 가치를 높이기 위한 발코니, 창호 설치
- 난방시설 교체
- 상하수도 배관공사

수익적 지출의 예시
- 외벽 도색
- 보일러 수리
- 타일, 변기 공사
- 싱크대, 주방 기구 교체
- 깨진 유리나 기와 교체
- 옥상 방수
- 문, 마루, 벽지, 장판, 조명 교체

법인 경비 처리 어디까지 가능할까?

개인이나 개인사업자와 달리 법인은 사업과 관련한 모든 지출을 비용 처리할 수 있다. 자본적 지출과 수익적 지출 등 모든 자금 지출에 대해 적격증빙 (세금계산서, 계산서, 사업용 카드, 현금영수증)을 잘 수취해두면 문제없이 비용 처리 가능하다.

인테리어 공사를 하면서 법인 통장에서 지출은 했는데 적격증빙을 받지 못하는 경우가 왕왕 있다. 공사를 시작하기 전에 의뢰할 업체의 사업자등록증을 확인하고 견적, 계약서 작성, 계산서 발행 등 일체를 잘 챙겨야 하는데 그렇지 못했기 때문이다. 인테리어 공사를 시작하기 전에 다양한 변수를 확인해서 꼭 적격증빙을 받아 원활히 비용 처리 하도록 하자.

● 법인의 비용공제 항목

계정과목	내용	상세 요건	필요 서류
인건비	급여, 상여, 퇴직급여	명절 지급 상품권 가능	원천징수이행신고서
여비·교통비	주유비, 택시비, 주차비, 톨비, 숙박비, 고속도로 휴게소 식음료	차량감가상각비, 보험료, 자동차세, 리스료, 렌트비 (리스보다 렌트 유리)	지출결의서, 운행일지
접대비	식대, 음료, 경조사비	경조사 건당 20만 원 (초과 시 적격증빙 필요)	신용카드나 현금영수증
감가상각비	법인 명의 차량, 보유 건물	–	감가상각비 명세서
보험료	4대 보험 회사부담금, 건물 화재보험료	–	–
임차료	사무실 임차비	–	–
지급수수료	세무사 기장료, 법무사 수수료, 컨설팅 수수료, 공인중개사 수수료 등	–	–
세금·공과금	재산세, 종부세, 교통유발부담금, 자동차세, 도로사용료 등	법인세 및 공제받는 부가세 제외	–
이자 비용	사업용 부동산 관련 차입금의 이자 비용	업무와 무관한 자산, 가지급금 이자 제외	–
수선비	발코니 확장, 도배, 장판, 싱크대 등 인테리어	–	세금계산서, 계약서 등
통신비	휴대전화, 인터넷, 유선전화, 등기비	–	–
기타	사업 관련성 있는 비용	–	–

건강보험료 고민,
1인 법인으로 해결하기

법인 대표자는 건강보험 직장가입자

퇴직을 앞둔 이들은 건강보험 지역가입자로 전환되는 일이 걱정스럽다. 직장인일 때는 급여 기준으로 보험료가 책정되고 그마저도 회사에서 반을 부담해주니 상대적으로 부담이 덜하다. 하지만 퇴사하고 나면 자동으로 지역가입자로 전환된다. 보험료 산정 기준도 자산 기준으로 바뀐다. 주택, 자동차 등을 보유했다면 보험료도 큰 폭으로 오르게 된다. 최악의 경우 매달 들어오는 현금 소득은 없는데 막대한 의료보험료만 부담해야 할 수도 있다. 의료보험료만 매월 수백만 원을 납부하는 분들도 있다.

이런 경우 많은 이들이 법인 설립을 고민하게 된다. 그런데 법인을 만들면 오히려 보험료가 줄어든다는 게 언뜻 이해되지 않을 수도 있다. 법인은 개인과 별개의 인격체이며 법인 대표자라도 법인으로부터 급여를 받으면 직장인이 된다고 이해하면 된다. 자연히 의료보험도 직장가입자로 전환된다.

법인 대표자는 자신이 원하는 만큼 급여를 설정할 수 있으므로 급여액에 따라 요율이 책정되는 건강보험료를 상당 부분 낮추는 효과를 기대할 수 있다. 나 역시 퇴사 후 법인을 설립하고 최소한의 급여를 설정함으로써 직장가입자 요율을 적용받아 부담을 낮추었다. 당시 소득이 없던 상황이어서 이 하나만으로도 법인을 설립해야 할 충분한 근거가 되었다.

은퇴 혹은 자산의 증가 등으로 지역가입자 전환에 따른 건강보험료가 부담된다면 사전에 국민건강보험 홈페이지(https://www.nhis.or.kr)에서 보험료를 계산해 볼 수 있다.

자산 규모에 따라 추가 부담금 발생

최근 건강보험 제도의 변화가 진행되고 있다. 정부는 직장가입자와 지역가입자 간의 형평성을 맞추기 위해 의료보험료 부과 체계를 단계적으로 바꿔가고 있기 때문이다. 지역가입자는 재산에 따라 부과되는 보험료를 낮추고, 직장가입자는 소득에 따라 부과되는 보험료를 높이며 피부양자는 보험료 납부 능력이 있을 때 지역가입자로 전환한다는 것이 주요 골자다.

2022년 9월 1일부터 변경된 내용을 살펴보면 기존에 직장가입자는 급여

(보수) 외에 소득(사업, 이자, 배당, 연금, 근로, 임대소득 등)이 연간 3,400만 원을 넘으면 건강보험료가 추가로 부과되었는데 소득 기준이 2천만 원으로 하향되었다. 만약 법인 대표자가 법인에서 급여를 받는 직장가입자라고 해도 다른 소득이 2천만 원을 넘으면 추가로 보험료를 부담해야 한다.

지역가입자에게도 큰 변화가 생겼다. 기존에는 지역가입자의 보유재산 중 500~1,350만 원을 제외한 나머지 재산에 대해 보험료가 산정되었다. 그런데 개편 이후 보유재산 공제범위가 5천만 원으로 확대되었다.

지역가입자 중 무주택자(전·월세 거주자)나 1주택자가 실거주 목적으로 주택을 매수하거나 임차하기 위해 빌린 대출금에 대해서는 건강보험료 부과를 면제한다. 저소득 취약계층 보험료 부담을 줄여주는 조치다. 지역가입자의 소유 자동차도 기존 4천만 원 이상 혹은 배기량 1,600cc 이상에 대해 추가 보험료를 내야 했던 반면, 개편 이후에는 배기량 조항이 없이 4천만 원 이상으로만 대상을 좁혔다.

피부양자 전환 범위도 기존 연 소득 3,400만 원 이하만 해당됐다면 개편 후에는 연 소득 2천만 원 미만만 혜택을 받을 수 있게 되었다. 대신 갑작스러운 보험료 납부 부담을 덜어주기 위해 2026년까지는 연 20퍼센트씩 경감률을 적용하기로 했다.

보험료 하한액으로 건강보험 직장가입자 유지

회사에 재직하면 월급을 받는다. 회사와 협상한 급여에서 사회보험료, 소득세(지방소득세 포함)를 공제한 금액을 실수령 한다. 사회보험료 중 건강보험료와 장기요양보험료를 공제한 후 급여를 받으면 건강보험 직장가입자가 된다. 법인은 개인사업자와 달리 대표자 급여를 책정할 수 있다. 즉 급여대장에 대표자 이름을 올릴 수 있고 사회보험(건강, 연금) 가입도 할 수 있다.

그런데 급여를 받으면 사회보험료를 내야 하고 대표자 소득이 추가되어 다른 소득과 합산되어 소득세 신고 대상이 될 수 있다. 그 경우 의무적으로 대표자 급여를 책정할 필요는 없다. '무보수 대표자'라고 해서 보수를 받지 않는 대표자도 가능하다. 그러면 직장 건강보험료도 부과되지 않는다. 만약 최소한의 급여를 설정하고 싶다면 최소 월 60시간으로 책정하면 된다. 2023년 기준 최저임금이 9,620원이므로 최소 설정 금액은 577,200원이다. 이 금액 이상 급여를 책정하면 대표자도 건강보험 직장가입자가 될 수 있다. 2023년 직장가입자 건강보험료 상한액은 7,822,560원, 하한액은 19,780원이며, 지역가입자 건강보험료 상한액은 3,911,280원, 하한액은 19,780원이다.

비용공제 되는 적격증빙 관리하는 꿀팁

법인이 지출한 비용에 대한 적격증빙이란?

적격증빙은 사업자가 지출한 금원을 비용으로 인정받기 위해 반드시 갖추어야 하는 증빙이다. 말 그대로 세법이 인정한 검증된 비용 증빙이라고 보면 된다. 적격증빙은 세금계산서, 계산서, 현금영수증, 법인 명의 사업용 카드 총 4가지다. 대표자 개인 카드는 법인 비용 증빙이 될 수 없다.

적격증빙을 잘 챙겨야 하는 이유는 법인 부가세 신고 때 '매입'으로 인정받고 법인세 신고 때 '비용'으로 인정받기 위해서다. 법인은 반드시 법인 통장의 금융거래 내용과 적격증빙을 구비해야 정상적으로 비용 처리 할 수 있다. 흔치는 않아도 세무서가 지출 건에 대해 적격증빙 소명 요구를 할 수도 있으므로 번거롭더라도 적격증빙을 잘 챙겨두자.

법인 적격증빙 관리 꿀팁

법인 통장에서 나간 금액과 세금계산서, 계산서, 현금영수증, 사업용 카드 사용 내용을 주기적으로 1:1 매칭하는 방법이 제일 좋다. 법인 카드는 사용과 동시에 내용이 입력되고 매월 정해진 날에 사용 대금이 출금된다. 그러므로 가장 관리가 쉽다. 세금계산서, 계산서, 현금영수증은 직접 해당 출금과 연계해 관리해야 한다. 1주일이나 1개월 등 주기를 정해 법인 통장 인출 금액과 적격증빙을 비교하고 빠진 것은 재요청하자. 법인 부가세 신고를 분기별로 하므로 분기별로 정리해도 된다. 바람직한 것은 자체적으로 매월 정리하고 부가세 신고를 할 때 세무대리인과 점검하는 방식이다.

이제 각각 지출된 경비의 비용 처리 여부를 살펴보도록 하자.

● **법인의 필요경비 인정 항목과 제외 항목**

필요경비 인정 항목

계정 과목	세부 내용
복리후생비	4대보험 회사 부담금, 식대, 경조사비, 회식비 등
여비교통비	각종 출장비 및 여비

접대비	접대비, 선물대, 경조사비 등
통신비	전화, 휴대폰, 인터넷 및 정보통신, 각종 우편요금
수도광열비	수도요금, 가스요금, 난방비용 등
전력비	전기요금, 동력비
세금과공과금	재산세, 종합토지세, 인지대, 면허세, 주민세 등
수선비	사무실 수리비, 비품 수리비, 기계 수선비 등
지급수수료	세무수수료, 특허권사용료 등 수수료 비용
임차료	사무실 임차료, 기계 리스료, 복사기 임차료 등
보험료	고용, 산재 보험료, 화재 보험료
차량유지비	유류대, 주차비, 통행료, 자동차 수리, 검사비
운반비	택배비, 퀵서비스 비용 등
교육훈련비	직업교육 및 업무훈련 관련 비용
도서인쇄비	신문구독료, 도서구입비, 인쇄비, 복사비, 명함 등
사무용품비	사무실 문구 및 사무용품 비용
소모품비	각종 위생용 소모품, 철물 및 전기용품 등
광고선전비	TV·신문·잡지 등 광고비, 홈페이지 제작비 등

구분		세부 내용
업무 무관	건강검진비	• 건강보험공단 이외의 건강검진 비용 및 병원비
	잡화	• 옷, 구두, 가방, 신발, 안경, 화장품, 면세점 쇼핑, 미용실, 세탁소, 키즈카페 등
	상품권	• 임직원에게 지급하는 상품권은 해당 직원의 근로소득으로 처리 • 접대 목적으로 지급 시 수령자 특정 가능해야 함(상품권 관리대장)
	인건비	• 실제 회사에 근무하는 자의 특수관계인 인건비는 필요경비로 인정 • 실제 근무한 근거자료(업무 관련 이메일 등) 구비
	주거비	• 본인 및 특수관계인이 거주하는 주택의 관리비는 필요경비 제외
접대비	한도초과 시	• 연간 접대비 한도(1,200만 원, 중소기업 3,600만 원) 초과분은 불인정 • 건당 20만 원까지 한도 내 비용 인정

법인 운영 항목별 비용 처리 방법

임차료

사무실을 임차하거나 공유오피스를 이용할 때 지출하는 임차료에 대해서 세금계산서 등 적격증빙을 수취하면 비용 처리 가능하다. 임차료는 전액 비용 처리 가능하며 별도의 한도 규정이 없다.

세금과공과

이 역시 비용 처리가 가능하다. 주민세, 자동차세, 등록면허세 등이 있다. 그러나 법규를 위반해 부과받은 과태료나 벌과금은 비용 인정이 안 된다. 원천세, 부가세, 법인세 등 국세는 비용 처리가 불가능한 항목이다.

이자 비용

법인 사업 관련 대출 이자도 비용 처리 가능하다. 공제 한도는 없지만 법인 업무와 무관한 부동산을 취득하거나 가지급금이 많을 경우 지출한 이자 비용 중 일부가 부인당할 수 있다.

복리후생비

법인 임직원 복리후생을 위해 지출한 경비는 비용 처리 가능하다. 임직원 식사, 커피, 간식, 명절선물 등에 대해 한도 없이 비용 처리 할 수 있다. 다만 사회보험 가입 직원이 있어야만 복리후생비 계정을 사용할 수 있다.

여비교통비

법인 사업 관련해 지출한 여비교통비도 비용 처리 가능하다. 부동산 매매 법인의 여비교통비는 일반적으로 부동산 임장을 위해 지출하는 교통비가 해당한다.

교육훈련비

부동산 1인 법인을 만들고 대표자나 임직원이 부동산 관련 강의를 수강하기 위해 지출하는 경비 역시 적격증빙을 수취한다면 비용 처리 가능하다. 부동산 투자 관련 강의를 신청할 때 세금계산서와 현금영수증 등을 요청하자.

인건비

법인 직원에게 지출한 인건비는 비용 처리 가능하다. 다만, 임원에 대한 상여금이나 퇴직금 중 지급 규정을 초과한 금액은 비용으로 인정받을 수 없다.

소모품비

법인을 운영하다 보면 서류철, A4용지 등 사무용품과 기타 소모품 관련 지출도 꽤 된다. 대개 현금이나 신용카드로 결제하는데 그런 경우 반드시 법인 명의 사업용 카드로 결제해야 비용 처리를 손쉽게 할 수 있다.

차량유지비

법인 차량에 지출한 유지비도 경비로 인정받을 수 있다. 유류비, 수리비 이자 비용 등 업무용 승용차를 취득하고 유지하기 위해 지출한 비용을 의미한다.

통신비

법인 사업 관련 통신비는 경비처리 가능하다. 통신사에서 법인 명의 세금계산서를 발급받으면 된다.

감가상각비

법인이 보유한 유·무형 자산은 세법이 정한 감가상각 절차를 통해 경비처리 가능하다. 이들 자산은 처음에는 자산으로 잡히지만 시간이 지나 가치가 줄어들게 되므로 해당 기준에 따라 경비 처리 한다.

법인 접대비 관련 대표자가 알아야 할 사항

접대비(업무추진비)란 접대, 교제, 사례 등의 목적으로 지출한 비용으로 국내 법인이 직·간접적으로 업무와 관련 있는 자에게 업무를 원활하게 진행하기 위해 지출한 금액을 말한다. 접대비는 다른 항목과 달리 일정 한도로만 경비로 인정받을 수 있다.

접대비 한도는 연간 1,200만 원(중소기업은 3,600만 원) 규모다. 다만 소규모 국내 법인의 접대비 한도는 이 중 50퍼센트인데, 과점주주가 있는 법인이나 부동산 임대 매출이 전체 매출의 50퍼센트 이상인 법인, 상시근로자 5인 미만인 법인이 여기 해당한다. 자세한 사항은 세무대리인과 상의하자.

법인으로 차량
구매·리스할 때의 장단점

법인 차량을 구매하는 몇 가지 방법

법인 차량을 구매하는 방법으로 대략 4가지가 있다.

첫째, 현금 구매다. 대리점에서 원하는 차종을 골라 법인 명의로 일시금으로 구매한다. 할부나 렌트와 달리 수수료나 이자가 발생하지 않기 때문에 비용을 최소화하면서 가장 간편하게 구매하는 방법이다.

둘째, 할부 구매다. 개인 차량을 구매할 때처럼 대금을 일정 기간에 나눠서 납부하는 방식이다. 초기 부담을 줄일 수 있지만 금융상품을 이용해야 하므로 부채로 기록되며 이자도 부담해야 한다.

셋째, 리스 구매와 넷째, 장기 렌트 구매 방법도 있다. 법인 차량을 살 때 가장 많이 활용하는 방식이다. 리스란 리스사가 대신 구매해주고 이용자가 비용을 나눠 내는 방식이며 렌트는 렌트 회사로부터 계약 기간 동안 차를 빌려 사용하는 방식이다. 2가지 방식 모두 차를 빌려서 쓴다는 개념은 같다. 계약 기간이 완료되면 해당 차량은 반납할 수도 있고 인수할 수도 있다. 다양한 차량을 이용해볼 수 있고 경제적인 운용이 가능하다는 장점이 있다.

특히 법인의 경우 비용 절감 차원으로 이 방법을 많이 이용한다. 자동차를 취득하는 게 아니기 때문에 차량 구매에 필요한 초기 비용이 많이 들지 않고 취·등록세도 절감할 수 있다. 매월 리스나 렌탈료로 납부하는 금액을 비용 처리할 수 있어 세제 혜택도 받을 수 있다.

그렇다면 법인에게는 리스와 장기렌트 중 어느 쪽이 더 유리할까?

리스는 초기 비용이 적게 들고 일반 차량과 같은 일반 번호판을 이용할 수 있다는 장점이 있다. '하, 허, 호' 등이 들어간 차량번호를 꺼리는 이들이 리스를 선호하기도 한다. 반면 장기렌트의 경우 일반 번호판을 사용할 수는 없지만 렌트 비용에 보험료가 포함되어 있어 사고 시 할증의 우려가 없다. 운행 거리를 무제한으로 해두면 리스에 비해 자유롭게 운행할 수 있고 LPG 차량을 렌트할 수도 있어 유지비를 절약할 수 있다.

법인 업무용 차량을 통한 절세 방법

법인으로 업무용 차량을 사면 어떤 점이 좋을까? 첫째, 차량 구입비를 연간

800만 원 한도로 비용 처리할 수 있다. 5년에 걸쳐 총 4천만 원까지 감가상각으로 공제받을 수 있다.

둘째, 업무용 차량의 유지비로 연간 1,500만 원까지 비용 처리할 수 있다. 유류비와 보험료, 자동차세, 수리비, 통행료, 주차료 등이 포함된다. 그 이상을 공제받으려면 운행기록부를 작성해야 한다. 국세청이 제공하는 업무용 차량 운행기록부에 계기판 주행 전 거리와 주행 후 거리, 주행거리 등을 꼼꼼하게 기록해야 한다.

비용으로 인정받으려면 임직원만 운전할 수 있는 특약으로 자동차 보험에 가입해야만 한다. 업무용 차량을 거래처 방문 등의 용도 외에 출퇴근 목

● **법인 사업자의 업무용 차량 매입세액 공제 · 비용 인정**

해당 차량	매입세액 공제 여부	비용 인정 여부		
경차, 화물차, 9인 이상 승합차	공제	가능		
운수업, 자동차 판매업 등 영업에 직접 사용 (노랑 번호판)				
이 외의 모든 차량	불공제	임직원보험 가입 ×		불가능
		임직원보험 가입 ○	운행기록부 미작성	가능 (연 1,500만 원 한도)
			운행기록부 작성	가능 (업무 사용 비율만)

적으로 사용해도 인정받을 수 있다. 이때도 운행기록부에 항목을 만들어 따로 기록해야 한다. 단 업무용 차량을 사적으로 사용하면 그 부분만큼 비용이 인정되지 않으며 해당 승용차를 사용한 이의 소득으로 처분해 법인세와 더불어 소득 귀속자 본인이 소득세를 추가 납부해야 한다.

업무용 승용차 적용 대상은 운수업, 자동차판매업 등에서 사업에 직접 사용하는 승용차를 제외하고 개별소비세법 제1조 제2항 23호에 해당하는 승용차를 의미한다. 일반 승용차는 물론 SUV, RV차량도 포함하지만, 개별소비세 대상이 아닌 9인승 이상의 승용·승합차, 버스, 트럭 등은 제외한다.

다만 법인 업무용 차량을 이용할 때의 단점도 존재한다. 첫째, 앞서 말했듯이 업무 전용 자동차 보험에 가입해야 한다. 말 그대로 업무 전용이므로 대표자나 정해진 직원만 차량을 이용할 수 있고 대표자 가족이라고 해도 해당 차량을 이용해선 안 된다. 둘째, 운행기록부를 작성해야 한다. 업무용 승용차를 언제 어떤 용도로 얼마만큼 사용했는지 꼼꼼히 기록해야 한다. 또한 법인 명의 차량이더라도 2억 원 이상 고가라면 국세청에서 비용 부인을 할 수 있다. 고가의 슈퍼카는 업무 관련성 자체를 부인당하는 사례가 있으므로 참고 바란다.

법인 대표의
적정 급여를 정하는 법

수익 얼마부터 대표자 급여를 설정할까?

개인사업자는 사업체와 대표자가 동일인으로 여겨지므로 사업체가 대표자에게 급여를 지급한다는 개념이 성립하지 않는다. 모든 이익이 대표자에게 귀속된다고 보기 때문이다. 하지만 법인은 대표자와 독립된 인격체다. 그러므로 법인 대표자도 급여대장에 이름을 올리고 급여를 받을 수 있다.

대표자의 급여 액수를 얼마로 할까는 법인의 수익 규모보다는 대표자 자신이 처한 상황과 더 관련이 깊다. 상식적으로는 법인이 사업을 해서 돈을 벌어야 대표자에게 급여를 줄 수 있다고 생각하겠지만, 대표자 개인 자금을 가수금으로 법인에 입금하고 법인이 그 자금으로 대표자에게 급여를 지급해도 세법상 아무 문제가 없다.

대표자 급여의 최저액 개념도 정해져 있지는 않다. 다만 앞서 건강보험 단락에서 설명했듯이 급여대장에 이름을 올리고 최소한의 의료보험료를 내는 최저액은 월 577,200원(2023년 기준)이다. 무보수도 가능하다. 즉 대표자 급여를 무보수로 할지, 최저액으로 할지, 신용대출 등이 쉽도록 높게 책정할지는 상황에 따라 고민한 후 결정하면 된다. 다만, 법인 수익이 일절 없는 상태에서 대표자 급여를 과다하게 지출하면 법인 재무구조가 악화할 수 있으므로 유의하자.

대표자 급여는 세금과 법인 요건에 따라

법인을 설립한 다음 대표자 본인의 급여를 얼마로 설정할지 심각하게 상담하는 경우가 많다. 의료보험 직장가입자가 되어 적은 보험료를 내고 싶다면 급여를 최저액으로 설정할 것을 추천한다. 부동산 투자 목적으로 금융기관과의 거래를 원활히 하기 위해 대표자 소득이 어느 정도 필요하다면 급여를 높게 책정해도 된다. 다만, 너무 높게 책정하면 근로소득세, 지방소득세, 건강보험, 연금보험의 부담이 동시에 커지는 단점이 있다.

법인 대표자는 급여대장에 이름이 올라갈 뿐 고용보험과 산재보험은 부담하지 않는다. 여담이지만 개인사업자만 하다가 법인을 만들어 급여를 설정할 수 있다고 하니 처음부터 급여를 높게 책정하는 대표자들이 있다. 개인사업자 종합소득세는 연 1회 신고·납부하지만 법인 대표자의 근로소득세는 매월 신고·납부한다. 그러므로 세무대리인과 충분히 상의한 다음 급여를 결정할 것을 추천한다.

세무조사를 피하기 위한 적절한 조치들

부동산 1인 법인에도 세무조사 나오나?

세무조사란 일반적으로 내국세에 관한 세무 관청의 조사를 지칭한다. 세무조사는 세무공무원이 국세 과세표준과 세액을 결정 또는 경정하기 위해 질문을 하거나 해당 장부나 서류 또는 물건을 검사하고 조사하며 제출을 명령하는 모든 행위를 의미한다.

　세무조사는 납세자의 납세의무 성립과 이행 여부를 검증하는 절차로 임의조사의 성격을 띤다. 납세자의 승낙을 전제로 하고 그 바탕 위에 세무조사 권한인 질문조사권을 발동한다. 세무조사 결과 누락된 세금이 있으면 행정처분인 납세고지가 발부되어 세금과 가산세를 납부하게 된다.

세무조사를 할 때는 납세자에게 개시 7일 전까지 소정의 문서로 통지해야 한다. 다만, 조세범칙사건에 대한 조사나 사전 통지했을 때 증거인멸 등이 우려될 때는 사전 통지 없이 진행되기도 한다. 세무조사 후에는 조사 결과를 서면으로 납세자에게 통지해야 한다.

영세한 부동산 법인에까지 세무조사를 나오겠느냐 의아하겠지만 몇 년 전 부동산 법인 대상으로 전수조사를 벌인 사례도 있는 만큼 예외가 되리라는 보장은 없다. 그러므로 세무조사의 기본 개요에 대해서 숙지하고 평소에 적절한 신고와 협력 의무를 이행할 필요가 있다.

어떤 기업이 세무조사 대상이 되나?

세무조사 대상자는 신고내용의 적정성을 검증하기 위해 정기적으로 선정하거나 신고내용에 탈루나 오류의 혐의가 있는 경우에 선정할 수 있다고 규정되어 있다. 즉 정기적으로 선정되는 이유와 비정기 즉 불시에 선정되는 이유가 각기 다르다.

정기적으로 조사 대상을 선정하는 사유로는 첫째 신고내용에 대한 과세자료, 세무 정보 및 회계 성실 자료 등을 고려해 정기적인 성실도 분석 결과 불성실 혐의가 있는 경우, 둘째 최근 4번의 과세 기간 이상 같은 세목의 세무조사를 받지 않아서 신고내용의 적정성 여부를 검증할 필요가 있는 경우, 셋째 무작위 추출 방식에 의한 표본조사를 하는 경우 등이 있다. 세무 관청은 전산 분석시스템을 활용해 세금 신고 상황, 납세 협력 의무 이행 상황 등 성실도 분석을 진행한다.

비정기적으로 조사 대상을 선정하는 사유로는 첫째 세금 신고, 성실신고 확인서, 세금계산서 및 지급명세서의 작성 교부 제출 등 납세 협력 의무를 이행하지 않은 경우, 둘째 무자료거래, 위장 가공거래 등 거래 내용이 사실과 다른 혐의가 있는 경우, 셋째 구체적인 탈세 제보가 있는 경우, 넷째 신고내용에 탈루나 오류의 혐의를 인정할 만한 명백한 자료가 있는 경우, 다섯째 납세자가 세무공무원에게 직무와 관련해 금품을 제공하거나 금품 제공을 알선한 경우 등이 있다.

이렇듯 세무조사는 정기조사와 수시조사로 나뉘는데 정기조사는 일정 규모 이상의 법인에 대해 정기적으로 시행되지만 수시조사는 탈세 혐의 제보가 있거나 특별한 사정이 생겨 수시로 불시에 시행된다.

세무조사 피하려면 조심해야 할 것들

법인 연간 매출액이 1,500억 원 이상이면 순환조사 대상이 되어 평균 4~5년에 1회 이상 의무적으로 세무조사를 받게 된다. 이보다 매출액이 적어도 국세청 자체 성실도 분석 등에 의해 조사 대상에 선정될 수도 있다. 즉 부동산 1인 법인은 정기 선정 사유로 세무조사를 받을 가능성이 거의 없다고 봐도 무방하다. 하지만 비정기 선정 사유로는 얼마든지 조사를 받을 수 있다.

부동산 1인 법인을 설립하기로 결심했고 세무조사를 받지 않고 장기간

사업을 하고자 한다면 설립 시점부터 법인 매출과 매입, 기타 지출을 철저하게 관리해야 한다. 이와 더불어 법인 계좌 관리를 철저히 하고 가지급금과 가수금을 최소화함으로써 과세 관청으로 하여금 투명한 법인이라는 인상을 남겨 세무조사 여지를 없애는 것이 무엇보다 중요하다.

세무조사를 받게 되면 준비할 것들

그럴 일이 없어야겠지만 만약의 때를 대비해 세무조사가 어떻게 진행되는지 국세청 세무조사 가이드북을 바탕으로 요약해보겠다. 세무조사 시작 전 절차는 조사 개시 15일 전까지 세무조사 사전 통지, 세무조사 시작 전 오리엔테이션 등으로 이뤄진다. 이때 조사 연기나 조사 장소 변경, 세무조사 유예 신청을 할 수 있으며, 일자리 창출 기업, 스타트업·혁신 중소기업은 세무조사를 유예받을 수 있다.

세무조사 진행 방법은 이러하다. 먼저 조사공무원이 신분을 밝히고 납세자권리헌장을 설명하면 납세자는 청렴서약서를 작성한다. 세무조사 과정에서는 세무대리인의 도움을 받을 수 있으며 필요 최소한의 범위에서 실시하는 것을 원칙으로 한다. 위법·부당한 세무조사 등으로 권리를 침해당하면 조사관서의 납세자보호담당관에게 권리보호를 요청할 수 있다. 또한 과장 면담 제도나 납세자 소명서 제출을 통해 의문사항이나 애로사항을 해소할 수 있다

세무조사가 종료되면 20일 이내에 '세무조사 결과 통지'를 받게 되며 납

부할 세금과 절차를 안내받는다. 일시적인 자금압박을 겪고 있을 경우 징수 유예를 신청할 수 있다. 조사 결과에 대해서는 이의를 제기할 수 있으며 고객평가 체크리스트를 제출함으로써 조사공무원의 절차 준수 여부 등을 평가할 수 있다.

부동산 1인 법인의 경우 그럴 확률은 매우 낮지만 때에 따라 세무조사를 받을 수 있다. 세무조사 통보를 받으면 가장 먼저 해야 할 일은 전문가의 조력을 받는 것이다. 소송에서 변호사를 선임할 권리가 있듯이 세무조사를 받을 때도 세무사, 회계사 등 세무대리인을 참여시키거나 대표자 대신 의견진술을 하게 할 수도 있다. 일반적인 세무조사 외에 탈세 혐의로 조세범칙조사를 받을 때도 조력을 받을 권리는 있다. 다만 세무대리인이 조사에 참여하도록 하려면 반드시 위임장을 작성해 제출해야 한다.

그렇다면 실제 세무조사를 받게 되면 어떻게 대응해야 할까?

세무조사 통지서를 받으면 법인 대표자와 세무대리인 사이에 '세무조사 수임 계약'을 체결하고 정식으로 조사 대응을 위임할 수 있다. 이 계약은 기장을 대리하는 세무대리인 외에 세무조사 대응을 전문적으로 하는 세무대리인과 체결할 수도 있다.

세무조사가 시작되면 세무조사관은 대개 다음 자료들을 요청한다. 주로 법인 관련 자료와 각종 세금 신고 관련 자료들이다. 이들 중 일부를 요구할 수도 있고 추가 자료를 요구할 수도 있으므로 참고로만 이해하면 된다.

- 법인 기본사항: 법인 정관, 이사회 회의록, 주주총회 및 배당 결정 관련 자료, 주요 임직원 인적 사항 및 업무분장표, 급여 및 퇴직금 지급

규정 등

- 원천세 신고서 관련 자료: 원천세 신고서, 지급명세서, 급여대장, 사회
  보험 관련 자료
- 부가가치세 신고자료: 부가가치세 신고서, 매출·매입(세금)계산서, 계
  약서, 거래명세서 등 관련 자료
- 법인세 신고자료: 세무조정 계산서, 수입금액 계산 근거자료, 비용 지
  출 증빙자료, 주식 변동상황 명세서 등
- 법인 통장 입출금 명세: 엑셀 형식의 법인 통장 입출금 명세
- 유형자산 관련 자료: 부동산 매수 시점의 작성한 계약서
- 기타 신고 관련 서류

이 자료들을 제출하면 세무조사관이 검토하게 된다. 자료에 이상이 없으면 세무조사가 그것으로 종결될 수도 있다. 하지만 추가로 확인해야 할 사항이 있거나 탈세가 의심되면 추가 자료나 해명자료 제출을 요청할 수도 있다.

세무조사 결과는 크게 2가지로 나뉜다. 첫째, 성실신고와 납세를 했다면 무실적으로 세무조사가 마무리된다. 둘째, 반대로 매출 누락이나 과다 비용 계상으로 과소 신고가 되었을 경우 추가로 부가가치세나 법인세가 부과된다. 개인사업자와 달리 법인의 경우 세무조정을 통해 대표자에게 추가 과세가 될 수도 있는데 대표적인 것이 상여 처분으로 법인 대표자에게 종합소득세가 추가로 부과되는 경우다.

평상시 세무조사에 철저히 대비하는 방법은 그야말로 원칙을 지키는 것

이다. 매출과 매입을 정상적으로 신고하고 그에 정확히 대응하는 대금을 법인 계좌로 입출금하며 세금 신고와 납부를 성실하게 하는 것이다. 매출과 매입 관련 적격증빙(세금계산서, 계산서, 카드, 현금영수증)을 발급하고 수령하며 이에 대응하는 자금 흐름이 법인 통장을 통해서 이루어지면 된다. 추가로 판관비 명세 등도 그것이 사업과 관련성이 있는 지출이며 실제 지출액이 법인 계좌에서 출금된 명세가 있다면 큰 문제 없이 세무조사를 마무리할 수 있다.

경매가 아닌 일반 부동산 매매의 경우에는 금액이 크므로 계약서 등 첨부 자료를 함께 잘 갖춰두면 설령 세무조사를 받게 되더라도 자료를 성실히 제출해 무사히 세무조사를 마무리 지을 수 있을 것이다.

법인 세금,
배보다 배꼽이 더 큰 경우

취득세와 종부세 면에서 불리

법인의 장점은 절세에 있다. 개인이 법인을 설립해서 투자하려는 가장 큰
이유이기도 하다. 개인으로 주택 수를 늘리며 투자하는 데는 한계가 있다.
취득세, 보유세, 양도세까지 세금 중과로 부담이 이만저만이 아니다. 시간
과 노력, 에너지를 집중해 투자해서 수익을 보았지만 정작 엄청난 세금 부
담으로 인해 실제 손에 쥐는 건 생각보다 적은 경우도 많다. 우스갯소리로
원하지 않아도 국세청과 공동 투자를 한 셈이다.

　물론 과거에 비해 법인도 규제가 늘었다. 그래서 법인을 이용한 부동산

투자의 매력이 어느 정도 떨어진 것은 사실이다. 그러나 악조건 속에서도 방법과 물건을 찾아 수익을 실현한다면 향후 법인 규제가 풀리는 시점에는 날개를 달고 한 단계 더 도약할 수 있을 것이다.

현재 법인으로 주택에 투자할 때 가장 무겁게 다가오는 것은 바로 취득세 중과와 법인 종부세다. 공시가격 1억 미만 주택 매입 시에는 취득세가 1.1퍼센트지만 공시가격 1억 이상일 경우 취득세는 12퍼센트 단일세율로 올라간다. 여기서 지분 경매나 공매를 하는 분들이 혼동하는 게 있다. 공시가격 1억 8천만 원 물건의 2분의 1 지분을 낙찰받았으니 공시가격 9천만 원으로 취득세 중과가 안 된다고 착각한다. 그러나 아무리 지분으로 주택을 취득했어도 전체 가격 기준으로 공시가격 1억 이상이면 취득세 중과 대상이다.

이 취득세 중과 규제 때문에 고가 주택을 매입하는 게 굉장히 부담스럽다. 첫 시작부터 세금을 많이 내고 시작하고 보유하면서 종부세 걱정도 해야 한다. 2023년 법인 종부세율은 2주택(비조정지역 포함)까지 2.7퍼센트(기존 3퍼센트), 3주택 이상 5퍼센트(기존 6퍼센트)로 소폭 완화되었다. 하지만 여전히 부담되는 것은 사실이다.

개인에게는 있는 공제금액(1주택자 12억 원, 다주택자 9억 원)이 법인에는 적용되지 않는다. 법인으로 주택을 보유만 해도 매년 큰 금액이 빠져나간다. 사정이 이러하니 매년 6월 1일 이전이면 법인 매도 주택이 쏟아진다. 종부세도 재산세처럼 매년 6월 1일 보유 기준으로 부과되기 때문이다.

주택의 경우 면적이 크면 불리

주택 면적에 따라서 부가세가 없을 수도 있고 많아질 수도 있다. 주택 면적 때문에 추가로 비용이 나가는 경우가 생기기 때문이다. 우리나라 주택법상 85제곱미터(33평) 이하를 국민주택 규모라고 한다. 법인으로 주택을 취득할 때 국민주택 규모 이하만 취득하는 것이 좋다. 법인이 국민주택 규모 이상의 주택을 취득하면 부가세 과세 대상이 되기 때문이다. 국민주택 규모를 초과하면 부가세를 추가 부담해야 한다. 지분 경매나 공매에도 똑같이 적용된다. 지분으로 취득한 면적이 85제곱미터보다 작다고 해도 전체 크기가 국민주택 규모를 넘으면 부가세를 내야 한다.

부가세가 가장 무서운 것은 손해를 보고 매도하는 경우라도 반드시 내야 한다는 점이다. 법인세는 양도 차익, 즉 매도로 인한 이익에 대해서만 부과되지만 부가세는 손해를 봐도 무조건 납부해야 하니 부담이 클 수밖에 없다. 그러므로 경매 입찰이나 매입 때 반드시 면적을 확인해야 한다. 만약 마음에 드는 물건을 찾았는데 국민주택 규모를 초과한다면 부가세 납부까지 고려해서 이익이 날 수 있도록 더 저렴하게 매입 또는 낙찰받아야 한다.

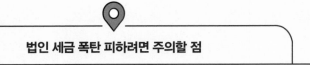

법인 세금 폭탄 피하려면 주의할 점

- 취득세 줄이려면 비조정지역에서 공시가격 1억 원 미만 주택을 매수할 것

- 종부세 피하려면 매년 6월 1일 전에 매도할 것

- 법인으로 주택과 토지 매입 시 법인추가세 확인할 것

- 85제곱미터 이상 대형 평형 주택의 경우 부가세가 추가 발생한다는 점을 명심할 것

제2부

부동산 1인 법인으로
알짜 수익
실현하는 비결

제5장

부동산 1인 법인이
압도적으로 유리한 이유

법인을 설립해서 부동산 경매와 공매에 적극 활용하는 것이 좋다.
시세보다 훨씬 저렴하게 매수할 수 있다는 장점이
법인의 경우 더 극적으로 작용하기 때문이다.

1인 법인으로
부동산 대출받을 때의 이점

법인이 개인보다 대출이 더 잘 나온다?

정말 자금을 두둑히 보유한 투자자가 아니고서야 부동산 투자에서 대출은
동반자와 같은 존재다. 법인 대출은 설립 연한, 자산, 부채, 매수하려는 부
동산 담보가치, 대표자 소득 및 신용과 보유자산 등에 따라 좌우된다. 더불
어 대출을 실행하는 금융기관에 따라서도 대출 금액이 달라질 수 있다. 그
러므로 법인은 반드시 대출이 잘 나온다고 단언하기는 어렵다. 다만 법인을
활용해 대출에서 더 유리한 고지를 점하는 방법은 분명히 존재한다.

일단 모든 신설 법인은 말 그대로 백지상태다. 법인을 설립하고 사업연도

가 지나지 않으면 법인세 신고도 하지 않았고 재무제표도 없다. 이런 상태에서 금융기관이 덜컥 대출해줄 가능성은 높지 않다. 그렇다고 포기해야 할까? 아니라고 생각한다. 법인은 신설이어도 대표자에게 보유자산이 있을 수 있다. 그 자산을 담보로 대출을 받을 수 있다. 다만, 그렇게 하면 추후 대표자와 법인 간에 해당 대출 정산 과정이 복잡해진다. 은행 담당자와 세무대리인과 상의 후 처리하는 게 좋다.

법인이 보유한 부동산 자산이 있어 담보가치가 충분하다면 신설 법인보다는 대출에서 유리할 수 있다. 부동산 자산 종류는 다양하므로 여러 금융기관과 상담해서 자신이 원하는 대출 금액, 금리, 중도상환수수료 등 여러 관점에서 검토한 후 유리한 대출을 받으면 된다.

법인을 설립해 사업을 하다 보면 법인 명의 대출이 누적될 가능성이 높다. 법인 재무제표에서 부채 항목이 늘어나는 걸 의미한다. 무차입 경영으로 법인 부채가 아예 없을 수도 있지만 그런 경우는 극히 예외적이다. 법인 부채가 늘면 금융기관에서 추가 대출을 받기 힘들어질 수 있다. 그런 경우 오히려 또 다른 신규 법인을 설립하는 것이 하나의 방법이 될 수 있다. 앞서 신설 법인은 활동이 없어 대출이 쉽지 않다고 했다. 하지만 기존에 부동산 사업을 하던 법인이 있고 금융기관도 해당 사실을 재무제표나 부가세 과세 표준증명원을 통해 알고 있다. 이런 사항은 신설 법인의 담보 역할을 해주어 상대적으로 유리하게 대출을 실행할 수도 있다. 금융기관마다 기존 법인 실적과 신설 법인 대출 심사와의 연계 여부가 다르므로 여러 금융기관의 문을 두드려보는 게 유리하다.

부동산 1인 법인의 특성을 잘 살린 대출 전략

법인이 경매, 공매, 일반 매매로 매수하려는 부동산이 있다면 계약 전에 금융기관과 협의해서 부동산의 매수액이나 감정가의 어느 비율까지 대출이 가능한지 협의 후 매수를 진행할 수 있다. 그러려면 법인 실적, 해당 금융기관과 거래를 통한 신뢰가 있어야 한다. 꾸준히 부동산 투자를 이어가면 활용 가능한 방법이다.

개인이든 법인이든 대출받으려면 시중의 금융기관과 상담을 거쳐야 한다. 이때 법인 통장을 개설한 주거래 금융기관을 먼저 찾게 마련이다. 그런데 굳이 주거래 은행뿐 아니라 여러 곳을 두루 방문해 상담해볼 것을 추천한다. 거래가 없던 곳이라도 특별 대출상품이나 신규고객 우대금리 등 다양한 혜택이 있을 수 있다. 만약 제1금융권에서 대출 승인이 힘들 경우 부득이하게 제2금융권과 상담할 수 있다. 금리와 리스크가 상대적으로 높겠지만 그걸 감수하고도 투자할 가치가 있는 부동산이 나타난다면 신중히 고민 후 현명한 의사결정을 하면 된다.

금융기관과의 상담에서 대출이 모두 거절당하면 부득이하게 지인에게 투자금을 빌릴 수도 있다. 아무리 지인이라도 평소 신용이 있어야 투자금을 빌려줄 것이다. 가까운 사이라도 반드시 금전소비대차계약서를 작성하고 시장금리보다 오히려 조금 넉넉하게 이자를 챙기는 게 신뢰를 지키는 길이라고 생각한다. 이자는 정해진 날짜에 정확히 지급하고 원금도 제때 상환하는 것이 신용을 지키면서 부동산 투자를 오래 이어가는 노하우다.

법인은 사업을 지속하면서 자산, 매출, 순이익이 축적되면 상대적으로 금융기관으로부터 대출받기 쉬워진다. 하지만 실적이 없는 법인이라도 대표자 소득이나 재산을 담보로 법인으로 대출받는 사례도 분명히 있다. 그러므로 무작정 포기하기보다는 여러 방법을 알아보고 법인 대출을 잘 활용하기를 바란다.

법인으로 주택, 상가 투자할 때 차별화 전략

개인, 매매사업자, 법인을 병행하자

부동산 종류와 가격, 보유기간에 따라 개인, 매매사업자, 법인을 활용하면 각기 세금과 수익 측면에서 더 유리한 쪽을 택할 수 있다.

부동산 매매 전에 장단점을 판별해서 손실을 줄이고 수익을 극대화하는 방법을 결정하면 된다. 주거용과 상업용 카테고리에서 어느 명의로 투자하는 게 유리한지 투자 전략과 절세 방법을 비교해 다시 한번 살펴보자.

주거용 부동산에 2주택 이상 투자할 경우

아파트, 빌라 등의 일반 주택에 투자할 때 명의에 따른 차이가 가장 크다.

개인은 주택 수에 따라 취득세, 보유세(재산세, 종합부동산세), 양도세 면에서 중과세율을 적용받게 된다. 취득세의 경우 조정지역 2주택부터 8퍼센트, 3주택부터는 12퍼센트로 1주택자보다 최대 12배의 높은 세금을 부담하게 된다. 종합부동산세는 다주택자에 해당하는 2주택부터 공제금액이 12억 원에서 9억 원으로 축소되고 세율도 약 2배 상승한다. 양도세도 조정지역 2주택자는 추가 20퍼센트, 3주택자는 추가 30퍼센트를 적용받게 된다.

과도한 주택 세율로 인해 개인으로 주택을 추가 매수하기가 매우 어려운 환경이다. 이를 극복하려는 방편이 매매사업자다. 매매사업자는 자신이 거주하는 주택에 대해 비과세를 적용받을 수 있으며 거주 목적 주택과 사업 목적 주택을 구분해서 과세한다. 여기까지는 법인으로 투자할 때의 장점과 동일하다.

그러나 부동산 시세차익에 대해 양도세가 아닌 소득세를 적용받게 된다. 시세차익을 '사업소득'으로 보기 때문이다. 개인은 주택을 단기 양도하면 1년 이내 70퍼센트, 2년 이내 60퍼센트의 단기세율이 적용되지만 매매사업자는 주택 보유기간과 무관하게 수익에 대해서만 종합소득세가 부과된다. 또 하나 매매사업자가 개인보다 유리한 점은 개인이라면 되지 않는 인건비, 수리비, 각종 경비 등 여러 비용을 공제받을 수 있다는 것이다.

하지만 매매사업자도 한계는 있다. 매매사업자 역시 2주택 이상 취득 시 취득세 중과세율은 피할 수 없기에 단기에 잦은 매도를 하거나 공시가격 1억 미만 주택에 투자할 수밖에 없다. 게다가 해당 부동산이 조정지역에 있을 경우 '비교과세'라고 해서 양도세와 소득세 중 더 높은 쪽을 적용받게 되므로 실익이 없다. 이런 한계 때문에 매매사업자들의 투자 대상은 비규제지역 공시가격 1억 미만의 주택에 몰려 있다.

법인 역시 주택 투자에서는 장점보다 단점이 더 많다. 취득세는 단일세율 12퍼센트로 가장 높다. 물론 여기서 공시가격 1억 미만의 주택은 예외다. 법인의 경우 보유세인 종합부동산세는 2주택까지 2.7퍼센트, 3주택부터 5퍼센트가 적용된다. 개인과 달리 종부세 공제금액이 없어 부담이 매우 높아진 상황이다. 그러나 양도세 면에서는 개인이나 소득세를 적용받는 매매사업자보다 확실히 유리하다. 법인은 주택 보유기간과 무관하게 법인세를 적용받기 때문이다.

요약하면 비규제지역 공시가격 1억 미만 저가 주택의 단기 투자를 목적으로 한다면 매매사업자가 유리하고 지역에 무관하게 다양한 유형의 주택에 대한 단기 투자를 하고자 한다면 법인이 확연히 유리하다.

상업용 부동산에 다양하게 투자할 경우

상업용 부동산이라고 하면 대표적으로 상가, 지식산업센터, 모텔, 공장, 꼬마빌딩 등이 있다. 이 중 가장 큰 비중을 차지하는 상가를 기준으로 개인, 매매사업자, 법인의 장단점을 살펴보자.

통상 상가에 투자하는 이들의 목표는 안정적인 월세 수익이다. 그런데 상가 투자에서도 대출은 빠뜨릴 수 없는 요건이다. 상가를 전액 자기자본으로 취득하는 경우는 극히 드물다. 대출을 적절히 활용해 가능한 자기자본 없이 월세 수익률을 높이고자 한다.

5억 원짜리 상가를 취득해서 보증금 5천만 원에 월세 250만 원으로 임대했다고 해보자. 만약 대출 없이 전액 자기자본으로 투자한다면 실투자금은 4억 5천만 원이고 수익률은 6.7퍼센트가 된다. 반면 은행에서 3억 원을 대출받고 실투자금 1억 5천만 원을 투입하면 수익률 10퍼센트가 된다.

그런데 개인으로 상가 등 상업용 부동산에 투자할 때 대출을 받기가 쉽지 않다. 2022년 7월부터 총대출액 1억 원 초과 시 DSR_{Debt Service Ratio}(총부채 원리금상환비율) 비율은 40퍼센트로 제한되었다. DSR은 모든 대출의 원리금을 포함한 총대출상환액이 연간 소득액에서 차지하는 비중을 나타낸다. 대출 원금뿐 아니라 이자까지도 포함되기 때문에 소득이 많지 않으면 대출 한도는 상당히 축소될 수밖에 없다. 참고로 DSR 계산은 부동산 계산기 애플리케이션을 활용해서 할 수 있다.

이런 이유로 매매사업자가 주목받기 시작했다. 사업자의 경우 개인과 구분되어 DSR 규제 대상에서 제외된다. 그래서 상업용 부동산에 투자하려면 대출을 위해서라도 사업자를 활용하는 것이 투자 수익률과 효율성 측면에서 유리하다.

그렇다면 개인사업자와 법인의 경우는 어느 쪽이 더 유리할까?

가장 확연하게 차이가 나는 것은 상가 투자에서 거둬들이는 월세 소득을 무엇으로 반영하는가 하는 점이다. 개인사업자의 월세 수입은 개인 소득과 합산된다. 반면 법인 사업자의 수입은 개인과 철저하게 구분된다. 게다가

200억 원 미만의 수익에 대해서는 19퍼센트의 법인세율이 적용되므로 개인이나 개인사업자와 비교해 절세 면에서도 크게 유리하다.

그러므로 소득이 있는 사람이라면 더더욱 법인을 통한 상가 투자를 검토해보아야 한다. 개인이 벌어들이는 소득은 개인이든 개인사업자든 모두 합산되어 높은 비율의 소득세율을 적용받지만, 법인에서 발생하는 모든 소득은 법인세를 적용받기 때문이다.

개인 소득이 높을수록 법인으로 소득을 분산해서 세율을 낮추는 것이 절세 측면에서 큰 장점이 된다. 작은 구분상가라면 매월 발생하는 월세가 크지 않을 수도 있다. 하지만 대형상가나 꼬마빌딩 등 규모가 커질수록 발생하는 소득도 커지므로 투자 전에 반드시 명의에 따른 대출과 세금을 비교해보아야 한다.

법인으로 경·공매 낙찰받을 때 유리한 점

법인 명의로 경매 낙찰받고 절세를 체감하다

내 수강생 중 한 명의 경험담이다. 2020년 5월 서울시 중랑구 면목동 소재의 아파트를 법인으로 낙찰받았다. 감정가 2억 9,800만 원이었는데 시세를 확인하니 신건인데도 감정가가 시세보다 낮았다. 욕심을 내서 한 번 유찰되어 입찰가가 떨어지기를 기다렸다면 어쩌면 낙찰받을 수 없었을 것이다. 총 3명이 입찰했는데 2등과 700만 원 차이인 3억 2,399만 원에 낙찰받았다. 단기 매도를 목표로 했기에 법인 명의로 입찰했다. 당시는 법인 규제 전으로 취득세 중과 조건은 없었다. 법인으로 아무리 여러 채를 매입해도 취득세가 1퍼센트에 불과했다.

세금도 개인은 크게 다르다. 아파트를 낙찰받아서 1억 원의 이익을 얻었다고 하자. 개인이라면 1년 내 매도하면 무려 70퍼센트의 양도세를 내야 한다. 여기에 지방세까지 포함하면 77퍼센트가 되니 7,700만 원을 양도세로 내야 한다. 반면 법인은 양도세가 아닌 법인세를 낸다. 당시 기준으로는 법인세가 11퍼센트였고 여기에 추가법인세 22퍼센트를 더해 총 33퍼센트를 납부했다. 즉 3,300만 원을 내면 되었다. 이것이 법인으로 투자할 때의 가장 큰 장점이다. 결과적으로 해당 아파트를 낙찰받고 2개월 만에 4,500만 원의 수익을 남겼다.

법인 경매와 공매, 그 짜릿한 세계

부동산 투자하는 데는 다양한 매매 방법이 동원된다. 그중에서도 경매와 공매는 일반 매매와 크게 다르다. 경매는 금전 채권(빚)에 의한 강제매각 절차로 법원에서 진행한다. 반면 공매는 세금 체납으로 인한 강제매각 절차로 한국자산관리공사에서 진행한다.

경매와 공매 모두 매각을 진행하는 주최가 개인이 아니다. 따라서 법에 정해진 매각 절차를 통해 이루어진다. 바로 이런 단순한 이유로 일반인이 접근하기에 생소하고 어렵게 느껴지는 것이다. 그래서 일반 매매보다 좀 더 저렴하게 부동산을 취득할 수 있다.

우리는 부동산 투자를 하는 사람이라면 경매와 공매를 반드시 공부해보라고 권한다. 실제 입찰하지 않더라도 경매 매각 절차를 이해하고 관련된 부동산 권리분석 등을 익혀두면 부동산 투자를 하는 데 큰 도움이 된다. 특히 법인을 설립해서 부동산 경매와 공매를 적극 활용하면 매우 유리하다. 시세보다 훨씬 저렴하게 매수할 수 있다는 장점이 법인의 경우 더욱 극적으로 작용한다.

시세보다 저렴하게 취득할 수 있으면 보유부터 매도까지 전반적으로 매우 유리한 포지션을 유지할 수 있다. 법인은 개인에게 적용되는 단기 매도 양도세율(60~70퍼센트)을 적용받지 않는다. 그러므로 경매나 공매를 통해 저렴하게 취득해서 단기에 매도했을 때 수익 극대화와 절세라는 2가지 측면에서 절대적으로 유리하다. 또한 매도 시에도 양도세보다 낮은 법인세를 적용받는다. 이 모든 결과로 경매와 공매를 통해 시세보다 저렴하게 받아서 단기로 매각했을 때 취할 수 있는 세후 수익은 개인에 비해 훨씬 크다.

경·공매 상가 투자는 법인이 절대적으로 유리

주택이 아닌 상업용 부동산 투자를 할 때는 1인 법인이 더욱 유리하다. 취득세는 개인과 같지만, 임대소득에도 법인세가 적용되기 때문에 종합소득세를 내야 하는 개인에 비해 압도적으로 유리하다.

대출은 어떨까? 법원에서 진행되는 경매의 경우 경락 대출이라고 해서 일반 시중은행 대출보다 더 높은 비율까지 대출이 가능하다. 레버리지 활용은 부동산 투자의 가장 중요한 요소다. DSR 때문에 개인 대출이 어려운 경우 법인으로 상가 등을 낙찰받으면서 레버리지를 활용해 투자를 할 수 있다.

경·공매로 부동산을 낙찰받는 경우 가장 우려되는 것이 바로 명도 관련된 부분이다. 즉 경매가 된 부동산에 이미 거주하거나 사용하는 이들로부터 부동산을 인도받는 과정이 절대 쉽지만은 않다. 그런데 상대방과 직접적으로 협의하기 껄끄러운 상황에서 낙찰 법인에서 급여를 받고 일하는 직원이라고 자신을 소개하면 원활한 협의를 이끌 수 있다는 장점이 있다. 이사비 등 관련 비용도 법인은 경비로 인정받을 수 있어 비교적 효율적인 명도가 가능하다.

법인으로 임대 줄 때 불리한 점

법인이 불리하게 작용하는 부분은 낙찰 후 임대하는 과정에서 나타난다. 비주거용 부동산의 경우는 그러한 불편함이 거의 없다. 하지만 주택의 경우는 조금 다르다.

법인이 소유주라고 하면서 주택을 전·월세 임대한다고 하면 임차인들이 꺼리는 경우가 왕왕 있다. 대도시의 경우 이전보다 그런 인식이 점점 덜해지는 것이 사실이다. 하지만 아직도 지방 소도시 등에서는 법인 소유의 주택을 임차하는 걸 부담스러워하는 경우가 많다. 법인이라는 것 자체가 생소한데다 자칫 회사가 어려워지거나 망하면 보증금을 돌려받지 못할까 불안해한다. 얼마 전 큰 사회문제가 된 빌라 왕 이슈 때문에도 불안감이 증폭되는 상황이다.

중개사를 통해 충분히 설명함으로써 임차인을 안심시키고 임대차 계약 특약에 임차인에게 유리한 조항을 추가해주는 것이 좋다. 시세보다 조금 더 저렴하게 임대를 놓거나 내부 인테리어를 조금 더 신경 써서 한다면 우려는 충분히 불식시킬 수 있다. 월세로 임대하는 것도 대안이 될 수 있다.

이 외에도 경·공매 절차에서 낙찰받고 소유권이전등기까지의 과정에서 개인에 비해 다소 번거로운 점도 존재한다. 법인의 경우 등기사항증명서 등 추가 서류가 필요하다. 특히 경·공매 부동산을 취득하기 위해 법인 대출을 받으면 사업자 대출에 해당한다. 금융기관은 법인의 재무제표를 기준으로 대출 승인 여부를 결정할 수밖에 없다. 그러므로 평소에 법인 재무구조를 탄탄하게 갖춰 나가는 등 면밀한 준비와 관리가 필요하다.

낙찰 물건 명도에서
법인이 유리한 이유

경매에서 가장 까다로운 절차는 명도

경·공매에서 사람들이 가장 두려워하는 게 바로 명도다. 명도란 부동산을 점유하고 있는 사람으로부터 점유를 가져오는 일인데 권리분석이라든가 명도를 막연히 두려워하는 분들이 의외로 많다. 하지만 겁먹을 필요가 전혀 없다. 절차대로만 진행하면 법원에서 알아서 다 해결해주기 때문이다. 처음 명도를 진행하는 사람이라면 부담을 느끼겠지만 대부분 내가 원하는 방향으로 해결된다. 하지만 언제나 변수는 있는 법. 변수에 따른 협상력은 경험치가 쌓이면 자연스럽게 향상되므로 많은 낙찰과 명도 경험을 해볼 것을 추천한다.

　내 경우도 명도를 진행하면서 강한 인상을 남겼던 사례들이 많다. 강제집행을 할 때 점유자인 모친에게 기절한 척 연기를 하라고 자녀가 부추긴 일도 있었고, 집을 비워주기 억울했던지 망치로 내부를 다 부숴놓은 일도 있었다. 이사비 1천만 원을 안 주면 강제집행 날 집에 불을 지르겠다고 협박한 이도 있다. 모두 분명 예상치 못한 변수다.

　과도한 이사비 요구는 그나마 흔히 있는 일이지만 이런 일이 생기면 처음 명도를 접하는 이들로서는 당혹스러울 수밖에 없다. 그래서 '경매의 꽃은 명도'라고 하는지도 모르겠다. 이 과정을 감내하는 대가로 시세보다 저렴하게 부동산을 낙찰받을 수 있었으니 자연스럽게 받아들이면 된다. '내가 낙찰받은 물건은 아무 문제 없이 다 잘 해결되겠지.' 하고 막연히 낙관적으로 기대하기보다는 '최악의 상황이 벌어져도 잘 대처하면서 해결해야지!' 하는 마음가짐으로 임하는 것이 좋다.

잘 통하는 "우리 대표님…" 레퍼토리

내 수강생 중 한 명이 처음으로 경기도 지역의 아파트를 낙찰받은 후 명도 과정에서 겪은 경험담을 들려주었다. 그분은 부동산 1인 법인 명의로 낙찰을 받았는데 명도 대상인 거주자가 해당 물건의 소유주이자 채무자였다. 빚을 갚지 못해 집이 경매로 넘어간 것이다. 학교에 다니는 어린아이까지 있는 상황이라 명도 절차가 까다로울 수도 있다.

그분은 교육받은 대로 낙찰 직후 명도 절차를 안내하는 내용증명을 발송했다. 그러자 채무자 아내에게서 연락이 왔다. 법인 발신으로 보낸 내용증명에 '매각 대금을 완납한 날로부터 명도 시까지 매월 감정가의 1퍼센트에 해당하는 월 임대료를 청구하겠다'고 썼더니 깜짝 놀라 연락을 한 것이다.

그런데 법인으로 낙찰받으니 자연스럽게 제삼자 화법을 구사하는 게 가능해졌다. 즉 자신이 법인 대표가 아니라 일개 직원이라서 재량이 없다고 우는소리를 하는 것이다. "저희 대표님이 성격이 급하고 워낙 엄격하세요. 다만 아이들이 있으니까 최대한 배려하라고 지시하셨습니다. 저도 월급쟁이인지라 지시사항을 전달할 수밖에 없습니다. 죄송합니다." 이렇게 얘기하니 그쪽에서도 순순히 따라주었다고 한다. 사실 그 성격 안 좋은 대표는 본인 자신이었던 셈이다. 하지만 상대방에게 나를 드러내지 않으면서도 얼마든지 부드럽게 협상을 이끌어갈 수 있다.

법인 경매 시 명도를 위한 노하우

"개인으로 낙찰받은 뒤 소유권 이전할 때 법인으로 변경할 수 있나요?" 가끔 이렇게 묻는 이들이 있다. 당연히 안 된다. 경매 입찰 때 반드시 개인으로 할지 법인으로 할지 정한 뒤 입찰해야 한다. 낙찰 후 명의를 바꾸는 일은 불가하다.

나는 낙찰을 받으면 바로 현장으로 출동한다. 잔금 납부 후에 움직일 수도 있지만 미리 상대방을 만난 뒤 여러 전략을 세운다. 이때 점유자를 만나면 제삼자 화법을 구사한다. 앞서 우리 수강생도 이 비법을 교육받아 사용했다. 나 자신을 법인 직원이나 낙찰자 대리인이라고 소개한다. 경매로 집이 넘어간 점유자는 스트레스가 심하고 예민해져 있다. 낙찰자에게 적대적인 경우가 많다. 하지만 낙찰받은 당사자가 아닌 제삼자라고 소개하면 조금은 화를 누그러뜨린다. 제삼자 입장에서 상대방의 이야기를 충분히 경청하고 현재 상황을 위로하며 이야기를 나누다 보면 어느 순간 솔직하게 원하는 바를 털어놓는다. 나 역시 낙찰자가 아닌 제삼자 관점으로 듣고 말하니 훨씬 정돈된 소통을 할 수 있다.

첫 만남으로 모든 걸 다 해결할 순 없다. 첫 방문에서는 현장에 가서 상대 상황을 체크하고 점검하는 것으로 충분하다. 집에 항상 점유자가 있는 것도 아니다. 아무도 없다면 연락처를 남기면 된다. 내 가방과 차에는 항상 펜과 포스트잇이 준비되어 있다. 쪽지를 붙일 때도 1장만 붙이면 떨어질 염려가 있으니 꼭 2장을 붙여 놓자. 쪽지를 붙이고 와도 연락이 없는 일도 있으나 크게 신경 쓰지 않아도 된다. 협상과 절차는 언제나 동시에 진행한다. 재방문과 인도명령이나 강제집행 신청은 동시에 한다. 간혹 내용증명을 보내기도 하는데 불필요하게 상대의 기분을 상하게 할 수도 있어 나는 될수록 피하는 편이다.

사전에 명도에 대한 원칙과 방침을 정하라

점유자와 통화하거나 만나서 이야기가 몇 번 오고 갔다면 이사 날짜나 비용 등을 제시할 것이다. 이때 대부분 과도한 이사비를 요구한다. 강제집행을 하면 100만 원이면 될 것을 점유자가 이사비 500만 원을 요구한다면 당연히 협상은 깨질 수밖에 없다. 상대방이 무리한 요구를 하면 바로 답하기보다 회사에 들어가 보고한 다음 다시 연락하겠다는 식으로 답하면 좋다. 여러 상황을 고려해서 이사비 200만 원 정도를 책정해놓았다면 그에 맞춰 협의해가면 된다. "저는 결정권이 없어서 점유자님이 원하는 대로 다 들어드릴 수가 없습니다. 회사 방침이 있어서 그 가격으로는 협의가 불가합니다. 이사비를 안 드려도 되지만 상황이 어려우시니 150만 원 정도까지는 회사에 제안해보겠습니다." 이런 식으로 협상한다.

몇 번 대화 끝에 협의가 되면 확약서를 작성한다. 점유자의 마음은 하루에도 수십 번 바뀐다. 인터넷으로도 알아보고, 이사비를 더 받아주겠다고 접근하는 경매 브로커들도 많다. 약속이 깨지는 게 다반사니 확약서를 작성해 근거를 남기고 이행을 촉구하는 게 필수다. 이사비 금액, 퇴거 일자, 이사비 지급 일자를 적고 서로 기명날인한 후 1부씩 나눠 보관하면 된다.

사실 낙찰자는 점유자에게 이사비를 줄 의무가 없다. 법적으로 정해진 이사비 같은 것도 없다. 강제집행까지 가면 낙찰자도 비용이 들기에 서로를 위해 제안하는 것뿐이다. 명도가 늦춰질수록 이사비는 당연히 줄어든다는 사실을 점유자에게 명확하게 인지시킬 필요도 있다. 법인의 가장 큰 장점은 이렇게 협의하고 지급한 이사비도 비용처리 할 수 있다는 것이다. 해당 비용이 어디에 어떻게 쓰였는지 증빙할 영수증과 확약서 등을 반드시 구비하자.

투자 수익 약속하는
노후주택 경쟁력 체크리스트

나는 빨간색 벽돌집만 보면 눈이 커진다

서울, 인천, 경기 지역에 있는 노후주택에 투자하는 것을 좋아한다. 노후되었다는 것은 앞으로 새로워질 가능성이 크다는 뜻이다. 개인적으로 빨간색 벽돌로 지어진 집은 보는 것만으로도 너무 좋아 살짝 소름이 돋을 정도다. 최소 28년 이상 나이 먹은 건물이니 재건축, 재개발 등이 진행될 가능성이 높을 수밖에 없다. 물론 빨간색 벽돌이라고 무조건 좋은 것은 아니다. 내가 가진 경쟁력 포인트에 부합하는 집들이 더 좋고 그들에 관심을 기울인다.

포인트 1: 역세권, 역세권, 역세권

흔히 부동산 투자의 조건 3가지를 꼽으라면 첫째도 입지, 둘째도 입지, 셋째도 입지라고 한다. 내가 투자할 때 가장 중요하게 생각하는 포인트도 바로 역세권이냐 아니냐 하는 점이다.

오래된 주택에 투자할 때 역세권이 아닌 곳은 아예 관심을 두지 않는다. 역과 2~300미터 안에 있는 물건들을 중점적으로 살펴본다. 개발이 되더라도 역세권 주변이 잘 될 수밖에 없다.

포인트 2: 대지 지분이 크다

28년 이상 연식이 된 빌라들은 대지 지분이 크다는 장점이 있다. 특히 1980년대에 지어진 다세대 주택의 경우 건물에 비해 대지 지분이 넓어 39제곱미터(12평) 이상인 곳도 있다. 1990년대 이후에 지어진 건물의 경우 대지 지분이 26제곱미터(8평) 이상이면 괜찮다고 생각한다.

부동산에서 땅의 가치는 가장 소중한 평가 기준이다. 허름하고 나지막한 건물이라도 얼마나 많은 땅을 깔고 앉아 있느냐에 따라 가치가 달라진다. 번듯하고 깔끔한 것을 좋아하는 실거주자와 투자자는 판단 기준이 다를 수밖에 없다.

포인트 3: 주변이 다 같이 노후되었다

또 하나 중요한 요건은 양옆 앞뒤 건물들이 모두 함께 노후되어 있느냐다. 역세권이고 대지 지분도 큰데 양옆이나 앞뒤 건물이 신축 빌라라면 투자하지 않는다. 양옆 앞뒤 건물까지 모두 노후화되어 있어야 함께 묶어서 개발할 여지가 크다. 건물 노후도를 상세히 알아보고 싶다면 랜드북이나 부동산 플래닛에 해당 주소를 입력하면 된다.

포인트 4: 가격이 저렴하다

개발될 것을 염두에 두고 매입하는 물건이므로 투자금 회수까지 시간이 오래 걸릴 수 있다. 낡은 만큼 하자가 생겨 수리비까지 추가로 발생할 수 있다. 오래된 건물일수록 변수가 많으므로 최대한 보수적으로 접근해야 하는데 싸게 살 수 있다면 첫 단추는 채운 셈이다.

투자 가치 높은 노후주택 체크리스트

- 역세권에 있을 것
- 대지 지분이 클 것
- 주변이 같이 노후되어 있을 것
- 가격이 저렴할 것

제6장

부동산 1인 법인으로
공시가격 1억 미만 주택에 투자하기

투자자에게 좋은 물건이란 가치보다 가격이 싼 것이고
번드르르하고 좋아도 제 가치보다 비싸다면 좋지 않은 물건이다.
모두가 싫다고 손사래 치는 부동산은 가격이 내려가게 되어 있다.

경기도 고양시 원룸 투자로
5천만 원 이상 수익 예정

매수자 | ㈜준민자산관리 유근용

감정평가사의 눈으로 골라낸 부동산

수강생 중에 감정평가사로 일하는 분이 있다. 처음엔 직업을 몰랐다가 마지막 수업 후에 인사를 나누며 명함을 받고서야 알게 되었다. 나에 대해 접하게 된 것도 부동산 관련이 아닌 《일독일행 독서법》 책을 통해서였다고 한다. 몇 년 동안 감정평가사 시험 관련 책만 읽다가 합격 후에 원하는 책을 보던 중 내 책을 읽게 되었단다.

수업 이후로도 자주 연락을 주고받으며 인연을 이어갔다. 수업 때 보인 자세도 남달랐다. 직업 특성상 다양한 지역의 건물과 토지를 감정하기 때문

222

에 다른 수강생들보다 더 빨리 성장할 수 있는 여건이 갖춰져 있었다.

어느 날 수강생에게서 전화가 왔다. "용쌤! 주교동 쪽에 건물 감정평가해야 할 일이 있어서 다녀왔는데 용쌤이 수업 때 얘기한 상황에 딱 들어맞는 곳인 것 같아요. 아직 재개발이 확정되지는 않았지만 조금만 기다리면 될 수밖에 없는 지역으로 보여요. 급매로 나온 원룸이 하나 있길래 저는 바로 계약금 넣었네요. 용쌤도 한 번 살펴보세요."

손품과 발품 그리고 귀동냥

전화를 끊자마자 바로 지역 분석에 들어갔다. 경기도 고양시 주교동은 크게 관심을 두던 지역이 아니라 잘 몰랐다. 그런데 차분히 분석해보니 투자가치가 있다는 판단이 내려졌다. 로드뷰로만 주변을 살펴봐도 개발이 시급해 보였다. 허름한 빌라가 대부분이고 사람이 살 수 있나 의아할 정도로 낙후된 곳도 많았다.

손품을 팔고 나서 바로 차를 몰아 주교동으로 향했다. 실제 모습은 로드뷰로 본 것보다 훨씬 열악했다. '이런 곳을 개발 안 하면 도대체 어디를 할 수 있을까?' 하는 생각이 들 정도였다.

주변 중개업소 여러 곳을 돌아다니며 매입할 수 있는 물건을 찾기 시작했다. 다양한 물건을 직접 보러 다니면서 부동산 중개인에게서 이 지역 개발 상황이 어떤지도 상세히 들을 수 있었다. 찾던 물건이 나오자 바로 계약했다.

● 해당 물건과 주변의 로드뷰 이미지

출처: 네이버 로드뷰

● 해당 물건 지도

출처: 네이버 지도

법인으로 1억 미만 주택 매입하기

해당 물건은 공시가격 1억 미만이었다. 법인으로 매입하면 주택 수에 포함도 안 될뿐더러 취득세 중과도 피할 수 있다. 그런데 여기서 하나 주의할 점이 있다. 공시가격 1억 미만이라도 해당 주택이 정비구역 내에 있으면 취득세 중과 요건에 들어간다. 당시 원당 8구역은 아직 정비구역으로 지정되지 않았기에 취득하는 데 문제가 없었다.

부동산 중개업소도 확인해주겠지만 매수 전 토지이용계획확인원을 통해 해당 지역이 정비구역으로 지정되었는지를 꼭 점검해야 한다. 아울러 해당 지역 취득세과에 전화해서 주소를 알려주고 취득세가 중과되는지 이중으로 확실하게 확인하고 계약하는 것이 안전하다. 주교동의 경우는 덕양구청이 관할 관청이다.

법인으로 물건을 매입할 때의 판단 요건

법인으로 1억 미만 주택에 투자하는 것이 왜 유리한지는 앞에서도 계속 설명했다. 해당 물건의 경우 몇 가지 투자가치 판단 요건에 부합했다. 투자자로서 부동산 매수를 검토할 때도 좋은 판단 기준이 되어주므로 참고하길 바란다.

첫째, 정비구역 지정 전일 것.

이미 주변에 정비구역으로 지정된 곳들은 이주를 앞두거나 재개발 진척이 꽤 이뤄진 곳도 있었다. 물론 여러 이슈 때문에 재개발 진행이 멈춘 곳도 있었다. 해당 물건이 속한 8구역의 경우 아직 재개발 추진 준비위원회는 꾸려지지 않았지만 소유주들을 위한 오픈채팅방이 만들어진 상황이었다. 200여 명의 소유주가 채팅방에 참여하고 있어 재개발 구역으로 지정만 된다면 발 빠르게 움직일 것이라는 확신이 들었다.

둘째, 가격이 저렴할 것.

재개발을 염두에 둔 투자는 수익 실현까지 시간이 오래 걸릴 수밖에 없다. 중간에 변수도 많다. 투자금이 오래 묶여 있기 십상이다. 그러므로 가능한 투자금이 적게 들어가야 한다.

해당 물건은 원룸이고 원당 8구역 안에서도 가장 저렴한 축에 속했다. 당시는 사람들의 관심이 몰리지 않았기에 덜 오른 가격으로 매수할 수 있었다. 매매가 1억 1천만 원이었는데 전세가가 5,600만 원 정도로 형성되어 있었기에 상대적으로 적은 투자금으로 재개발 가능성이 높은 원룸을 매입할 수 있었다. 주변의 재개발 구역에서 여러 세대가 이주해야 하는 상황이 되면 전세가가 높아질 가능성도 크다고 판단했다. 이후 전세가는 8~9천만 원대로 올라갔다.

셋째, 역세권일 것.

아쉽게도 원당 8구역은 역세권이 아니다. 3호선 원당역과 직선거리 1.3킬로미터 이상이라 도보 이동이 불가하고 마을버스 등을 타야 했다. 원당역이 대곡역과 2개 정거장 간격으로 향후 GTX-a가 개통하면 강남권 접근성이 획기적으로 좋아질 것이다. 그럼에도 아직은 도보 이동이 힘들다는 것은 큰 단점이었다.

가까운 미래에 교통이 획기적으로 좋아질 것이므로 개의치 않았다. 고양은평선 철도사업이 진행 중이고 서울도시철도 6호선도 새절역에서 시작해 경기 고양시청까지 노선이 확장될 전망이다. 고양은평선은 예비타당성 면제(예타면제)로 추진되는 철도사업이라 서부선보다 더 탄력적으로 진행될 것으로 판단했다. 고양시청역이 신설되면 원당역보다 해당 물건에 더 가까운 위치로 설정될 가능성이 커 보였다.

넷째, 숲세권일 것.

원당 8구역의 장점은 바로 숲세권이라는 점이다. 224페이지 지도에서 보듯 마상근린공원이 해당 지역을 감싸고 있고 건너편에는 배다리공원까지 있다. 재개발되면 주거 쾌적성이 뛰어날 것으로 판단했다.

비용공제 되는 인테리어로 주택 가치를 높인다

손품과 발품을 통해 얻은 정보를 조합했고 결단은 빠르게 내렸다. 찾던 물건이 나오면 망설이는 시간 따위는 필요 없다. 일사천리로 결정하고 필요한 자금을 동원했다. 원룸 매매가가 1억 1천만 원인데 당시에는 유리한 조건으로 전세 임대를 놓기 힘들 정도로 낡은 상황이었다. 먼저 수리를 하기로 했다.

원룸이라서 인테리어는 오래 걸리지 않았다. 전체 인테리어를 하고 보일러도 새로 교체했다. 세월의 흔적이 고스란히 묻어나 작동도 안 되고 효율도 떨어진 상태였다. 600만 원을 들여 싹 고치고 나자 바로 세입자가 나타났다.

이제껏 세입자에게 단 한 번도 연락받은 적 없을 정도로 잘 거주하고 있으며 투자한 지 몇 개월이 지나자 소문을 듣고 많은 투자자가 찾아오기 시작했다. 이후로는 유사한 조건의 매물이 2억 원가량에 팔리기도 했다.

감정평가사 수강생과의 인연은 정말 소중하고 고마운 일이다. 인연이 가져다준 이야기를 배우는 마음으로 경청하며 재빠르게 움직이고 결단한 결과, 매도 시 투자금 대비 큰 수익을 기대하게 되었다. 정비구역 지정이 되고 절차가 한 단계씩 진행될 때마다 수익은 더욱 커질 것으로 본다.

case 2.

인천시 서구 구축 아파트 매매로 6개월 만에 3천만 원 수익

낙찰자 | 지분 경매·공매 마스터 16기(온라인), 실전반 23, 24기 박소정(법인 낙찰)

기회는 경매나 공매에만 있는 게 아니다

인천시 서구 현장을 발품으로 확인한 다음 투자를 진행해 단기간에 수익을 실현한 실전반 수강생 박소정 님의 투자 사례를 소개하겠다. 편의상 해당 수강생을 P라고 지칭한다.

P는 2021년 초 직접 부동산을 방문해 구축 아파트를 법인 명의로 1억 2천만 원에 매수했다. 물론 방문 전에 손품을 열심히 팔아 해당 지역에 대한 분석을 마친 상태였다. 그 후 몇 차례 임장을 하면서 지역 중개업소와 연락해두었는데 때마침 급매 물건이 나왔다. 관심을 두고 적극적으로 움직인다면

경매나 공매가 아닌 일반 매물로도 얼마든지 수익을 낼 수 있다는 것을 보여준 예다. 부동산 경기가 침체하면서 급매 물건을 만날 기회가 점점 더 많아질 것이다. 급매의 경우 경매보다도 더 싸게 주택을 매입할 기회가 되기도 하므로 언제나 눈을 크게 뜨고 시야를 넓게 보는 습관을 지닐 필요가 있다.

1주택 유지하면서 상급지 갈아타기 투자 전략

법인 투자로 수익을 만들어서 자신이 실거주하는 1주택을 점차 더 좋은 주택으로 옮겨가는 일명 '상급지 갈아타기' 투자 전략을 병행하는 것은 영리한 투자 전략이다.

최근 '갈아타기 4번으로 반포 100억 펜트하우스를 거머쥐었다'는 제목의 기사가 화제가 된 적이 있다. 그 정도 배포의 갈아타기는 아니더라도 비과세가 되는 거주와 보유 요건을 충족하면서 점차 고가의 주택으로 옮겨가는 전략은 얼마든지 유효하다.

주부인 P 역시 실거주 목적의 상급지 갈아타기 투자를 병행하는 한편 자산을 늘리려는 목적으로 본격적으로 법인을 활용한 투자를 시작했다. 해당 투자를 했던 2021년은 공시가격 1억 미만 부동산에 대한 투자 광풍이 불던 시기와 맞물린다. 전국적으로 투자할 만한 물건을 찾아 열심히 손품과 발품을 팔던 상황이다. 개인사업에다 육아까지 병행하느라 늘 시간이 부족했지만 자투리 시간을 활용해 움직이고 또 움직였다.

중개업소의 법인에 대한 이해도도 중요

해당 부동산에는 이미 전세 세입자가 살고 있었다. 매매를 위해 기존 세입자에게는 양해를 구한 상태였고 흥미로운 것은 올수리가 되어 있는 집인데다 이전 소유자도 법인이었다는 점이다.

간혹 공인중개사 일부는 "법인 망하면 누가 책임져. 괜히 거래시켰다가 나중에 덤터기 쓰는 거 아냐?" 하고 몰이해를 드러내기도 한다. 이 경우는 중개업소가 법인이 해당 물건을 매수하고 거기에 세입자를 들이는 과정까지 이미 두루 경험해봤기에 잡음이나 불필요한 과정 없이 깔끔하게 거래할 수 있었다.

급매 부동산을 평가하는 몇 가지 요건

P가 해당 물건을 매입한 이유는 크게 5가지로 정리할 수 있다. 실전반 공부를 통해 익힌 내용을 잘 적용했다.

첫째, 올수리가 되어 있다. 기존 소유자가 법인인 것은 큰 장점이다. 법인은 부동산 수리비를 비용 처리할 수 있으므로 대부분 수리를 꼼꼼하게 해놓는다. 실제 집은 단 한 군데도 손 볼 곳 없이 깔끔한 상태였다.

둘째, 중개업소를 신뢰할 수 있다. 매물을 소개한 중개인은 해당 지역에 아주 오래 거주한 원주민이다. 가격 협상에서부터 혹여 모를 불만이나 세입자 요구사항에 대한 대처에도 능숙하다. P는 잠실에 사는데다 사업과 육아

● 해당 물건의 지도

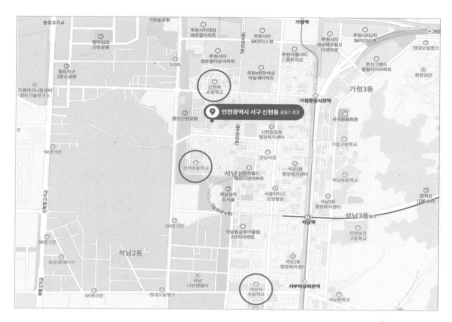

를 병행해야 해서 일이 생겨도 인천까지 방문하기 쉽지 않다. 대신해서 꼼꼼히 문제를 해결해줄 믿을 만한 중개인은 매우 중요하다.

셋째, 임장으로 확인한 결과 주변 주택에 공실이 거의 없었다. 그만큼 수요층이 두텁다는 의미다. 아쉽게도 인천 2호선과는 거리가 있어 역세권이라고는 할 수 없지만 위 지도에서 보듯 반경 3~400미터 내에 초등학교가 3개나 있다. 180미터 거리에 원산근린공원도 있다. 7호선 연장 공사가 완료되면 2~300미터 거리에 지하철역이 생긴다. 기대감에 투자 수요도 몰려드는 상황이었다.

넷째, 개발 이슈가 있었다. 주변이 오래된 다세대 주택 밀집 지역이라서

● 해당 물건의 외관

개발 논의가 꾸준히 이뤄지는 상황이었고 인근 지역에서는 가로주택정비사업 등 소규모 재개발·재건축 동의서를 활발히 받고 있었다. 재개발·재건축 이슈로 매물은 적고 투자하려는 수요는 많았다.

다섯째, 단기 수익을 꾀할 명확한 그림이 존재했다. 투자자들이 주목하는 지역이라서 1억 5천만 원에도 매수할 만한 수요가 얼마든지 있었다. 애초 1억 2천만 원에 매수해서 단기간에 1억 5천만 원에 매도한다는 계획을 세워두었다.

매매 계약, 임대 갱신, 매도 계약까지 일사천리로 진행

해당 물건의 매매 계약상 특이사항은 없었다. 세입자에게는 소유주가 바뀔 것을 고지하고 양해를 구한 상태라서 법인 인감증명, 법인 등기부등본, 법인 도장 등을 지참해 계약금 10퍼센트를 이체하고 법인 명의 매입을 완료했다. 경매처럼 입찰에 갈 필요도 없고 매입 후에 명도를 할 필요도 없다. 손품과 발품만으로 간단하게 매수한 물건이다. 2021년 2월 4일에 계약서를 작성했고 4월 5일에 잔금을 치렀다. 이미 전세 세입자가 있었기 때문에 중도금 납부는 필요 없었다. 잔금을 치르면서 매도자로부터 승계받은 전세자와 전세 계약을 갱신했다.

매도까지는 6개월가량이 걸렸다. 2021년 9월 5일에 매도 계약을 하고 같은 해 10월 21일에 잔금을 받았다. 매수자 역시 법인이었고 매수 금액은 1억 5,400만 원이었다. 6개월 만에 세전 약 3,400만 원의 이익을 거둔 것이다.

해당 물건은 법인 취득세 1.1퍼센트가 적용되는 공시가격 1억 미만 주택이고 낙후되어 재건축이 필요하다. 모든 것을 참작해 법인 투자를 결정한 것이다. 개인 명의로 매수하고 매도하는 경우보다 세제 혜택을 받을 수 있다. P는 법인 투자의 이점을 활용해 꾸준히 투자해나갔고 그렇게 실현한 수익으로 자신의 주거 주택 상급지 갈아타기를 할 수 있었다.

열심히 손품을 팔아 후보지를 탐색하고 발품을 통해서 현장을 확인해 확신을 가지고 투자한 결과는 달콤했다. 냉철한 분석, 적극적인 실행력, 간절함, 부지런함으로 꾸준히 노력한다면 기회는 누구에게나 공평하게 찾아온다.

서울시 상계동 빌라 투자로
2억 원 수익

매수자 | ㈜준민자산관리 유근용

재개발 가능성 높은 지역을 발품으로 찾다

2019년부터 재개발 가능성이 높은 빌라를 찾으려고 엄청나게 노력했다. 비록 지금은 볼품없어도 미래에는 멋진 아파트로 탈바꿈할 지역을 골라서 꾸준히 임장을 하던 상황이었다.

그중 유독 눈여겨보던 지역이 바로 상계 5동이었다. 6년여 전부터 경·공매를 통해 노원구의 자투리 토지를 꾸준히 낙찰받아 보유하고 있었기 때문에 더더욱 관심이 컸다.

이곳에 계속 관심이 갈 수밖에 없던 데는 이유가 분명했다.

서울에서도 마지막 남은 재개발 후보지

재개발 후보지를 고를 때는 다음 3가지 조건에 부합해야 한다.

첫째, 극도로 낙후한 지역일 것.

상계 5동에 임장을 가보면 '서울에 아직도 이런 곳이 있다고?' 하는 생각이 들 정도다. 게다가 서울 지하철 4호선 상계역 역세권이라는 데 더욱 놀라게 된다.

곳곳이 심하게 낙후되어 있는데 빨간 벽돌로 지은 단독주택과 빌라들이 무질서하게 산재해 있다. 주차장도 제대로 확보되지 않아서 집 앞 도로에 불법 주차를 해야 하는 형편이고 어떤 골목은 소방도로도 없어 주민 안전이 위협받았다. 드문드문 신축 빌라도 눈에 들어오지만 반드시 어떤 형태로든 개발이 필요한 곳이라는 판단이 들었다. 해당 물건을 매입하기 전 5회 이상 임장을 진행했다.

둘째, 역세권이고 향후 더블역세권 등 교통 호재가 있을 것.

상계 5동은 4호선 상계역 2번 출구 근처다. 2번 출구 앞에는 벽산아파트와 대림 아파트가 있으며 그곳을 지나 조금만 안쪽으로 들어가도 온통 오래된 건물들이다. 노원역과 불과 1개 정거장 떨어져 있는데 노원역은 4호선과 7호선의 더블역세권이다. GTX-c가 들어설 창동역과도 2개 정

● **해당 물건 주변 신규 노선**

출처: 헤럴드경제

● 해당 물건 지도

출처: 네이버 지도

거장이다. 가까운 미래에는 상계역이 더블역세권이 될 것이다.

동북선 도시철도 민자사업이 진행 중으로 이는 성동구 왕십리역에서 미아사거리역을 지나 노원구 상계역까지 이어지는 총 16개 정거장, 13.4킬로미터를 잇는 사업이다. 2025년 개통이 목표다. 혹여 개통이 늦어지더라도 시기의 문제일 뿐 더블역세권이 된다면 앞으로 여건이 더 좋아질 것임은 자명한 사실이다.

셋째, 성공한 뉴타운 프로젝트 인근일 것.

2021년 서울에서 집값이 가장 많이 오른 지역은 바로 '노도강'이라 불리는 노원, 도봉, 강북 지역이었다. 당시 서울 평균보다 2배 오른 노원구는 상계 뉴타운이 시세를 이끌었다.

지하철 4호선 상계역과 당고개역 주변 47만 제곱미터를 6개 구역으로 나눠 재개발 사업이 진행되었다. 개발이 완료되면 1만여 가구의 대규모 타운이 조성되는 프로젝트였다. 주변 아파트들은 대부분 1980~1990년대에 입주했던 터라 신규 공급이 절대적으로 부족한 곳이었는데 상계 뉴타운이 어느 정도 해소해줄 수 있게 되었다. 더불어 바로 옆의 상계 5동 재개발이 병행된다면 시너지 효과를 제대로 얻을 수 있다고 생각했다.

때마침 서울시장이 바뀌면서 낙후되었던 지역 곳곳에서 재개발 추진 준비위원회가 속속 발족했다. 상계 5동에도 바람이 불기 시작했다. 생각보다 더 빨리 재개발 추진 준비위원회가 결성된 것이다. 서울은 여전히 주택 공급이 턱없이 부족한 상황이고 당시 아파트값은 하루가 다르게 치솟고 있었다. 새로 선출된 시장은 무슨 수를 써서라도 신규 공급을 늘려야 하는 상황이었다.

공시가격 1억 미만의 부동산 매물 찾기

빌라 매수에서 가장 중요한 건 시세 파악이다. 아파트에 비해 빌라는 개별성이 강하기 때문에 객관적인 시세를 파악하기 어렵다. 인터넷으로 최대한의 정보를 얻은 다음 반드시 현장에 가서 확인해봐야 한다. 빌라 시세를 파악하는 가장 유용한 방법은 과거 실거래가를 확인하는 것이다. 국토교통부 실거래가 공개시스템(rt.molit.go.kr)을 활용하면 연립, 다세대 등의 실거래가를 확인할 수 있다.

대략적인 검토를 마친 다음 부동산 중개업소에 연락했다. 재개발 얘기가 나오기 시작하면서 벌써 중개업소에 문의 전화가 쇄도하고 있다고 했다. 중개업소 측에서 오히려 당황할 정도였다. 이런 분위기가 감지되면 좀 더 과감하게 움직일 필요가 있다. 중개인에게 괜찮은 매물을 최대한 여러 개 보여달라고 한 뒤 최종적으로 가장 마음에 드는 매물을 선택했다.

매입을 결정한 물건의 전세가는 1억 원이었는데 매매가가 2억 1천만 원이었다. 이미 1억 원 대 물건은 구할 수 없었기에 2억 원 초반대 물건이라도 잡아야 하는 상황이었다. 전세 세입자는 계약 기간까지만 거주하고 임대 연장 계획이 없다고 했다. 매입 후 새로운 세입자를 좀 더 높은 전세금에 입주시키면 자금을 어느 정도 회수할 수 있으리라 판단했다. 계약금을 넣고 나서도 계속 문의가 빗발쳤으며 매입 후 몇 주가 지나니 비슷한 컨디션의 빌라가 무려 2억 6천만 원에 거래되었다. 짧은 순간 5천만 원이 오른 것이다.

해당 물건은 매매가와 달리 공시가격은 1억 미만이라 법인 명의로 매수했다. 취득세 중과가 되지 않기 때문이다. 여담이지만 많은 부동산 투자 초보들이 묻는다. "서울에 아직도 공시가격 1억 미만 부동산이 있나요?" 내 대답은 이것이다. "네! 엄청나게 많습니다." 공시가격 1억 미만 물건은 10채, 100채 매입해도 취득세 중과가 안 되기 때문에 부담이 덜하다. 하지만 양도세 중과는 피할 수 없다. 그러므로 다주택자라면 더더욱 양도세 중과를 피할 수 있는 법인 명의로 투자하는 게 유리하다.

신속통합기획 구역으로 선정

재개발 사업은 복잡하고 시간도 오래 걸린다는 단점이 있다. 상당 기간 정부 규제도 심했고 주민 간 이해관계도 얽혀 많은 사업이 무산되었다. 추진이 되더라도 시간이 오래 걸린다. 그런 문제점을 보완하기 위해 일명 오세훈 재개발이라고 불리는 '신속통합기획'이 등장했다. 정비계획 수립 단계에 서울시가 개입해 가이드라인을 제시함으로써 빠르게 사업을 추진하겠다는 취지다. 2021년 12월 서울시는 주민으로부터 접수받은 102곳 중 자치구 추천을 받은 59곳을 대상으로 선정위를 발족해 최종 21개 구역을 선정·발표했다. 1차 후보지로 상계 5동 일대도 선정되었다. 21개 구역 중 다른 지역에 비해 월등하게 넓은 면적으로 개발이 제대로 추진된다면 4,000세대 이상의 매머드급 단지로 탈바꿈이 될 예정이다.

서울시는 2022년 12월 재개발 2차 후보지 25곳을 추가로 선정했으며 2023년 1월에는 패스트트랙을 도입한 개선방안까지 발표했다. 아울러 주거환경 개선이 필요한 더 많은 지역에서 더 빠르게 패스트트랙을 추진하겠다고 밝혔다. 기존에 5년 이상 걸리던 정비구역 지정을 2년 기간으로 대폭 줄인다는 계획이다. 1차 후보지의 경우 2023년부터 순차적으로 구역 지정에 들어갈 예정이다.

신속통합기획 1차 후보지로 선정되면서 해당 지역 빌라 몸값은 크게 치솟았다. 매입한 빌라의 기준 매매가는 4억 원 내외까지 올랐다. 해당 물건은 매입 1년 뒤에 1억 3,470만 원에 신규 세입자를 들임으로써 투자금 3,470만 원을 회수할 수 있었다. 현재는 후보지 선정으로 토지거래허가구역으로 묶

● 해당 물건의 신속통합기획 선정

출처: 서울시

여 실거주 목적의 실수요자들에게만 매도할 수 있다. 그러나 향후 시간이 흐를수록 이 지역의 미래는 좋아질 테니 그 힘을 믿고 대단지 프리미엄 아파트로 바뀔 때까지 기다릴 예정이다.

경기도 안양시 빌라 투자로
2억 원 수익

매수자 | ㈜준민컴퍼니 유근용

분석과 임장은 신중하게, 그러나 결정은 빠르게

2019년 중후반 다세대 빌라 하나를 아깝게 놓친 적이 있다. 6호선 초역세권 지역에 있고 대지 지분은 10평이었으며 1986년에 지어진 건물이라 개발 가능성도 높았다. 인근 중개업소에 알아보니 개발업자가 신축 빌라를 지으려고 했지만, 어르신이 사는 한 가구가 반대하는 바람에 무산되었다고 한다. 2년여에 걸쳐 개발이 지지부진한 상황이기에 오히려 기회라고 생각했다.

400제곱미터(120평) 정도의 대지에 빌라 총 12세대가 있는데 오래되어 상태가 좋지 못했다. 매물로 나온 세대는 방 3개, 화장실 1개의 반지하 물건이었지만 리모델링이 된 상태라 따로 손을 볼 것도 없었다.

주변을 수소문했더니 땅값이 평당 2,500만 원가량으로 분석되었다. 대지 지분을 고려하면 2억 5천만 원 이상 가치가 있는 집인데 매매가는 겨우 9천만 원에 불과했다. 당시 부동산 규제가 심해 다주택자인 소유주가 빨리 매도하고 싶어 했다.

게다가 전세금으로 6천만 원은 받을 수 있어 실투자금 3천만 원이면 충분했다. 초역세권에 대지 지분도 넓고 개발이 될 수밖에 없는 매물이 9천만 원이라니…. 돈이 있다면 무조건 잡아야 하는 물건이다.

하지만 아쉽게도 수중에 1,500만 원밖에 없었다. 투자처가 많아 투자금이 똑 떨어졌다. 그렇다고 포기할 수 없었다. 경기도 안양시에서 공인중개업을 하는 지인에게 해당 물건에 대해 브리핑하고 공동으로 매수하기로 했다. 판단이 빠른 분이라 바로 답변이 왔고 매수하려고 중개업소에 연락했다. 그런데 단 며칠 사이 다른 부동산에서 이미 계약을 성사시켰다고 한다.

정말 속이 쓰렸다. 땅값만 2억 5천 만 원인 빌라를 3천만 원에 소유할 기회를 잃어버렸으니 말이다. '다시는 이렇듯 허무한 상황을 만들지 않겠다! 물건 분석과 임장은 꾸준히, 그러나 결정은 누구보다 빠르게 한다!'는 목표를 다시금 곱씹는 계기가 되었다.

또다시 운명의 물건을 만나다

그로부터 몇 달 뒤 좋은 물건을 다시 만났다. 투자자에게 언제나 기회는 찾아온다. 하나의 문이 닫히면 또 다른 문이 열리게 되어 있다.

내 고향은 안양시 비산동이다. 오래 살지는 않았어도 익숙한 곳이다. 안양 종합운동장 쪽에 월판선 안양종합운동장역이 생긴다는 것은 예전부터 알고 있었다. 개통까지 오랜 시간이 걸리기에 착공도 시작하지 않은 당시가 절호의 기회라고 생각했다. 인덕원 근처 아파트가 경매로 나온 게 있어 겸사겸사 부근으로 임장을 갔다.

빌라 투자 때 중개업소에 방문하면 반드시 다음 3가지 조건을 제시한다.

1. 역 가까운 곳(역세권)에
2. 오래된(낙후 물건)
3. 대지 지분 넓은 빌라 있습니까?

3가지 조건에 부합하는 매물이 있으면 무조건 보여달라고 요청한다. 어디든 해당 지역 부동산 중개인이 가장 잘 알게 마련이다. 원하는 조건을 명확히 설명하면 빠르게 몇 개 후보지를 뽑아 보여준다. 특히 신설되는 역에서 100미터도 안 되는 위치에 오래된 빌라 하나가 눈에 들어왔다. 모든 게 다 마음에 들었지만 단 하나 가격이 문제였다.

2020년 3월 당시 해당 물건의 매매가는 3억~4억 5천만 원이었는데 전세가는 1억 2천만 원에 불과했다. 오래된 빌라에 투자하는데 2억 원 넘는 돈이 묶여 있어야 하니 부담이 클 수밖에 없다. 하지만 주변은 속속 재건축·재개발이 진행되고 있었고 해당 지역 역시 재개발 기대감이 높은 것에 비하면 상대적으로 투자금이 적게 드는 셈이다.

아쉬운 마음을 뒤로하고 중개 사무소를 나왔는데 해당 지역 매물을 사고 싶다는 마음이 사라지지 않았다. 집에 돌아와서도 밤늦게까지 계속 검색하고 또 검색했다. 그러다가 마음에 쏙 드는 물건 하나를 발견하게 되었다.

낡고 하자가 있는 부동산이 더 좋다

새롭게 찾은 주택의 위치는 낮에 방문했던 빌라에서 큰길을 건너 서쪽 지역에 있었다. 소규모 빌라가 밀집되어 있는데 신설되는 역의 출구는 이쪽에도 나게 되어 있다. 역과 200미터 이내라서 역세권이 되면 땅값이 자연히 오를 수밖에 없다.

더 매력적인 것은 해당 지역에는 전부 오래된 빌라들만 있고 가장 젊은 빌라도 29년이나 되었다는 점이다. 내가 찾은 곳은 32년 된 빌라였고 무엇보다 가격에 메리트가 있었다. 낮에 보았던 동쪽 빌라들이 최소 3억 5천만 원 이상인데 반해 이곳의 물건은 1억 3,500만 원에 나와 있었다.

밤늦게 검색했던 터라 다음 날 오전 바로 물건을 올린 부동산 중개업소에 연락했다. 확실히 매매로 나온 게 맞지만 조금 이상했다. 중개업소에서 적극적으로 거래를 성사시키려 하질 않았다. 나중에야 왜 그랬는지 알게 되었다.

반지하인데다 집 상태가 너무 좋지 않았다. 해당 중개업소에서 소개해 월세를 살고 있는 현 세입자도 곰팡이와 전쟁을 치른다며 중개인을 원망하던 터였다. 하루걸러 한 번씩 항의 전화를 받느라 골치를 썩였다고 한다.

● 해당 물건 지도

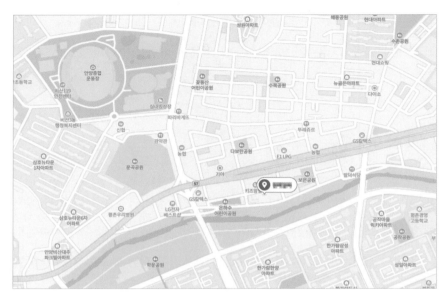

● 해당 물건의 건물 외관과 내부 모습

이것은 오히려 기회다. 3가지 조건에 딱 부합하는 부동산이 아닌가?

1. 몇 년 후면 지하철역이 개통되는 곳에
2. 반지하에 상태도 좋지 않아 시세보다 저렴한
3. 대지 지분이 11.25평이나 되는 빌라

거기다가 추가적인 장점도 3개 더 있었다.

4. 학의천 숲세권이며
5. 시간이 흐르면 미니 재개발이나 재건축 가능성이 높으며
6. 세입자가 하루빨리 나가고 싶어 하는 빌라

낭패를 보지 않기 위해서 재빠르게 매수 절차를 진행했다.

낡고 오래된 주택을 예쁘게 만드는 마술

최종 매수 단계에서 집에 하자가 있다는 이유로 1천만 원이나 매매가를 더 깎을 수 있어 최종 매매가는 1억 2,500만 원이었다.

공시가격 1억 미만 주택이므로 당연히 법인 명의로 매입했다. 취득세 중과 대상이 아니었다. 그런데 법인 주택 종부세는 피할 수 없었다. 핸디캡이 있다고 해도 처음부터 싸게 샀고 매년 종부세를 내더라도 그 이상 오를 거

● 해당 물건의 인테리어 후 모습

라는 확신이 있었다.

거주하던 세입자는 약속 날짜에 바로 이사했고 빠르게 인테리어를 진행할 수 있었다. 다시는 곰팡이가 생기지 않도록 확실하고 제대로 수리했다. 한 달 안에 공사를 마무리했고 그사이 전세 매물로 내놓았다. 집 상태가 좋아지자 전세로 내놓은 지 이틀 만에 바로 보증금 9천만 원, 월세 30만 원 반전세로 세입자를 받을 수 있었다. 이전 세입자에게 지급한 이사비와 인테리어 비용 전부를 법인 비용공제 한 것은 당연하다.

안양시 동안구와 만안구 지역에서 계속 재건축·재개발이 진행되고 있어 이주 수요가 폭발하던 상황이다. 전셋집 구하기가 어려워 좋은 조건에 세입자를 빨리 구할 수 있었다. 법인 투자를 통해 주거용 주택을 매입해 월세를 받게 된 첫 물건이라 더욱 애착이 간다. 월세는 한 번도 밀린 적이 없을 정도로 세입자 스트레스도 없다.

재건축·재개발, 가로정비사업 등 기회는 다양

매입 후 1년 정도 흘렀을까? 세입자에게서 문자 한 통이 왔다. 집 앞에 붙은 가로주택정비사업 안내 전단지를 찍어서 보내준 것이다. 인근 지역에 오래된 아파트 단지가 있는데 해당 아파트에 거주하던 청년이 LH 참여형 가로주택정비사업을 신청하자며 전단지를 붙이고 다녔다고 한다.

당연히 적극적으로 협조하고 참여하도록 했는데 결국 탈락하고 말았다. 세대 수가 너무 많아 임대 세대까지 포함하면 기존 소유주들의 분담금이 너무 높아진다는 이유였다.

이것이 전화위복이 되었다. 신탁회사에서 가로주택정비사업을 진행하고 싶다며 연락해왔다. 정비사업에는 크게 민간(조합), 신탁방식, 공공(정부)이 있다. 공공 방식에는 이미 탈락했으므로 민간이나 신탁방식의 추진이 가능하고 2020년 6월 열린 정비사업 사업설명회를 통해 소유주들의 열망을 확인할 수 있었다.

개발이 이뤄진다면 해당 물건의 가치는 더 높아질 것이고 수익은 계속해서 커질 것이다. 실투자금은 인테리어 비용을 포함해 4,500만 원에 불과한데 이후 시세는 3억 3천만 원까지 올라갔다. 매월 금융 비용과 세금을 납부할 월세도 나오는 상황이

● 가로주택정비사업 안내문

다. 시간이 흘러 아파트로 만든 뒤 매도한다면 수익은 더 커질 수밖에 없다.

경·공매만이 아니라 발품을 팔며 일반 매매 물건도 적극적으로 살펴본다면 급매를 잡을 확률도 높아진다. 게다가 경매나 공매보다 오히려 더 저렴하게 취득할 기회도 온다. 시야를 넓혀 다양한 물건, 다양한 지역을 살펴보며 수익을 낼 수 있는 매물을 찾아 즐겁고 재미있게 투자할 수 있다. 거기에 법인이라는 도구를 더한다면 더욱 효율적으로 투자를 이어갈 수 있다.

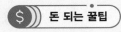
돈 되는 꿀팁

부동산 1인 법인으로
주택 투자하는 핵심 노하우

공시가격 1억 미만 주택을 공략하라

규제가 심해도 법인으로 주택에 투자하는 것을 포기하면 안 된다. 방법을 찾으면 된다. 우선 공시가격 1억 미만 주택을 찾자. 공시가격 1억 미만 주택은 취득세 중과가 없다. 공시가격 1억 이상 주택을 매입하면 취득세가 12퍼센트로 올라간다. 매수액 1억 원당 1,200만 원 손해를 입고 들어가는 구조다.

물론 서울 지역에서 공시가격 1억 미만 주택은 흔치 않다. 그러나 아파트가 아닌 다세대 주택, 수도권이나 지방까지 확대하면 아직 기회는 많다. 지방에는 공시가격 1억 미만 아파트도 많지만 손품과 발품을 꼼꼼하게 팔아 물건을 골라야 한다. 인구 유입이 적은 소도시의 경우 매수자가 없어 팔지 못하면 손해를 입을 수도 있다.

공시가격 1억 이상 주택 투자도 두려워하지 말자

실전 사례에서 반복해서 설명하겠지만 공시가격 1억 이상 주택이라고 해서 투자 못 할 이유는 없다. 나는 수강생들에게 취득세 12퍼센트를 감수하더라도 더 큰 이익을 얻을 물건이라면 과감히 입찰하라고 말한다. 처음부터 경·공매로 시세보다 저렴하게 낙찰받거나 추후 시세가 오를 호재가 있는 지역을 찾아 입찰한다면 취득세는 아무것도 아니게 된다.

 '취득세가 높아서, 법인 규제가 심해서….' 뭐든 핑계만 대며 아무것도 하지 않으면 노하우와 경험치가 쌓일 기회가 날아가고 만다. 나는 법인 규제가 처음 시작되었을 때 홀로 적극적으로 움직여 춘천지방법원에서 진행되던 지분 경매 아파트 2채를 단독으로 낙찰받았다. 둘 다 공시가격 1억 이상으로 취득세 12퍼센트를 냈지만 결국 2채 모두 최종 매도해 취득세를 감안하고도 제법 괜찮은 수익을 실현했다. 취득세가 1.1퍼센트였다면 수익은 더 커졌을 테지만 규제가 심해도 방법을 찾아 도전해 수익을 만들어냈다는 점에서 더 뿌듯하다.

공동 투자의 힘을 적극적으로 활용하자

현재 법인 규제 중 가장 강력한 것은 주택 매입 시 대출이 불가능하다는 점이다. 주택을 2억 원에 낙찰해 매입하면 매입비와 취·등록세와 법무비까지 모두 보유 자금으로 납부해야 한다. 매달 수천만 원씩 벌지 않는 한 대출 없이 투자를 계속 이어가는 것은 불가능에 가깝다.

주식과 달리 부동산은 절대적인 투자 금액이 커서 연속해 조달하기 쉽지 않다. 그러나 우리는 어려운 상황에서도 방법을 찾으려 노력해야 한다. 가장 손쉽게 투자를 이어가는 방법이 바로 공동 투자다. 세간에는 공동 투자에 대해 부정적인 선입견을 가진 이들이 많다. 그러나 규칙을 명확하게 정하고 계약서를 작성하는 등 문제의 소지를 사전에 차단해 얼마든지 효율적으로 공동 투자를 할 수 있다.

부동산 1인 법인으로 공동 투자를 하면 몇 가지 부수적인 효과도 따라온다.

첫째, 명의 분산 효과가 있다. 개인이 주택에 공동 투자하면 비록 지분이 적어도 전부 주택 수에 포함된다. 하지만 법인으로 투자하면 주택 수에 포함되지 않아 개인으로는 비과세나 일시적 1가구 2주택 혜택을 유지할 수 있다.

둘째, 투명성을 확보할 수 있다. 법인으로 공동 투자하는 방법은 크게 2가지다. 1개의 물건에 2개 이상 법인이 공동으로 입찰 후 매입하는 방법, 그리고 공동 투자자가 함께 법인을 만들어 투자하는 방식이 그것이다. 낙찰 후 매도하거나 임대해도 각자 지분만큼 수익을 가져가면 되므로 문제가 생길

소지가 거의 없다. 투자한 지분만큼 수익을 나누니 투명성이 확보된다. 공동으로 법인을 만들어 투자할 때 투자가 완결된 후에 수익을 나누고 법인을 청산할 수도 있고 해당 법인을 활용해 지속해서 수익이 더 높은 물건에 재투자할 수도 있다.

부동산 1인 법인으로 주택에 투자하기

- 취득세 중과 없는 공시가격 1억 미만 주택을 공략할 것
- 광역시나 인구 50만 이상의 소도시에 주목할 것
- 저렴하게 살 수 있다면 공시가격 1억 이상 주택 투자도 시도할 것
- 법인에 중과되는 취득세는 매도 때 취득가에 포함되므로 법인세 절감의 효과가 있음을 고려할 것
- 법인의 장점은 키우고 단점은 줄이는 공동 투자를 시도할 것

제7장

부동산 1인 법인으로
부동산 지분에 투자하기

규제가 심할 때, 남들이 주저할 때, 규제 때문에 이제 법인으로 하는
부동산 투자는 끝났다고 한탄할 때 계속 움직여야 한다.
움직이는 사람만이 수익을 만들어낼 수 있다.

춘천 아파트 지분 투자로
8개월 만에 2천만 원 수익

낙찰자 | ㈜준민컴퍼니 유근용

투자자가 꺼리는 아파트 지분 투자

2020년 10월 5일 춘천지방법원에서 주거용 아파트 지분 2건에 입찰해서 모두 낙찰받았다. 당시 법인 규제가 심해져서 투자자가 쉽게 움직이기는 어렵다고 판단했다. 서울에서 새벽부터 출발해 달려갔다. 제법 사람들이 있었지만 역시나 주거용 지분에 대한 응찰자는 없었다. 입찰한 2건 모두 단독으로 낙찰받았다. 당시 춘천은 부동산 투자자의 관심이 덜한 상황이었다. 집값이 몇 년이나 줄곧 하락만 하다가 겨우 보합 상태에 있었기 때문이다. 그러나 전국적으로 비규제지역이 들썩이던 상황이라 춘천도 예외가 될 수 없었다.

● 해당 물건의 경매 정보

● 해당 물건의 지도

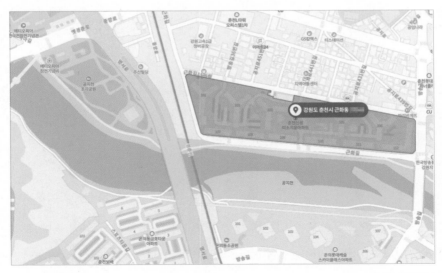

물건 하나는 석사동, 다른 하나는 근화동에 있었다. 석사동 사례는 뒤에서 소개하고 여기서는 근화동 아파트 먼저 설명하도록 하겠다.

해당 물건은 춘천시 근화동에 있는 방 3개, 화장실 2개의 20평형대 아파트로 건축 연도는 2007년이다. 근화사거리 남동 인근, 근린생활시설과 단독주택 등이 어우러진 지역이다. 1,092세대의 비교적 대규모 아파트로 20평형대는 매물이 귀한 상태였다. 인근에 춘천초등학교와 춘천중학교가 있어서 학령기 자녀를 키우기 좋고 단지 바로 앞에 공지천, 공지천 조각공원 등이 있어서 산책하거나 자전거를 타기에 좋은 환경이다.

낙찰받은 직후 서울로 올라오기 전에 해당 물건을 바로 방문했다. 벨을 눌렀는데 집에 아무도 없었다. 낙찰자이므로 연락을 달라는 쪽지를 2개 붙이고 서울로 올라왔고 바로 연락이 왔다. 참고로 명도를 위해 낙찰자임을 알리는 메모는 2개 이상 붙이는 것이 좋다. 테이프 등 거주자가 불쾌해할 수 있는 도구로 붙이기보다 포스트잇 등 떼기 좋고 보관하기 좋은 종이에 예의 바르고 친절한 문구를 써 붙인다.

채무자와의 커뮤니케이션과 대응 전략

채무자가 바로 전화를 주었다. 의외로 젊은 여성이었다. 증여로 친인척 4명이 공동으로 소유하고 있었는데 그중 1명의 지분만 채무에 의해 경매로 넘어간 상황이었다. 지인에게 돈을 빌렸는데 갚지 못해 압류되었고 경매까지 된 것이다. 설상가상 그곳에 부모님과 함께 거주하고 있었고 부모님은 이

사실을 전혀 모르고 있었다. 채무자는 간곡히 애원했다. 몇 개월만 있으면 돈이 생기니 그때 자신이 지분을 다시 매입하겠다는 것이다. 첫 통화는 잡음 없이 간단히 끝났다.

경험상 채무자나 임차인의 구두 약속은 100퍼센트 지켜진다는 보장이 없다. 약속을 잘 지키는 채무자라면 애초에 왜 경매까지 되었겠는가? 약속은 깨지게 마련이고 변수는 생기게 되어 있다. 그러므로 협상과 소송은 늘 병행한다는 전략을 원칙으로 삼을 필요가 있다. 협상을 두려워할 필요가 없고 소송은 더더욱 피할 필요가 없다. 2개월 정도는 기다릴 수 있다고 방침을 세웠으며 만약을 대비해 다른 지분 보유자인 친오빠와 다른 친척에게도 연락을 취해두었다.

결국 2개월이 지났는데 채무자는 약속을 지키지 못했다. 부모님 몰래 혼자 수습해보고자 했지만 역부족이었던 모양이다. 냉혹하게 대응한다면 여성이 보유한 4분의 1 지분만큼 2개월 거주에 대한 부당이득(월세)청구도 할 수 있는 상황이다. 약속된 시간까지는 기다렸다가 공유물분할청구 소송과 이후 기간에 대한 부당이득청구 소송을 개시하려 했다. 이런 견해를 밝히자 결국 채무자는 부모에게 사실을 털어놓았다. 채무자의 어머니 쪽에서 우리가 낙찰받은 지분을 인수하겠다고 의사를 전해왔다. 그런데 이후로 협상이 되지 않았다. 상대방은 우리가 낙찰받은 금액만큼만 지급할 의사가 있으며 그 이상 지불하느니 차라리 이주하겠다고 강하게 나왔다.

공유물분할청구 소송과 전체 경매 진행 절차

우선 재빨리 공유물분할청구 소송을 진행했다. 다른 공유자인 3명은 집에 대한 애착이 별로 없었다. 자신들이 거주하지도 않고 여러 명과의 공동소유다 보니 신경을 쓰지 않는 분위기였다. 특별한 이견이 없어 전체를 경매로 넘기라는 판결문을 빠르게 받았다. 판결문을 받고 전체를 경매로 넘기는 절차를 진행해 낙찰되기만을 기다렸다.

경매 신청 한 달 정도 지났을까? 이의신청서가 제출되었다는 통보를 받았다. 경매 신청을 취소해달라는 신청이었다. 공유자 3명이 자신들의 지분에 대해서는 경매 신청에 동의한 적 없으니 경매에서 제외해달라고 주장하고 나섰다. 이의신청이 받아들여질까? 어불성설이다. 이의신청은 공유물분할청구 소송 당시에 해야 했다. 판결문까지 받아 적법하게 절차를 진행하고 있었기에 이런 서류는 휴지 조각에 불과하다.

형식적 경매 신청 후 다시 한번 채무자에게서 전화가 왔다. 부모님이 매입하고 싶다는 것이었지만 여전히 가격 문제가 좁혀지지 않았다. 낙찰받은 지분을 매매가로 산정하면 6천만 원이 넘는데 고집스럽게 5천만 원을 제시하니 협상이 될 리 없었다. 채무자 어머니는 본인이 직접 경매에 참여해서 더 싸게 낙찰받으면 그만이라고 으름장까지 놓았다. 그러시라고 했다. 일이 어떻게 진행되는지 모르고 하는 말씀이었기 때문이다.

● 공유자 3명이 뒤늦게 제출한 이의신청서

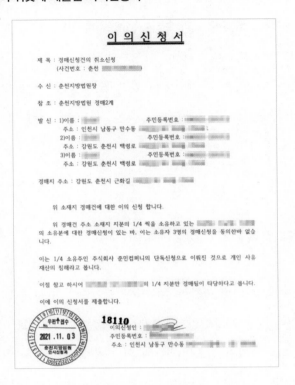

춘천에도 투자 훈풍이 불기 시작

협상과 소송을 하는 사이 춘천 아파트값도 오르기 시작했다. 다른 지역 부동산이 계속 오르다 보니 상대적으로 저렴한 이 지역으로 투자자가 몰려들었다. 시세가 오르지 않더라도 주거용 지분으로 수익을 낼 수 있는 상황이고 단독 입찰로 저렴하게 낙찰받았다. 시세까지 올라 주니 보너스를 받은 셈이다. 2020년 12월부터 조금씩 오르던 시세는 2021년 10월 최고가를 경신했다. 중개업소에 확인해보니 수리가 잘되어 있는 집이라고 했다. 전체를 경매로 인수한다고 해도 별도의 수리비는 필요 없었다.

부동산지인(www.aptgin.com) 사이트에서 수요·입주량을 살펴봤다. 2022년까지는 소량 입주가 예정되어 있었지만 2023년부터는 급격히 줄어드는 상황이다. 공급이 주는데 반해 수요는 오히려 늘어날 예정이다. 결국 편안한 마음으로 낙찰될 때를 기다리면 됐다.

높은 가격에 입찰되기만을 기다리면 끝!

2022년 4월 11일 드디어 입찰일이 다가왔다. 감정가가 시세보다 현저히 낮아서 유찰 없이 신건으로 낙찰될 것임은 확실했다. 직접 입찰에 참여할 필요도 없다. 다른 투자자들이 알아서 높은 가격에 입찰해줄 것이기 때문이다. 지분 인수를 두고 입씨름을 벌였던 채무자의 어머니가 낙찰자라도 상관없다. 나는 지분에 대한 배당만 받으면 된다.

결과를 보니 총 4명이 입찰해서 최종 낙찰가 229,999,000원으로 결정되었다. 그중 4분의 1인 57,499,750원이 내 수중으로 들어온다. 채무자 어머니가 제시했던 5천만 원보다 훨씬 높은 금액이다.

낙찰자는 4월 11일에 낙찰받고 5월 25일에 잔금을 납부했다. 낙찰자가 잔금 납부를 하면 3~5주 안에 배당기일이 잡힌다. 이때 투자금과 수익을 회수할 수 있다. 배당기일은 2022년 6월 20일로 잡혔고 그때 법원에 가서 배당금을 받아오면 된다. 법원까지 갈 필요도 없다. 우편으로 서류를 보내

● 해당 물건의 전체 경매 정보

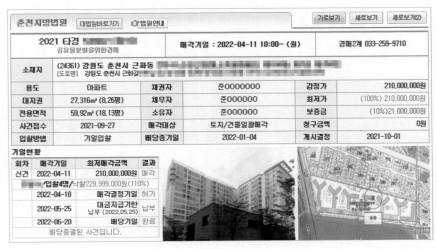

● 해당 물건의 배당 통보서

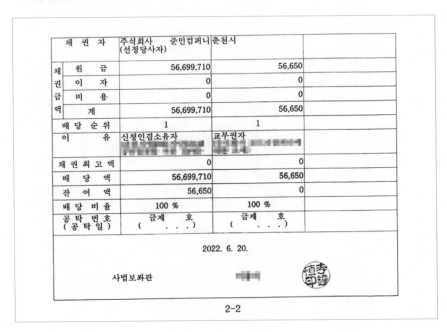

고 통장으로 입금을 받을 수도 있다. 아파트 지분 4분의 1을 3,720만 원에 낙찰받아서 약 8개월 만에 57,499,750원에 매도했다. 세전 2천만 원의 이익을 얻은 것이다.

기회는 남들이 보지 않는 곳에 있다

규제가 심할 때, 남들이 주저할 때, 규제 때문에 이제 법인으로 하는 부동산 투자는 끝났다고 한탄할 때 계속 움직여야 한다. 움직이는 사람만이 수익을 만들어낼 수 있다. 과도한 공포심 때문에 현재 가치보다 훨씬 많이 떨어진 물건들을 경·공매를 통해 더욱 저렴하게 낙찰받을 수 있는 시기가 왔다. 이럴 때일수록 남들과는 다르게 움직여야 기회를 잡는다.

case 2.

토지 지분 낙찰 후
5배로 매도해 수익

낙찰자 | 지분 경매·공매 마스터 2기(온라인), 실전반 18~22기 강민기

공유자가 무려 23명에 달하는 복잡한 물건

지분 경매·공매 마스터 온라인 2기 강민기 님의 실제 투자 사례다. 편의상
투자자를 G라 칭한다. 결론부터 말하면 해당 물건을 법인 명의로 361만 원에
낙찰받은 후 18개월 만에 1,500만 원에 매도해 5배 가까운 수익을 올렸다.
G는 짧은 투자 인생 중 가장 기억에 남을 만한 사례로 기억하고 있다. 경주
에 있는 임야로 감정가가 2,400만 원가량이지만 7번이나 유찰되어 최저가
가 280만 원까지 떨어졌다. 맹지인데다 지분 물건이며 공유자도 무려 23명
에 달해 누가 봐도 쓸모없는 토지로 보인다.

● 해당 물건의 경매 정보

토지 입찰할 때 주의해서 살펴볼 사항

임야, 전, 답, 과수원에 입찰할 때는 통상 손품은 열심히 팔지만 임장은 따로 가지 않는다. 가봤자 산이고 풀이고 밭이라 눈으로 보아도 어떤 상황인지 판단하기 어렵다. 자칫하면 길을 잃을 수도 있고 입찰하고자 하는 땅이 정확히 어디인지 헷갈리는 경우도 많다. 따라서 토지 경매나 공매에 입찰하기 위해 사전 조사를 할 때는 몇 가지 손품 절차가 필요하다.

첫째, 사진이나 항공사진 혹은 로드뷰 등을 통해 파악한다.

● 해당 물건의 네이버 로드뷰와 위성지도

출처: 네이버 위성지도(왼쪽), 네이버 로드뷰(오른쪽)

　유료 경매 사이트에 올라온 사진이나 자료, 네이버 지도 등을 통해 얻은 정보만으로 입찰하는 경우가 많다. 사진만으로 해당 물건을 파악해보자. 사진상으로 보았을 때는 분묘는 보이지 않고 일반적인 임야로 판단된다. 위성 사진으로 보아도 특별할 게 없는 긴 직사각형 모양의 토지다. 토지 아래쪽에 토목 공사를 한 흔적이 보이지만 공사가 위쪽까지 이어질 가능성은 없어 보인다.

　둘째, 등기부등본 등 서류를 통해 파악한다.

　공유자가 23명이니 정상적인 상황으로는 보이지 않는다. 이럴 때는 등기부등본을 상세히 살펴봐야 한다. 유료 경매 사이트에서 등기부등본을 확인해본 결과 예상대로 기획부동산에 속아 시세보다 몇 배 가격으로 23명이 각각 토지를 매입한 상황이었다. 2014년 9월 15일 법인이 토지를 매입한 다음 단기간 내에 불특정 다수에게 지분을 팔았다. 전형적인 기획부동산 사기 형태다. 안타깝게도 공유자 23명은 피해를 보았다고 판단된다. 기획부동산에 돈을 송금하고 등기사항전부증명서에 자신의 이름이 올라간 순간 더 이상 돌이킬 수 없다. 공유자 1명이 채무를 갚지 못해서 해당 지분만 경매로 나온 것이다.

기획부동산 말만 믿고 맹지에 투자하는 이유

도대체 길도 없고 시골 마을 야산에다 문화재보호법상 역사문화환경보존지역이라 개발하기도 어려운 땅을 23명이나 되는 이들이 왜 매입한 걸까? 시세보다 몇 배나 되는 가격으로 말이다. 이런 땅은 아무리 가격을 낮춰도 매도가 어렵다. 도로와 연결된 임야를 소유한 사람이 이곳까지 매입할 수도 있겠지만 그럴 가능성도 희박하다.

이 책을 읽는 독자나 일반인에게 당부하고 싶다. 좋은 땅이라는 말 한마디에 혹하지 말고 정확히 시세 파악을 해보고 현장에 가보거나 부동산을 조금이라도 아는 사람에게 물어봐서 어이없는 사기에 속아 넘어가는 일이 없기를 바란다. 토지이용계획확인원에 '추가기재' 사항으로 도시관리계획(재정비) 입안 중이라는 문구가 적혀 있는데 아마도 기획부동산에서 이걸 보여주며 곧 개발이 될 것이라고 현혹하지 않았을까 싶다.

● 해당 물건의 토지이용계획확인원

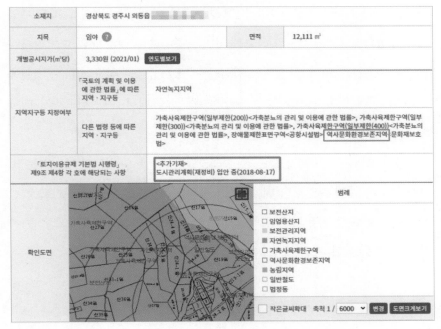

소재지	경상북도 경주시 외동읍 ░░░ ░ ░ ░░		
지목	임야 ②	면적	12,111 ㎡
개별공시지가(㎡당)	3,330원 (2021/01) [연도별보기]		
지역지구등 지정여부	「국토의 계획 및 이용에 관한 법률」에 따른 지역 · 지구등	자연녹지지역	
	다른 법령 등에 따른 지역 · 지구등	가축사육제한구역(일부제한(200))<가축분뇨의 관리 및 이용에 관한 법률>, 가축사육제한구역(일부제한(300))<가축분뇨의 관리 및 이용에 관한 법률>, 가축사육제한구역(일부제한(400))<가축분뇨의 관리 및 이용에 관한 법률>, 장애물제한표면구역<공항시설법>, 역사문화환경보존지역, 문화재보호법>	
「토지이용규제 기본법 시행령」 제9조 제4항 각 호에 해당되는 사항	<추가기재> 도시관리계획(재정비) 입안 중(2018-08-17)		

범례
- □ 보전산지
- □ 임업용산지
- ■ 보전관리지역
- ■ 자연녹지지역
- □ 가축사육제한구역
- □ 역사문화환경보존지역
- □ 농림지역
- □ 일반철도
- □ 법정동

□ 작은글씨확대 축척 1/ 6000 ▾ [변경] [도면크게보기]

출처: 토지이음

흥미로운 해당 토지 입찰 스토리

7회차 매각기일인 2019년 9월 16일이 되었다. 의외의 일이 벌어졌다. 예상과 달리 G가 2등으로 패찰한 것이다. 공유자도 많고 맹지에 개발이 어려운 곳이라 입찰가를 낮춘 것이 패착이었다. 그러나 정작 낙찰자는 잔금 납부 기한까지 잔금을 납부하지 않았다. 2019년 11월 18일로 재매각 기일이 잡혔다. 그런데 이번에도 2등으로 패찰을 했다. '한 물건에 두 번이나 패찰하다니….' G는 속이 부글부글 끓었다.

그때 집행관이 차순위 신고를 하겠느냐고 물었다. 앞서도 낙찰자가 포기했기 때문이다. 자동으로 그러겠다고 하곤 돌아와서 G는 괜히 오기를 부렸나 후회했다고 한다. 차순위 신고를 하면 보증금을 돌려주지 않고 낙찰자와 똑같이 영수증을 준다. 낙찰자가 잔금을 내면 보증금을 찾으러 다시 법원에 가야 할 텐데 괜히 가치도 없는 물건을 불필요하게 차순위 신고까지 했나 하는 후회도 들었다.

그것이 신의 한 수가 될 줄은 꿈에도 몰랐다. 한달 후 최고가 낙찰자는 또다시 잔금을 내지 않았고 경매계에서 연락이 왔다. 차순위 매각허가결정 전까지 조바심을 냈는데 다행히 낙찰자는 잔금을 납부하지 않았고 소유권 이전을 끝낼 수 있었다.

토지 지분 낙찰 후 공유자와의 협상 과정

잔금 납부 후에 바로 공유자 23명 전원에게 우편을 보냈다. 하지만 답신이 하나도 오지 않았다. 준비했던 대로 공유물분할청구 소송을 개시했다. 공유자가 많고 소장 송달이 단번에 되지 않는 경우가 많아 소송 비용(송달료)만 200여만 원이 들었다. 예상했던 것이라 개의치 않았다고 한다. 충분히 저렴한 가격에 낙찰받았으니 감내할 수 있는 비용이다. 오른쪽 그림을 보면 공유자 모두에게 송달하는 일만도 얼마나 복잡했는지 이해가 갈 것이다.

소장을 접수한 후 5개월 뒤 첫 변론기일이 잡혔다. 변론기일에 공유자 중 상당수가 출석했다. G는 그런 경험이 처음이라서 청심환까지 먹고 법정에 들어갔다. 경주법원은 협소해서 다른 사건 당사자들까지 포함해서 법정이 꽉 찼다. 판사가 이름을 부르자 원고석에 착석했다.

판사는 공유자가 많으므로 나오지 말고 제자리에 앉아 발언하라며 출석을 불렀다. 어림잡아 15명이 출석했다. 판사는 자칫 토지 전체가 경매로 넘어갈 수 있으므로 서로 협의를 잘하라고 권고했다. 간략히 재판이 끝나고 2차 변론기일이 잡혔다. 아니나 다를까 법정에서 나오자마자 공유자 15명이 몰려왔다. 공유자들에게 감정가 정도면 매도할 의사가 있음을 밝히고 명함을 나눠준 다음 법원을 나왔다. 1개월 후 2차 변론기일에는 공유자 예닐곱 명만 참석했다. 공유자들끼리도 의견이 분분해서 시간을 더 달라고 했지만 이

● **해당 물건 소장접수와 송달 내역**

2020.02.11	소장접수		
2020.02.13	피고1 감▒▒게 소장부본/소송안내서/답변서요약표 송달	2020.02.17 도달
2020.02.13	피고2 박▒▒게 소장부본/소송안내서/답변서요약표 송달	2020.02.17 도달
2020.02.13	피고3 박▒▒게 소장부본/소송안내서/답변서요약표 송달	2020.02.17 도달
2020.02.13	피고4 손▒▒게 소장부본/소송안내서/답변서요약표 송달	2020.02.18 도달
2020.02.13	피고5 이▒▒게 소장부본/소송안내서/답변서요약표 송달	2020.02.17 도달
2020.02.13	피고6 이▒▒게 소장부본/소송안내서/답변서요약표 송달	2020.02.19 도달
2020.02.13	피고7 이▒▒게 소장부본/소송안내서/답변서요약표 송달	2020.02.20 폐문부재
2020.02.13	피고8 이▒▒게 소장부본/소송안내서/답변서요약표 송달	2020.02.19 폐문부재
2020.02.13	피고9 이▒▒게 소장부본/소송안내서/답변서요약표 송달	2020.02.17 수취인불명
2020.02.13	피고10 조▒▒게 소장부본/소송안내서/답변서요약표 송달	2020.02.17 도달
2020.02.13	피고11 조▒▒게 소장부본/소송안내서/답변서요약표 송달	2020.02.17 도달
2020.02.13	피고12 조▒▒게 소장부본/소송안내서/답변서요약표 송달	2020.02.18 도달
2020.02.13	피고13 조▒▒게 소장부본/소송안내서/답변서요약표 송달	2020.02.17 이사불명
2020.02.13	피고14 조▒▒게 소장부본/소송안내서/답변서요약표 송달	2020.02.19 폐문부재
2020.02.13	피고15 조▒▒게 소장부본/소송안내서/답변서요약표 송달	2020.02.17 이사불명
2020.02.13	피고16 조▒▒게 소장부본/소송안내서/답변서요약표 송달	2020.02.19 도달
2020.02.13	피고17 최▒▒게 소장부본/소송안내서/답변서요약표 송달	2020.02.17 주소불명
2020.02.13	피고18 최▒▒게 소장부본/소송안내서/답변서요약표 송달	2020.02.17 수취인불명
2020.02.13	피고19 최▒▒게 소장부본/소송안내서/답변서요약표 송달	2020.02.19 폐문부재
2020.02.13	피고20 최▒▒게 소장부본/소송안내서/답변서요약표 송달	2020.02.19 폐문부재

출처: 대한민국 법원 전자소송

후 3차 변론기일까지도 합의점이 도출되지 못했다.

더 이상의 재판은 무의미하다고 판단한 판사는 변론을 종결하고 최종 판결을 하겠다고 선언했다. 3차 변론기일에 참석한 공유자 몇몇과 또 한 번 협의했지만 타결 없이 시간만 흘러갔다. 결국 판결문을 송달받은 공유자들은 그제야 연락을 해왔다. 처음에는 5명이 공동으로 1,500만 원에 매입하기를 희망한다고 했다. 매매계약까지는 빨리 진행됐지만 약속된 날짜에 돈이 들어오지 않았다. 매수자들끼리 또 의견이 맞지 않아 3개월이 흘렀다. 결국 1명이 매입하는 걸로 하고 다시 계약서를 작성한 후 매도를 완료했다.

● **해당 물건의 매매계약서**

시간은 걸리지만 반드시 수익을 내는 토지 지분 투자

공유자가 많다 보니 소송 시작 후 1년이 넘어서야 비로소 매도를 할 수 있었다. 그러나 그간 G가 한 일은 몇 차례 변론기일에 참석하고 공유자들과 전화로 협상한 것뿐이다. 결국 3,611,000원에 낙찰받은 토지 지분을 18개월 만에 1,500만 원에 매도했다. 법원에 자주 가보는 일은 흔치 않다. G는 경험도 쌓으면서 이익도 얻는 일거양득의 효과를 얻은 셈이다.

법인 토지 지분 경·공매의 핵심은 다음과 같다.

1. 누군가에게 꼭 필요한 물건을
2. 저렴하게 낙찰받은 후
3. 협의 또는 소송을 통해 매도한다.

요건에 맞춰 끈기를 갖고 협상하면 반드시 수익 실현을 할 수 있다. 게다가 법인의 경우 소송에 들어가는 비용 등을 전액 비용공제 할 수 있으므로 더욱 유리하다. 법인으로 토지 지분 투자를 하지 않을 이유가 없다.

case 3.
토지 지분 낙찰 후
5개월 만에 500만 원 수익

낙찰자 | 지분 경매·공매 마스터 2기(온라인), 실전반 18~22기 강민기

모두들 골치 아프다고 생각하는 분묘가 있는 토지

앞에서 소개한 마스터 온라인 2기 실전반 강민기 님의 사례로 여기서도 그를 G라 칭한다. 법인 명의로 관리가 잘된 분묘가 있는 토지를 낙찰받은 후 수익을 낸 경우다.

2021년 3월 11일 G는 경북 성주군의 토지 지분을 낙찰받았다. 3명의 경쟁자를 물리치고 낙찰받았고 2등과의 차이는 21,000원에 불과했다. 소액이다 보니 2등과의 격차가 매우 근소했다. 심지어 단 1천 원 차이로 낙찰에 성공하는 경우도 있다.

● 해당 물건의 경매 정보

대구지방법원 서부지원	대법원바로가기	법원안내		가로보기	세로보기	세로보기(2)
2020 타경 ████████	물번1 [배당종결] ▼		매각기일 : 2021-03-11 10:00~ (목)		경매4계 053-573-0505	

소재지	경상북도 성주군 용암면 ████ ████				
용도	묘지	채권자	준000000000	감정가	12,546,500원
지분토지	545.5㎡ (165.01평)	채무자	이00	최저가	(49%) 6,148,000원
건물면적		소유자	이0000	보증금	(10%)614,800원
제시외		매각대상	토지지분매각	청구금액	12,000,000원
입찰방법	기일입찰	배당종기일	2020-05-25	개시결정	2020-03-13

기일현황

회차	매각기일	최저매각금액	결과
신건	2021-01-14	12,546,500원	유찰
2차	2021-02-18	8,783,000원	유찰
3차	2021-03-11	6,148,000원	매각
(주)○○/입찰4명/낙찰8,301,000원(66%) 2등 입찰가 : 8,280,000원			
	2021-03-18	매각결정기일	허가
	2021-04-14	대금지급기한 납부 (2021.04.13)	납부
배당종결된 사건입니다.			

출처: 스피드옥션

해당 물건의 특이사항은 납골당으로 운영 중인 토지라는 점이다. 낙찰받은 토지 위에 가족 납골당이 있고 관리도 잘 되어 있었다. 현장에는 가보지 않았고 지도와 서류 검토 후 입찰했다.

지도와 서면으로 토지의 스토리를 파악하라

해당 필지의 지도를 보면 689-1번지 내에 정사각형 형태로 689번지가 있다. 위성지도로 확인하니 정사각형의 689번지는 가족 납골당이며 면적은 불과 30제곱미터다. 이 중 2분의 1 지분이 경매로 나왔기에 총 15제곱미터 토지를 낙찰받은 것이다.

● 해당 물건의 사진과와 위성지도

출처: 스피드옥션(왼쪽), 네이버 위성지도(오른쪽)

　　최소 분할 면적 조건인 60제곱미터 미만의 소규모 토지는 공유물분할청구 소송을 해도 현물분할이 불가하다. 즉 원고에게 유리한 상황이다. 만약 2개 필지가 아니라 689-1번지 단독 필지의 지분이었다면 응찰하지 않았을 것이다. 1개 필지일 경우 전체 면적이 넓어 현물분할이 가능하기 때문이다. 공유물분할청구 소송 진행 후 변론기일 전에 협의가 안 되었을 경우 판사 재량에 따라 현물분할 판결이 나올 수도 있으므로 투자자는 항상 보수적으로 생각하며 움직여야 한다.

　　등기부등본을 확인했더니 2001년에 공유자 2명이 해당 토지를 매입한 것으로 나왔다. 맹지에 개발 가능성도 없는데 왜 매입했을까? 선산 용도일 가능성이 90퍼센트 이상이다. 사진상으로 보아도 컨테이너를 놓고 제기 등을 보관하며 벌초가 잘 되어 있는 등 성심껏 관리하고 있음을 알 수 있다.

● 해당 물건의 등기부등본

【 갑 구 】		(소유권에 관한 사항)		
순위번호	등 기 목 적	접 수	등 기 원 인	권리자 및 기타사항
1 (전 3)	소유권이전	2001년10월17일 제12313호	2001년10월12일 매매	공유자 지분 2분의 1 ▓▓▓▓▓▓▓▓▓▓▓ 지분 2분의 1 ▓▓▓▓▓▓▓▓▓▓▓ 부동산등기법 제177조의 6 제1항의 규정에 의하여 2002년 07월 18일 전산이기
2	1번이규철지분가압류	2008년10월22일 제17811호	2008년10월22일 대구지방법원의 가압류	청구금액 금11,165,546 원 채권자 농업협동조합중앙회 ▓▓▓▓▓▓ ▓▓▓▓▓▓

선산으로 조상 묘를 모시다가 공유자 1명의 채무로 해당 지분이 경매에 나온 것이다. 특히 G가 낙찰받아 매입한 689번지의 경우 가족 납골당이 있고 현물분할도 되지 않을 가능성이 높으니 가족들은 이 토지를 잃어서는 안되는 상황이다.

공유자와 연락이 안 될 경우 대처 방법

낙찰받고 잔금을 납부한 다음 소유권이전등기를 마치자마자 공유자에게 내용증명을 보냈다. 하지만 송달이 되지 않았다. 등기사항전부증명서의 주소에 거주하지 않는 모양이었다. 결국 소송을 시작하는 수밖에 없다. 2021년 5월 7일 공유물분할청구 소송을 개시했다. 소송을 시작하면 법원의 힘으로 공유자 거주지로 소장을 송달할 수 있다.

소장을 받은 공유자(피고)의 대응은 크게 3가지다.

첫째, 원고에게 연락해서 협의한 다음 소를 취하한다.

둘째, 소장을 송달받은 후 30일 이내 법원에 답변서를 제출한다.

셋째, 원고에게 연락도 하지 않고 법원에 답변서도 제출하지 않고 변론기일에도 참석하지 않는다.

마지막 경우에는 원고가 승소해 재판이 종결됨으로써 공유자가 소송비용을 물어야 할 수도 있다.

공유자와의 협상에서는 역지사지의 마음으로

다행히 나머지 2분의 1을 소유한 공유자로부터 바로 연락이 왔다. 채무자의 아들인데 대체 무슨 일이냐는 것이다. 갑자기 소장이 날아왔으니 당황할 법도 하다. 차분히 자초지종을 설명했다. '다른 공유자의 지분이 경매로 나왔으며 해당 지분을 낙찰받았다, 협의 후 매도할 의향이 있다.' 상대방은 상의 후에 연락을 주기로 했다.

며칠 뒤 채무자의 사위로부터 연락이 왔다. 사연을 들어보니 구구절절했다. '장모님이 갑자기 돌아가셔서 딸인 아내가 슬퍼한다, 장인이 저지른 사고를 자신이 수습하고 싶은데 어느 정도면 협의하겠느냐?' 매우 협조적으로 나왔다. 어차피 협상 과정에서 조금 낮출 수도 있다는 전제로 감정가 정도에 매도를 원한다고 했더니 상대가 토도 달지 않고 받아들였다. 사위는 법인 대표로 경제적 여력이 있다고 했다. 결국 사위가 있는 경북 영천의 법무

● 해당 물건의 매매계약서

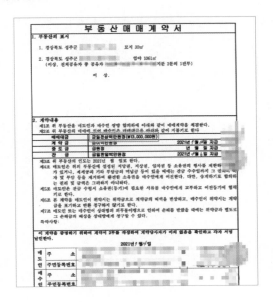

사 사무실에서 서류를 작성하고 해당 토지 지분을 매도했다. 낙찰 후 불과 5개월 만의 일이다.

지분을 경·공매를 통해 취득함으로써 매도 차익을 꾀할 때도 항상 상대방의 입장에서 생각하고 이해하는 마음을 가져야 한다. 지분으로 되어 있는 물건을 낙찰받아 수익을 높이겠다는 요량으로 상대에게 고압적으로 굴거나 불편하고 짜증나게 만들면 당연히 욕을 먹을 수밖에 없다. 상대 처지에서는 악의적으로 지분을 낙찰받아 선량한 자신을 등치려 한다고 생각할 수도 있다.

투자는 선의를 가지고 절차는 예의 바르게, 소통은 즐겁게 해야 한다. 원래 소유하던 이들이 경·공매 절차에 익숙하지 않거나 관련 정보에 어두워서 공유자우선매수청구권 등의 절차를 몰라 벌어진 상황이다. 알았다면 경매에 나온 해당 지분을 우선으로 낙찰받았을 것이다. 대신 낙찰받아서 적정한 가격에 돌려드린다는 마음으로 지분 경매를 즐긴다면 더욱 의미 있게 수익 실현을 하며 투자할 수 있을 것이다.

인천 빌라 지분 낙찰 후
2,500만 원 수익

낙찰자 | ㈜준민컴퍼니 유근용

경매 입찰가를 써내는 건 언제나 어렵다

2020년 1월 10일, 인천시 계양구 병방동의 물건 하나가 눈에 띄었다. 전용면적 17평 정도 되는 오래된 빌라의 지분으로 2회 유찰되어 매력적인 가격까지 내려와 있었다. 당시 아파트값이 계속 오르던 상황이라 사람들이 빌라로 눈을 돌리기 시작했다. 충분히 수익을 낼 수 있을 것 같아 바로 법인 명의로 입찰했다.

지분 물건인데다 오래된 빌라여서 경쟁은 적을 것으로 판단되었지만 마지막에 혹시나 하는 마음으로 300만 원을 더 올려 적었다. 그러나 아뿔싸!

● 해당 물건의 경매 정보

단독으로 낙찰되었다. 이럴 때는 항상 '최저가로 쓸걸.' 하는 아쉬움이 든다.
낙찰가는 4,679,000원으로 감정가 대비 76퍼센트였다.

빌라 지분 입찰 시 주의 깊게 보아야 할 것

왜 이 물건에 입찰했을까? 오래된 빌라에다 19세대의 소규모다. 예전에 지
은 빌라는 건축이 견고하지 못해 더 낙후되어 보인다. 주변 환경도 열악하

다. 단 하나, 주차 공간에 여유가 있다는 게 유일한 장점이었다. 주변 건물들 대부분이 노후되어 있고 곳곳에 우후죽순으로 신축 빌라가 건립되고 있었다. 취득한 물건은 4층이고 엘리베이터도 없다. 어르신이나 어린 자녀가 있는 가정은 당연히 1, 2층을 선호한다. 다시 말해 엘리베이터가 없는 빌라는 1, 2층이 로열층이라고 보면 된다.

오래된 건물에선 꼭대기 층에 문제가 발생할 확률이 높다. 임장에서 확인해보니 옥상에 누구나 출입할 수 있는데다 방수가 제대로 되어 있지 않았다. 누수나 방범 문제를 고려해야 한다. 입찰 전에는 집 내부까지 확인할 순 없지만 결로나 곰팡이가 있을 수밖에 없겠다는 판단이 들었다.

하지만 집 내부 상태는 크게 상관없었다. 설령 나머지 지분을 추가로 인수하게 되더라도 결로나 곰팡이가 없도록 인테리어를 제대로 하면 그만이다.

오래된 빌라, 그것도 지분을 취득한 데는 다 이유가 있었다. 바로 입지 때문이다. 해당 물건에 입찰한 이유는 크게 4가지다.

첫째, 초·중·고등학교가 모두 인근에 있다. 반경 300미터 이내에 모든 종류의 학교가 다 있었다. 아이 키우는 부모로서 이만큼 좋은 조건은 없다.

둘째, 인천 1호선 임학역과 박촌역까지 도보 이동 거리에 있다. 초역세권이라고는 할 수 없지만 2개 역 중간지점에 있어 양쪽 모두 도보로 이동할 수 있다. 마을버스도 수시로 운행한다. 인천 1호선으로 계양역까지 불과 2~3개 정거장이라 공항철도로 갈아타면 김포공항, 마곡, 여의도, 강남까지 빠르게 이동할 수 있다.

셋째, 계양IC 인근으로 자동차 이용이 편리하다. 계양IC를 통해 서울이나 다른 지역으로 이동이 원활하다는 것도 장점이다.

● 해당 물건의 지도

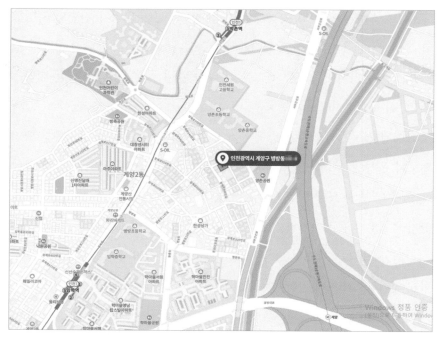

싸게만 살 수 있다면 수익을 남길 수 있다

장점이 많은 물건이 2회나 유찰되어 가격은 충분히 내려가 있다. 그러니 입찰하지 않을 이유가 없다. 시세보다 저렴하게 감정된 상태라서 매도 시점에는 더 올라갈 거라는 확신이 들었다.

낙찰 후 바로 해당 물건지로 찾아갔다. 벨을 눌렀는데 집에 공유자가 있었다. 얘기를 나누고 싶었으나 남편이 오면 연락하겠다고 해서 연락처를 남겼다. 하지만 2주가 넘도록 연락이 오지 않았다. 다시 한번 찾아가 쪽지를

일자	내용	결과
2020.03.03	소장접수	
2020.03.03	원고 주식회사 준민컴퍼니 소송대리허가신청 및 위임장 제출	
2020.03.07	원고 주식회사 준민컴퍼니 청구취지 및 청구원인 변경신청서 제출	
2020.03.09	피고 ▓▓▓에게 소장부본/소송안내서/답변서요약표/청구취지 및 청구원인변경신청서부본 송달	2020.03.11 도달
2020.04.09	원고 주식회사 준민컴퍼니 기일지정신청서 제출	
2020.04.10	참여관용 보정명령	
2020.04.12	원고 주식회사 준민컴퍼니 청구취지 및 청구원인 변경신청서 제출	
2020.04.12	원고 주식회사 준민컴퍼니에게 보정명령등본 송달	2020.04.12 도달
2020.04.12	원고 주식회사 준민컴퍼니에게 변론기일통지서 송달	2020.04.12 도달
2020.04.12	피고 ▓▓에게 변론기일통지서 송달	2020.04.16 도달
2020.04.14	원고 주식회사 준민컴퍼니 청구취지 및 청구원인 변경신청서 제출	
2020.04.14	원고 주식회사 준민컴퍼니 청구취지 및 청구원인 변경신청서 제출	
2020.04.14	참여관용 보정명령	
2020.04.14	원고 주식회사 준민컴퍼니에게 보정명령등본 송달	2020.04.14 도달
2020.04.14	피고 ▓▓에게 청구취지및원인변경신청(20.04.12.자)/청구취지및원인변경신청(20.04.14.자) 송달	2020.04.20 도달
2020.04.29	변론기일 (법정 406호 17:00)	속행
2020.04.29	피고 ▓▓에게 변론기일통지서 송달	2020.05.07 폐문부재
2020.05.04	피고 ▓▓에게 청구취지및원인변경신청(20.04.14.자) 송달	2020.05.08 폐문부재
2020.05.06	원고 주식회사 준민컴퍼니 청구취지 및 청구원인 변경신청서 제출	
2020.05.15	피고 ▓▓에게 변론기일통지서 발송	2020.05.18 송달간주
2020.05.15	피고 ▓▓에게 청구취지및원인변경신청(20.04.14.자) 발송	2020.05.18 송달간주

출처: 대한민국 법원 전자소송

붙이고 왔지만 역시나 연락이 없었다.

잔금 납부 전에 사건열람을 했는데 거기 채무자 연락처가 있었다. 바로 연락을 취해 자초지종을 알게 되었다. 해당 물건은 채무자인 남편과 아내가 반반씩 지분을 보유하고 있었다. 그런데 남편의 빚으로 지분이 경매로 넘어 갔고 그 때문에 이혼 직전인데다 남편은 그 집에 거주하고 있지도 않았다. 채무자에게는 돈이 없었고 문제를 해결하라는 아내의 압박에 시달릴 뿐 아 무것도 할 수 없던 상황이다.

사태 파악이 끝났으니 바로 공유물분할청구 소송 및 부당이득청구 소송 을 개시했다. 공유자인 아내가 계속 연락을 피하니 소송과 협상을 병행할 수밖에 없었다. 소장을 접수한 후 2~3주 정도가 지나서 공유자에게 송달되었을 텐데도 끝까지 묵묵부답이었다. 2개월 후 변론기일이 잡혔지만 법원에도 나오질 않았다. 안타깝지만 작성한 소장대로 판결이 내려졌다.

판결이 났는데도 계속해서 물건을 점유하면 공유자는 매달 내가 낙찰받은 나머지 지분에 대한 부당이득금(월세)을 내야 한다. 하지만 연락을 피하는 공유자가 순순히 입금해줄 리 만무했다. 결국 해당 채무를 근거로 공유자 지분도 경매에 넘기는 작업을 진행할 수밖에 없었다.

경매 와중에서 계속 평화적 협상을 지속하자

경매라는 극단적인 수단을 동원하기는 했으나 문제를 평화적으로 풀어가고자 노력했다. 공유자에게 꾸준히 연락했고 결국 연락이 닿았다. 하지만 공유자 역시 해결 방법이 없었다. 내 지분을 매입할 형편도 안 되고 자신의 지분을 팔고 이사를 나갈 수도 없다고 했다. 모든 것이 남편 탓이라는 말만 반복했다.

내 입장에서는 시간이 흘러도 크게 문제 될 것이 없다. 판결문을 받아 놓아서 매달 40만 원씩 부당이득금이 쌓이고 있었기 때문이다.

드라마 같은 나머지 지분의 경매 스토리

판결문을 받고 소송을 진행하는 데까지 시간이 꽤 걸렸다. 코로나 여파 때문이었다. 매각 물건은 느는데 팬데믹으로 법원이 폐쇄되는 일까지 있었다. 판사가 감염돼 변론기일이 미뤄지는 일도 허다했다. 통상 강제경매의 경우 5~8개월이면 개시되는데 해당 물건은 1년이 넘게 걸렸다. 하지만 기다림이 전혀 지루하지 않았다. 매달 40만 원씩 부당이득금이 쌓이고 있었다.

드디어 2021년 8월 30일로 매각기일이 잡혔다. 처음 2분의 1 지분을 낙찰받은 지 1년 6개월 만이다. 신건으로는 당연히 유찰되었고 2회차 최저 입찰가는 30,380,000원으로 책정되었다. 2차 매각기일 전에 공유자우선매수청구권을 사용했다. 서류 접수명세에 이 사항이 명시되면 다른 이들이 대부분 입찰을 안 하기 때문이다. 감정가 6,200만 원인 나머지 지분을 3,038만 원에 가져오기 위해 권리를 행사한 것이다.

그런데 정말 말도 안 되는 일이 벌어지고 말았다. 2차 매각기일을 착각해 법원에 가질 못한 것이다. 아무리 사전에 서류를 접수했어도 매각기일에는 법원에 가야 했는데 날짜를 착각한 것이다. 이런 낭패가 없다. 다행히 입찰자가 없었고 한 달 뒤로 다시 매각기일이 잡혔다. 하지만 공유자우선매수청구권은 단 1회만 행사할 수 있다. 결국 직접 입찰에 참여하는 수밖에 없다. 이번에는 경쟁해야 하니 3,038만 원보다는 훨씬 높은 가격을 써내야 한다.

설상가상 새로운 매각기일에 무려 10명이나 입찰을 했다. 낙찰가는 45,090,000원으로 감정가의 73퍼센트였다. 결국 새로운 낙찰자와 협의해서 우리가 가진 지분을 처리해야 하는 상황이 되고 말았다. 그런데 낙찰자

● 해당 물건의 나머지 지분의 경매 정보

출처: 스피드옥션

는 납부 최고 기한까지 잔금을 납부하지 않았다. 사건기록을 열람해 낙찰자에게 연락했더니 지분 물건은 대출이 안 나오는 줄 몰랐다고 했다. 낙찰자가 잔금을 미납했으니 다시 경매가 재개되었다.

3월에 열린 경매에 입찰자는 총 8명이었고 낙찰자는 47,890,000원에 낙찰받았다. 그런데 이번에도 잔금을 미납했다. 또다시 연락처를 찾아 전화했더니 '낙찰받고 바로 찾아가면 공유자가 매입해줄 줄 알고 응찰했다'는 답변이 돌아왔다. 1년여를 협의하려 노력했던 공유자로부터 단번에 합의를 끌어낼 거라 기대했다는 것이다. 결국 2번째 낙찰자도 잔금을 미납하고 입찰보증금만 날렸다.

또다시 잡힌 매각기일에는 6명이 입찰했고 낙찰 금액이 무려 6천만 원으로 올라갔다. 2등과 차이가 무려 1,300만 원이었다. 낙찰자와 통화했더니 다름 아닌 채무자의 장남이었다. 1차에서 낙찰받았다가 잔금을 미납한 사람이 컨설팅을 자처하며 장남에게 6천만 원을 적으라고 했다고 한다. 하지만 아들 역시 잔금을 미납했다. 그 돈을 만들 여력이 없었다. 정말이지 경·공매 시작하고 이런 경우는 처음이었다.

결국 2개월 후 다시 경매가 재개되었고 2022년 10월 7일에 최종 낙찰되었다. 입찰자는 4명이었는데 법인이 50,521,000원을 써서 낙찰받았다. 그리고 정상적으로 잔금 납부를 했다. 이제 해당 물건의 지분 절반은 우리가 그리고 나머지 지분 절반은 다른 법인이 소유하게 된 것이다.

지분 소유자끼리 협의하여 명도 후 매도

새로이 지분을 취득한 법인 대표와 몇 차례 전화 통화와 미팅을 거치면서 거주자 명도 후에 수리해서 매도하기로 의견일치를 보았다. 부당이득금 체납으로 채무자가 된 거주자는 낙찰자가 잔금을 납부하자마자 며칠 만에 이사를 나갔다. 그리고 나는 1개월 뒤 법원으로부터 40만 원씩 3년 치 가까이 쌓였던 배당금을 받았다. 1,300만 원 가량이었다.

집이 빈 뒤 내부를 살펴봤는데 정말 상태가 좋지 않았다. 방수도 제대로 되지 않아 결로와 곰팡이가 가득했다. 건축 후 단 한 번도 수리를 안한 모양이다. 예상하던 일이라 개의치 않았다. 인근 인테리어 업체 4~5개로부터 견적을 받은 후 최종적으로 한 곳을 결정해 바로 공사를 진행했다. 공사 기간은 2주 정도로 더 이

출처: 대한민국 법원 전자소송

상 곰팡이는 찾아볼 수 없을 정도로 완벽하게 수리했다. 입주 청소까지 끝낸 뒤 바로 중개업소에 물건을 내놓았다.

애초 제안한 매매가는 1억 5천만 원이었지만 1,500만 원 정도는 낮출 요량이었다. 1억 3,500만 원을 받으면 절반인 6,750만 원이 우리 몫이다. 2020년 1월에 4,679,000원에 낙찰받았으니 시간이 오래 걸리기는 했지만 20,721,000원 세전 수익이 발생한 셈이다. 여기에 부당이득금도 1,300만 원가량 받았다. 취등록세와 인테리어 비용을 나머지 법인과 나눠 결산하더라도 2,500만 원 이상 수익 실현을 한 셈이다. 소송 비용과 인테리어에 들어간 돈은 모두 법인세 비용공제를 받을 수 있으므로 법인 투자의 이점은 더욱 커진다.

● 해당 물건의 공사 전 내부 사진

● 해당 물건의 공사 후 내부 사진

주거용 부동산 지분 투자 겁낼 필요가 없다

주거용 지분 물건은 토지보다 훨씬 이른 시일 내에 수익 실현을 할 수 있다. 땅은 없어도 무방하지만 집은 누군가에게 꼭 필요하다. 협상하는 시간이 오래 걸려도 공유자가 거주하고 있을 경우 부당이득금이 쌓이기 때문에 기다리는 시간이 전혀 지루하지 않다. 남들은 어렵고 번거롭고 소송해야 한다고 피하는 물건을 낙찰받아 나만의 무기로 만든다면, 안정적으로 수익 실현이 가능하다.

춘천 아파트 지분 낙찰 후
1억 2천만 원 수익

낙찰자 | ㈜준민컴퍼니 유근용

주거용 부동산 지분을 법인으로 공동 투자

춘천 석사동 물건은 2020년 10월 5일 춘천지방법원에서 근화동에 있는 지분 아파트와 함께 낙찰받았다. 2분의 1지분인데 이제 막 법인에 대한 규제가 시작된 상황에서 아무도 입찰하지 않아 단독으로 낙찰받았다. 해당 물건은 발품불패 실전반 수강생 포함 총 4명이 법인 명의로 입찰했다. 돈과 경험이 적다면 법인을 통한 공동 투자를 적극 권하는 편이다.

괜찮아 보이는 물건은 내가 돈을 모을 때까지 기다려 주지 않는다. 수중에 3천만 원이 있다면 하나의 물건에 전액 투자하기보다 공동 투자로 1천만

● 해당 물건의 경매 정보

출처: 스피드옥션

원씩 3개 물건에 투자하는 것이 더 빠르게 경험과 노하우를 쌓는 비결이라고 생각한다.

채무자가 적극적으로 나올 때의 대처 방법

해당 물건을 낙찰받고 경매 법정을 나오는데 낯선 분이 말을 걸어왔다. "저… 제가 이 물건 채무자인데요. 이야기 좀 나눌 수 있을까요?" 채무자가 직접 법원을 찾은 것이다. 법원 밖에서 커피를 마시며 대화를 나눴다. 대화는 2~30분 동안 이어졌는데 해당 물건에 대한 역사를 들을 수 있었다.

　채무자가 지인에게 돈을 빌렸는데 갚지 못했고 공동명의로 되어 있어 본인 지분만 경매가 된 상태였다. 다른 명의자인 아내는 이 사실을 모르고 있었다. 법원에서 오는 서류 일체를 회사로 받게 해두었기 때문이다. 갓난아이도 있으니 어떻게든 해결하겠다고 했다.

이야기를 들어보니 채무자에게는 해당 지분이 꼭 필요한 상황이었다. 조금만 시간을 주면 돈을 마련할 수 있다고 했다. 낙찰 잔금 납부 전까지 해결할 수 있으니 기다려달라고 간곡히 부탁했다. 그대로만 된다면 수익 실현이 더 빨라진다. 현장에서 채무자와 약정서를 쓰고 기다리기로 했다.

그런데 약정한 기한이 지나고 낙찰금 납부 최고 기한도 얼마 남지 않았는데도 입금이 되지 않았다. 채무자와 통화는 되었지만 기다려 달라는 말만 반복할 뿐 더 이상의 진척이 없었다. 결국 공동 투자자들과 함께 잔금을 납부할 수밖에 없었다. 채무자는 여전히 금방 돈을 마련해서 지분을 다시 매입하겠다고 약속했다. 안정적인 직업 종사자로 신청한 대출금이 곧 나온다고도 했다. 채무자의 말만 믿고 법무사와 계약 일자까지 잡았지만 역시나 약속은 이행되지 않았다. 더 이상 채무자의 말은 믿을 수 없는 상황이 되어버렸다. 다른 3명의 투자자에게도 채무자의 말을 그대로 전했는데 모든 게 공수표가 되어버려 미안할 따름이었다. 말보다 행동이 필요한 순간이 왔다.

● **채무자와 작성한 약정서**

협상과 소송은 언제나 동시에 진행할 것

공유물분할청구 소송과 부당이득청구 소송을 개시했다. 나는 수강생들에게 입버릇처럼 말한다. '언제나 협상과 소송은 동시 진행하라!' 처음에는 호의적이고 적극적이던 채무자나 임차인이 갑자기 말을 바꾸고 연락을 끊거나 잠적하는 일은 경·공매 과정에서 비일비재하다. 낭패를 본 경험이 없는 사람은 상대방 말만 믿고 손 놓고 있다가 뒤통수를 맞기 십상이다. 공유물분할청구 소송과 부당이득청구 소송은 별개의 소송 같지만 하나로 접수할 수 있다. 해당 물건에는 채무자와 아내가 거주하는데 그 중 지분 2분의 1을 낙찰받았으므로 해당 지분 점유에 대한 부당이득금(월세)을 청구할 수 있다. 소장 접수 후 2~3개월 지나자 첫 변론기일이 잡혔다. 공유자인 아내가 참석할 줄 알았는데 나오지 않았다. 원고가 소를 제기했는데 피고가 참석하지 않으면 통상 원고가 작성한 소장대로 판결이 나게 된다. 판사의 성향에 따라 한 번 더 변론기일을 잡기도 하지만 대부분은 그대로 판결이 난다.

허무하게 재판을 마치고 밖으로 나서려는데 채무자가 법정 뒤에 앉아 있었다. 법원 밖으로 나오면서 다시 하소연했다. 정말 돈이 생기니까 조금만 기다려 달라는 것이다. 단호하게 말하는 수밖에 없다. "얼마든지 기다려 드릴 수 있습니다. 하지만 절차는 진행해야 합니다. 그동안 계속 기다렸는데도 약속을 이행하지 않으셨습니다. 매도만 할 수 있다면 소는 언제든 취하할 수 있습니다." 하지만 역시나 약속은 지켜지지 않았다.

공유자가 부당이득금을 지급하지 않으면 어쩔 수 없이 상대방 지분을 경매에 넘겨야 한다. 강제경매를 신청했고 신청 후 7개월 정도면 나머지 2분

● 해당 물건의 전자소송 과정

의 1 지분까지 경매가 나오게 될 상황이다. 원만하게 해결하는 것을 선호하지 거주하는 다른 공유자의 지분까지 경매로 넘겨 이득을 취하는 것은 내키지 않는다. 하지만 채무자의 신뢰도는 이미 바닥까지 떨어진 상태다. 공유자와 상의하려고 연락을 시도해도 채무자가 중간에서 모두 차단하는 상황으로 대책이 없었다.

지분 소유자로서 공유자우선매수청구권 활용

시간이 흘러 공유자 지분의 매각기일이 잡혔다. 그 사이 춘천에 투자자가 몰려들면서 시장이 활황을 이루기 시작했다. 시세가 가파르게 상승하고 있었다. 해당 물건은 이미 1회 유찰된 상태라 분명 입찰자가 많으리라 판단했다. 더 이상 유찰을 기다리기에도 무리가 있고 해당 물건에 눈독 들이는 예

● 해당 물건의 경매 정보

출처: 스피드옥션

비 입찰자들을 차단하기 위해 공유자우선매수청구권을 사용했다. 공동 투자한 3명도 함께 청구했다. 경매 경험이 조금이라도 있다면 이런 경우 입찰을 하지 않을 텐데 입찰 당일이 되니 조금 황당한 일이 벌어졌다.

1회 유찰로 최저가가 117,950,000원이었는데 여기서 무려 2,100만 원이나 올려 쓴 입찰자가 나온 것이다. 결국 어쩔 수 없이 낙찰가 138,090,000원에 울며 겨자 먹기로 공유자우선매수청구권을 행사할 수밖에 없다. 최저가에 가져올 수 있는데 단 한 사람 때문에 엄청난 추가 지출을 하게 됐다. 법원을 나가면서 해당 입찰자와 얘기를 나눠봤더니 생전 처음 경매에 참여했다고 한다. 우연히 경매정보지를 보다가 가격이 너무 저렴해 입찰했다는 것이다. 공유자우선매수청구권이 무엇인지조차 몰랐다. 경매를 모르는 용감한 분 덕택에 추가 지출을 해야 하니 씁쓸했다.

인도명령과 강제집행 진행 후 매도

낙찰받고 잔금을 납부한 후에 인도명령 및 강제집행을 신청했다. 채무자였던 남편은 이번에도 끝까지 곧 돈이 생길 테니 강제집행만은 하지 말아 달라고 부탁했다. 이제 더 이상 믿을 수가 없다. 2년 가까이 기다렸어도 해결되지 않았다. 양가 부모에게 돈을 빌려서라도 집을 다시 매입하겠다고 했으나 그 약속도 수포가 되었다. 강제집행 전 1차 계고가 나간 뒤에야 채무자는 모든 상황을 수긍했다. 결국 거주자들은 이사를 나가기로 했다. 이사 날짜를 약속받고 이삿짐센터와 계약한 영수증까지 받았다. 당일이 되자 이사는 문제없이 진행되었고 오전 중으로 짐이 모두 빠졌다.

명도가 끝나자마자 바로 주변 부동산에 물건을 내놓았다. 춘천 아파트값이 계속 오르던 시기여서 곧바로 계약되었다. 2022년 6월 계약했고 매매 대금은 3억 8,700만 원이었다.

채무자인 남편의 2분의 1 지분을 122,990,000원에 낙찰받았고 나머지 지분을 138,090,000원에 낙찰받았다. 낙찰 후 3억 8,700만 원에 매도해 수익을 실현한 것이다.

취득세 중과 요건이나 법인 종부세 등으로 생각보다 수익은 크지 않았다. 게다가 도중에 경매 초보로 인해 예상치도 못한 금액이 지출되기도 했다. 하지만 법인 규제로 인해서 모두가 움츠러들어 행동하지 않을 때 적극적으로 움직여 수익을 낸 사례라서 더욱 기억에 남는다. 행동하지 않으면 아무 일도 일어나지 않는다. 모두가 끝났다고 생각할 때 움직여야 한다.

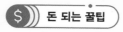

1인 법인으로 부동산 지분 낙찰 시 유리한 점

법인 투자의 장점이 없어졌다는 말은 믿지 마라

2020년 7월 기점으로 법인 투자가 상당히 위축되었다. 정부의 법인 규제책이 매우 강력해서 항간에는 '이제 법인 투자는 끝났다!' 하는 한탄까지 나올 정도였다. 주택과 토지에 대한 추가 과세인 법인추가세 20퍼센트로 인상(기존 10퍼센트), 종합부동산세를 세율 최고 세율인 6퍼센트로 인상, 법인이 주택을 취득할 때 납부하는 취득세를 12퍼센트로 인상, 법인으로 주택을 매입할 때 대출 불가 조건 등 4가지나 되었다. 세금 부담이 높아지니 기존 법인 투자자 상당수는 투자에서 손을 털기도 했다.

하지만 악조건 속에서도 법인은 절대 버릴 수 없는 카드다. 여전히 매력적이고 충분히 수익을 낼 수 있기 때문이다. 특히 법인으로 부동산 지분을 경·공매로 낙찰받을 때 유리한 점이 확연히 많다.

법인 부동산 지분 투자가 매력적인 이유 3가지

첫째, 법인으로 취득한 주택은 기존 개인 보유 주택 수에 합산되지 않는다.

기존 주택 소유자이거나 일시적 1가구 2주택이 된 경우 추가로 주거용 부동산에 투자하고 싶어도 개인으로는 여의찮다. 그럴 때 법인으로 부동산을 취득하면 기존 보유 주택 수와 관계없이 투자할 수 있다. 물론 여전히 세금 문제는 남는다. 하지만 주택 전체가 아니라 지분에 투자할 경우 투자 금액이 줄어들기 때문에 취득세 등 초기 비용을 지출하는 데 따르는 부담도 상대적으로 적은 편이다.

둘째, 소액으로도 얼마든지 투자할 수 있다.

지분 투자의 매력은 소액이라는 점이다. 1억 원짜리 물건도 10분의 1 지분을 취득하면 1천만 원에 불과하다. 2~3회 유찰되면 500만 원 정도로도 바로 투자를 시작할 수 있다. 기존 주택 수에 포함되지 않으면서 소액으로 투자 가능한 방법은 '법인 투자+지분 투자'가 유일하다. 앞으로는 '나는 돈이 없어서 투자 못한다'는 핑계는 대면 안 된다. 특히 토지의 경우는 어떠한가? 지금 전국 지분 물건 검색 후 '최저 입찰가' 순으로 나열해보라. 심지어 몇천 원이나 몇만 원 물건도 수두룩하다. 주거용 지분의 경우 수십만 원부터 500만 원 이하 물건도 꾸준히 나온다.

셋째, 법인으로 지분을 취득하면 협상력에서 우위를 점할 수 있다.

개인으로 낙찰받거나 법인으로 낙찰받더라도 본인이 대표라는 사실을 밝히고 협상을 진행하면 진척이 별로 없는 경우가 종종 있다. 공유자나 이해관계자들은 낙찰자를 원수처럼 생각하기도 한다. 하지만 법인으로 낙찰받고 자신을 법인 직원이라고 소개한다면 좀 더 부드럽게 상황을 이끌어갈 수 있다. '나는 일개 직원이지만 당신의 이야기를 경청하고 이해하고 공감하고 있다. 회사로 돌아가 대표에게 보고한 뒤 최대한 협의를 이끌어 보겠다. 하지만 안 될 수도 있으니 너무 큰 기대는 하지 말아달라.' 이렇듯 제삼자 화법으로 껄끄러운 관계를 부드럽게 만들 수 있다.

법인으로 경매 공매 지분 투자하면 좋은 점

- 법인 취득 주택은 기존 주택 수에 포함되지 않음
- 주택 지분 투자의 경우 초기 투자금이 적음
- 토지 지분 투자는 더 적은 금액으로도 가능함
- 법인의 지위를 활용해 협상에서 우위를 점할 수 있음
- 법인 직원이 되어 제삼자 화법으로 협상을 유도할 수 있음
- 소송 비용과 인테리어 등의 법인 비용공제가 가능함

제8장

부동산 1인 법인으로
오피스텔, 상가, 지식산업센터 투자하기

부동산 투자는 세금과의 전쟁이라고 해도 과언이 아니다.
합법적인 방법으로 세금을 줄일 수 있는 길을 끊임없이 연구하고 활용해서
수익을 극대화하는 것이 꼭 필요하다.

평촌 대장 오피스텔 경매 투자로 얻은 값진 교훈

낙찰자 | 지분 경매 · 공매 마스터 16기(온라인), 실전반 23, 24기 박소정(법인 낙찰)

누구라도 갖고 싶어 하는 최고의 오피스텔

앞서도 소개한 바 있는 실전반 수강생 박소정 님의 경험담이다. 여기서도 해당 수강생을 P라 지칭하겠다. P는 2022년 3월 22일 수원지방법원 안양 지원에서 주거용 오피스텔 하나를 낙찰받았다. 최고의 입지를 자랑하는 누구라도 갖고 싶어 하는 물건이다.

  평촌은 1기 신도시에 속해 균형 있게 개발되었고 명문 학원가 등이 있어 많은 이들이 선호한다. 해당 물건은 관리도 잘 되어 있고 평촌 랜드마크라 할 만한 오피스텔로 수요가 끊이지 않는 곳이다.

● 해당 물건의 경매 정보

수원지방법원 안양지원	대법원바로가기	법원안내			가로보기	세로보기	세로보기(2)

2021 타경 ████ ████		매각기일 : 2022-03-22 10:30~ (화)			경매1계 031) 8086-1281		
소재지	(14067) 경기도 안양시 동안구 관양동 ████████████████ [도로명] 경기도 안양시 동안구 시민대로 ██████████						
용도	오피스텔(주거)	채권자	한0000		감정가		654,000,000원
대지권	12.22㎡ (3.7평)	채무자	이00		최저가		(80%) 523,200,000원
전용면적	83.38㎡ (25.22평)	소유자	이00		보증금		(10%)52,320,000원
사건접수	2021-09-23	매각대상	토지/건물일괄매각		청구금액		385,000,000원
입찰방법	기일입찰	배당종기일	2021-12-14		개시결정		2021-09-27

기일현황

회차	매각기일	최저매각금액	결과
신건	2022-02-22	654,000,000원	유찰
2차	2022-03-22	523,200,000원	매각
████	/입찰13명/낙찰671,888,800원(103%)		
	2등 입찰가 : 618,880,000원		
	2022-03-29	매각결정기일	허가
	2022-05-04	대금지급기한 납부 (2022.04.22)	납부
	2022-05-31	배당기일	완료
	배당종결된 사건입니다.		

감정평가현황 ▶ 정민감정 , 가격시점 : 2021-10-08   감정평가서

출처: 스피드옥션

아파트와 마찬가지로 오피스텔도 간단한 손품으로 거래가와 입지 등 여러 정보를 비교적 손쉽게 알 수 있다. 네이버 부동산에 나와 있는 매물 현황만 봐도 실거래가나 적정 거래가를 확인할 수 있다. 경매에 입찰하기 전 1차로 손품을 팔고 현지 중개업소와 통화하고 직접 현장에 가서 눈으로 직접 확인하는 몇 가지 과정이 필요하다.

평촌의 랜드마크인 아크로타워오피스텔은 2007년 준공된 1,080세대 규모의 대단지 주상복합 단지다. 경매로 나온 83.38제곱미터(25.22평) 타입은 방 3개, 화장실 2개로 선호도 높은 평형대다. 당연히 전·월세 거래도 활발해 회전이 잘 된다.

● **해당 물건의 지도**

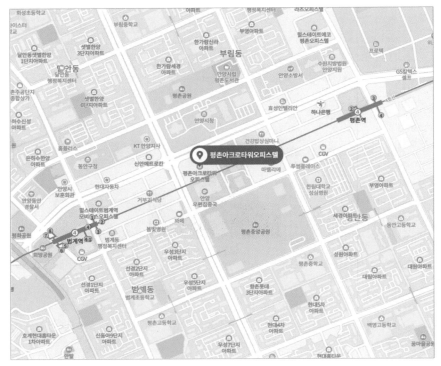

출처: 네이버 지도

경매에서 조심해야 할 승자의 저주

지도에서 보듯 해당 물건의 입지는 평촌에서도 가장 좋다고 할 수 있다. 평촌역 2번 출구와 500미터, 범계역 2번 출구와 300미터 거리다. 120미터만 가면 평촌중앙공원이 있고 종합병원인 한림대학교 성심병원도 300미터 내에 있다. 평촌 하면 학원가를 떠올릴 텐데 그곳도 도보로 이용할 수 있으며 백화점과 대형마트도 차량으로 근접 이용할 수 있는 입지다. P는 다방면으로 물건 분석을 마친 다음, 입찰에 임했다. 해당 물건의 감정가는 6억 5,400만 원인데 1회 유찰로 최저가는 5억 2,320만 원까지 떨어진 상태였다. 당시만 해도 부동산 가격이 계속 올라가고 있었고 시중에는 7억 원 이하로 매물이 없었기에 입찰가를 과감하게 적어야겠다고 판단했다. 총 13명이 입찰했는데 P는 6억 7천 1,888,800원에 해당 물건을 낙찰받았다. 이전에는 일반 매매를 이용한 갭투자 위주로 매매하다가 처음으로 경매 낙찰을 받은 터라 더욱 기억에 남는다고 한다.

그런데 여기서 아쉬움이 남는다. 시중 거래가를 고려해 자신감을 품은 나머지 금액을 너무 과감하게 써넣은 것이다. 2등과 무려 6천만 원 정도 차이가 났다. 물론 당시는 크게 개의치 않았다. 바로 매도할 작정이 아니라 수리 후 임대해 최소 2년 이상은 보유하겠다는 계획이었기 때문에 비싸다고 생각하지 않았다.

물 흐르듯 진행된 낙찰, 수리, 임대의 전 과정

해당 물건 명도에는 전혀 불편함이 없었다. 전세권자가 경매를 신청했고 집은 이미 비어 있었다. 전세금을 전액 배당받게 된 세입자는 모든 과정에 매우 호의적이었다. 심지어 낙찰받을 때는 소유자 겸 채무자가 현장에서 축하하며 현관 비밀번호까지 알려주었다.

대출은 낙찰가의 90퍼센트까지 받았다. 일반 경락대출이 아니라 신탁대

● 해당 물건의 내부 모습과 전경

출로 6억 원을 충당했다. 낙찰 한 달 뒤 바로 잔금을 치를 수 있었다. 집이 이미 비어 있고 명도도 끝났기에 잔금도 치르기 전에 해당 물건의 임대를 부동산에 의뢰했다. 모든 것이 다 일사천리로 진행되었다. 다만 약간의 시설 정비가 필요해서 바로 진행했다.

아파트로 치면 33평 코너 물건이라서 거실, 큰방, 작은방 모두 사방으로 트여 있다. 로열동에 12층 로열층이고 주차, 편의시설이 훌륭했는데 깔끔한 인테리어까지 완비해서 화룡점정을 찍었다. 두루 견적을 알아보다가 합리적인 업체를 만나서 1천만 원 정도의 금액으로 요즘 트렌드에 맞는 수리를 할 수 있었고 공사 기간도 10일밖에 소요되지 않았다. P가 다양한 투자 경험을 통해 노하우를 쌓았기에 가능한 일이었다.

신탁대출 이자 부담을 덜기 위해 세입자는 월세로 들였다. 환상적인 조건에 내부까지 완벽해 세입자는 쉽게 구해졌다. 공사 중이던 2022년 5월 16일 계약서를 작성한 뒤 4일 만에 입주가 끝났다. 임대료는 보증금 2천만 원에 월세 190만 원(부가세 별도)으로 해당 오피스텔에서 역대 가장 높은 금액으로 책정되었다.

어떤 상황이든 초기 투자금을 절약하는 것이 중요하다

아쉽게도 이후로 부동산 시장은 고점을 찍고 하락을 시작했다. 현실은 어디까지나 현실이다. 언제까지나 활황만 이어질 것이라고 낙관하는 것은 매우 위험하다. 해당 물건이 속한 오피스텔은 7억 2천만 원 전후의 실거래가를 찍고 간간이 거래되다가 이후로는 거래가 없다. 간혹 6억 5천만 원대에도 매물이 올라온다. 입찰했을 때 2등보다 약간만 높은 가격으로 낙찰받았다면 여전히 매매가보다 낮았을 것이다.

그래도 P는 후회하지 않는다고 말한다. 다행히도 월세는 밀리지 않고 잘 들어오고 있고 경매를 통해 할 수 있는 모든 투자의 사이클을 다 경험한 셈이기에 좋은 교훈을 얻었다고 생각한다. 산이 높으면 골도 깊다. 좋은 입지의 부동산은 오를 때도 가파르게 오르고 떨어질 때도 큰 폭으로 떨어진다. P는 그 한복판에서 제대로 투자의 맛을 보고 있다.

해당 물건 투자가 수익을 창출하고 마무리될지 결국 손해를 보고 매도하게 될지는 매도 시점에 판가름 날 것이다. 그러나 한 번의 낙찰을 통해 정말 많은 경험치를 획득할 수 있었으므로 일반 매매만 하던 과거보다 훨씬 더 큰 성장을 이룰 것임은 분명하다.

급매 사서 차익 낸
인덕원 지식산업센터 투자

낙찰자 | 지분 경매·공매 마스터 17기 주식회사 컴앤플렉스 박성찬

수익형 부동산은 안전마진 확보가 중요하다

2019년부터 2020년까지 정부의 주택 규제가 연이어 발표되면서 투자자의 현금이 대거 상가나 지식산업센터(지산)로 이동하는 흐름이 생겨났다. 규제를 피해 대출 면에서도 자유로운 상가와 지산으로 자연스럽게 옮겨갔던 것이다.

수익형 부동산은 월세에서 대출 이자를 제하고 남은 금액으로 수익률을 산정한다. 또한 해당 수익률로 건물 가치를 역산할 수 있다. 경·공매나 급매를 통해 저렴하게 취득할 수만 있다면 안전마진을 확보하고 시작하는 셈

● 해당 부동산 관련 경매 내역

선택	사건번호 물건번호 담당계	소재지	용도	감정가 최저가	매각기일 [입찰인원]	결과 유찰수 %	조회수
☐	2021-238 경매3계	경기도 안양시 동안구 관양동 810 금강펜테리 움아이티타워 ■■■ ■■■ [토지 11.7평] [건물 46.6평] [임금채권]	아파트형공 장	718,000,000 718,000,000 매각 921,000,000	2021-09-07 [입찰19명] ■■■	배당종결 (100%) (128%)	358
☐	2020-2190 경매1계	경기도 안양시 동안구 관양동 810 금강펜테리 움아이티타워 ■■■ ■■■ [토지 11.1평] [건물 44.3평]	아파트형공 장	460,000,000 460,000,000 매각 475,100,000	2021-02-23 [입찰1명] ■■■	배당종결 (100%) (103%)	249
☐	2020- 101356 경매3계	경기도 안양시 동안구 관양동 810 금강펜테리 움아이티타워 ■■■ ■■■ [토지 10.5평] [건물 42평]	아파트형공 장	584,000,000 584,000,000 매각 651,500,000	2020-12-08 [입찰12명] ■■■	배당종결 (100%) (112%)	242
☐	2019- 100753 경매2계	경기도 안양시 동안구 관양동 810 금강펜테리 움아이티타워 ■■■ ■■■ [토지 5.7평] [건물 22.9평] [관련사건]	아파트형공 장	329,000,000 263,200,000	2020-05-12	취하 1회 80%	668
☐	2018-4001 경매4계	경기도 안양시 동안구 관양동 810 금강펜테리 움아이티타워 ■■■ ■■■ [토지 8.2평] [건물 32.9평] [위반건축물,공동담보]	아파트형공 장	480,000,000 384,000,000	2019-12-17	취하 1회 80%	316
☐	2018-4001 물번[2] 경매4계	경기도 안양시 동안구 관양동 810 금강펜테리 움아이티타워 ■■■ ■■■ [토지 15.9평] [건물 63.6평] [위반건축물,공동담보]	아파트형공 장	900,000,000 720,000,000	2019-12-17	취하 1회 80%	153
☐	2015- 101833 경매3계	경기도 안양시 동안구 관양동 810 금강펜테리 움아이티타워 비동 ■■■ ■■■ [토지 10.5평] [건물 42.2평] [임금채권]	아파트형공 장	357,000,000 285,600,000 매각 347,330,000	2016-11-01 [입찰7명] ■■■	배당종결 (80%) (97%)	418
☐	2015-5300 경매2계	경기도 안양시 동안구 관양동 810 금강펜테리 움아이티타워 ■■■ ■■■ [토지 25평] [건물 99.9평] [임금채권,공동담보]	아파트형공 장	1,120,000,000 896,000,000 매각 1,075,860,000	2015-12-01 [입찰5명] ■■■	배당종결 (80%) (96%)	233
☐	2015-1407 경매2계	경기도 안양시 동안구 관양동 810 금강펜테리 움아이티타워 ■■■ ■■■ [토지 5.6평] [건물 22.4평] [임금채권]	아파트형공 장	250,000,000 250,000,000 매각 265,100,000	2015-10-27 [입찰2명] ■■■	배당종결 (100%) (106%)	148
☐	2015-1407 물번[2] 경매2계	경기도 안양시 동안구 관양동 810 금강펜테리 움아이티타워 ■■■ ■■■ [토지 5.4평] [건물 21.5평] [임금채권]	아파트형공 장	240,000,000 240,000,000 매각 240,000,000	2015-10-27 [입찰1명] ■■■	배당종결 (100%) (100%)	53
☐	2015-1407 물번[3] 경매2계	경기도 안양시 동안구 관양동 810 금강펜테리 움아이티타워 ■■■ ■■■ [토지 5.4평] [건물 21.5평] [임금채권]	아파트형공 장	240,000,000 240,000,000 매각 240,000,000	2015-10-27 [입찰1명] ■■■	배당종결 (100%) (100%)	51

출처: 스피드옥션

이다. 이후부터는 시간의 흐름을 믿고 기다리면서 시세차익을 누리기면 된다.

경·공매 마스터 17기 박성찬 님의 사례다. 편의상 C라 칭한다. C는 2019년 10월 인덕원 지식산업센터 중 대장이라 할 수 있는 금강 펜테리움을 조사하게 되었다. 최근 신축하는 금강 브랜드의 건물은 IX타워라는 이름으로 1급 건축물로 꼽는다. 서울 구로 가산이나 성남의 국가 산업단지와 달리 민간 산업단지는 입주 업종의 제한이 없고 임대차 계약도 소유주 편의대로 할

● 해당 부동산과 유사한 물건의 경매 정보

출처: 스피드옥션

수 있는 게 장점이다. 인덕원 지역은 2011년 분양 건물이 다수이고 이후 평당 시세가 약 150만 원 정도 상승한 상태였다. 경매의 경우도 왼쪽 페이지의 목록에서 보듯이 거의 감정가 100퍼센트에 근접하거나 그 이상으로 낙찰되었다. 심지어 과도한 금액을 적어내서 낙찰 후에 포기하는 현상이 다수 발생했다. 경매가 과열되었다는 게 명백하므로 그 외의 방편을 통해서 안전마진을 확보해야 했다.

관찰 끝에 경매보다 싸게 나온 급매물을 발견하자마자 C는 바로 당일 계약금을 입금했다. 다음 날부터 매수 문의가 속출했다고 하는데 한발 빨리 접근했기에 기회를 빼앗기지 않고 움켜쥘 수 있었다. 계약금을 넣은 뒤에도 계약 전까지는 더 확실히 정보를 탐색했다. 먼저 등기부를 통해 이전 거래가를 확인했다. 2017년 매수 당시에 비해서 거의 시세차익 없이 내놓은 급

● **해당 부동산의 임대수익률**

항목	금액	비고	비용	금액	비고
매수가			4억 1,500만 원 (기존 보증금 제외)		
보증금	1,300만 원		취득세	2천 355,000원	
대출금	3억 3,200만 원		월 이자	958,333원	
월 수익			831,667원		
수익률			11%		

매물이라는 것을 다시 한번 확인할 수 있었다.

　당시 인덕원은 여러 교통 호재로 들썩이는 상황이라 아파트의 경우 가격이 많이 오른 상태였다. 그 대열에 뒤늦게 진입해서는 투자 수익을 내기 힘들다고 판단했다. 그래서 지산으로 눈을 돌리게 된 것이다. 기존 임차인을 그대로 인수하는 조건으로 계약했다. 대출은 법인 명의로 매입했기 때문에 90퍼센트까지도 받을 수 있었으나 단기 매도가 목표였으므로 이자 부담을 낮추기 위해 80퍼센트 수준으로 맞췄다. 월세 수익은 월 83만 원 수준으로 연간 900만 원이고 수익률은 11퍼센트 수준이다.

　해당 부동산은 매수 1년 후인 2020년 5억 5천만 원에 매도해서 1억 2천만 원의 시세차익을 얻었다. 법인의 경우 양도세 대신 법인세와 부가세를 적용받기 때문에 세금 면에서도 유리한 결과를 만들 수 있었다.

가산 지식산업센터 투자로
월세 수익 확보

낙찰자 | 지분 경매·공매 마스터 17기 주식회사 컴앤플렉스 박성찬

지식산업센터 중에서도 진입장벽이 높은 곳

앞서 소개한 C의 또다른 투자 사례를 소개하겠다. 가산이나 구로 지역의 지
식산업센터는 실입주 사업자끼리 매매하는 경우가 대다수라서 부동산 투자
자에게 진입장벽이 높은 편이다. 그런 만큼 일반인의 접근성도 떨어져 가격
면에서 장점이 크다. 인근 광명의 민간 산업단지에 비해서도 30퍼센트 이상
저평가되어 있다. 이런 이유로 이곳의 경매 물건을 유심히 관찰하고 있었
다. 거래 현황과 기준가 등도 자세히 조사해 엑셀에 입력해두고 계속 추적
했다. 어느 날 물건 하나가 눈에 들어왔다. 회사 보유분 물량이 경매 평균

● **해당 부동산과 유사한 물건의 경매 정보**

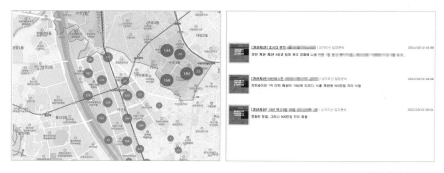

낙찰가보다 30퍼센트 이상 저렴하게 매물로 나와 있었다. 그런데 덩어리가 너무 컸다. 6개 호실을 묶어 파는 조건이다.

법인으로 지식산업센터 투자가 유리한 이유

C는 나름 중대한 큰 결정을 내려야 했다. 매매 대금의 90퍼센트까지 대출이 가능하다고는 해도 총액이 무려 9억 원에 달했다. 실투자금은 적지만 향후 금리가 오를 수 있다는 것을 고려하면 리스크가 컸다. 망설이면 놓치게 될 매물이었으므로 일단 과감하게 결정을 내렸다. 단 이자로 인한 리스크를 줄이려면 특별한 조치가 필요했다. 해당 물건은 법인 명의로 투자해 장점을 살린다면 위험을 예방할 수 있다.

첫째, 상업용 부동산 대출에서 법인의 이점을 최대로 이용한다.

법인은 매수가의 90퍼센트까지 상대적으로 저금리에 대출받을 수 있다

● 해당 물건과 유사한 부동산의 월세 시세

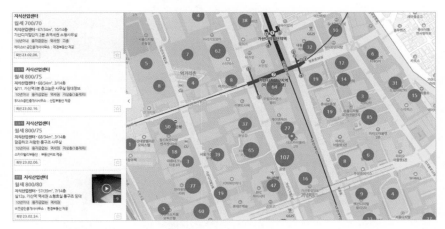

출처 : 네이버 부동산

는 것이 큰 장점이다. 아울러 최대한 잔금 납부일을 뒤로 미룸으로써 대출을 받기 전에 임차를 모두 완료해서 이자 부담을 줄이는 전략을 병행하기로 했다. 다행히 가산과 구로 지역에는 전국에서도 가장 많은 기업이 들어와 있고 그들은 계속 해당 지역에서 업무를 존속하길 원한다. 이곳은 사업상 이점이 많아 임차 수요도 늘 대기 중이라 공실의 위험이 매우 낮다.

둘째, 법인 투자의 수익률 상 이점을 활용한다.

미분양 물량 6개를 통으로 평당 600~700만 원에 매입할 수 있으니 매도해서 단기 시세차익을 노린다고 해도 손해 볼 것이 없다. 법인의 경우 건물분 부가세를 환급받을 수 있으므로 실투자금이 더 낮아지는 효과가 있다. 이자 비용도 법인세 비용공제 항목에 포함되기 때문에 개인사업자로 투자했을 때보다 이익이 더 크다.

셋째, 개인으로는 접근하기 어려운 문제를 해결한다.

가산 지역의 지식산업센터 임대차 계약은 1년 단위로 이루어지며 시세 변동에 따라 즉시 월세를 올릴 수 있다. 대출로 인한 이자 부담을 완화할 수 있는 특장점 중 하나다. 그러나 국가 산단이기에 관련 제약이 많고 단속과 실사나 소명의 절차가 필요해질 수도 있다. 그러므로 개인 자격의 초보 투자자가 매수해 운영하기가 쉽지 않다.

해당 물건 분석 결과 경매 낙찰가와 비교해도 20퍼센트가량 저렴했다. 앞의 장점을 고려한다면 과감한 투자가 필요하다고 C는 판단했다. 90퍼센트까지 대출을 활용해 매입하기로 했다. 6개 호실을 10억 원대에 매입하면서 약 8억 8천만 원의 대출을 받았다. 실투자금은 1억 3천만 원이었지만 이마저도 다른 법인과 공동 투자해서 절반으로 줄였다. 실제 들어간 현금은 6천여만 원이다.

매년 임대 갱신을 할 수 있어 이자 리스크를 상쇄하는 데 도움이 되었다. 해당 물건 임대료는 첫해 월세 330만 원으로 시작해 1년 후 365만 원으로 상향되었다. 이자를 제하고도 매월 130~160만 원 수익으로 임대수익률 12~15퍼센트를 유지하고 있다. 2개 호실의 경우 매입 평당가 700만 원이었던 것을 추후 평당가 1천만 원에 매도해 부분적으로 차익을 실현하고 이자 부담을 줄였다.

강서구 마곡 상가
경매 낙찰로 월세 수익 확보

낙찰자 | 지분 경매·공매 마스터 41기, 실전반 14, 15기 고한수(법인 낙찰)

마곡나루역 인근 최고 입지의 상가

실전반 고한수 님의 투자 사례를 소개한다. 편의상 H라 칭한다. H는 2020년 4월 8일 법인 명의로 마곡에 있는 상가를 낙찰받았다. 강서구의 중심이라고 할 수 있는 마곡나루역 인근 상가다. 2019년 4월부터 경매가 진행되었는데 2회 변경을 거쳐 2020년 4월 8일에 다시 나온 물건이었다. 감정가 9억 2,800만 원인데 1회 유찰로 최저가가 7억 4,240만 원까지 떨어져 있었다. 전용면적은 30.92제곱미터(9.35평)지만 1층 상가라서 가격은 높을 수밖에 없다.

● 해당 물건의 경매 정보

해당 물건의 입지는 정말 최고다. 마곡나루역은 9호선 급행과 공항철도의 더블역세권으로 9호선을 이용하면 김포공항과 1개 정류장 거리이고 강남까지도 30분이 채 걸리지 않는다. 공항철도를 이용하면 홍대입구역까지 10분, 서울역까지 19분이면 갈 수 있을 만큼 서울 서부 교통의 중심이다. 신도시라서 아직도 개발이 진행중이며 주변 건물 대부분이 2017년 무렵 준공되어 외관이 깔끔하고 신축과 다를 바가 없다. 그동안 강서 지역은 서울에서 변방 취급을 받아왔고 공항 때문에 소음이 심하다고 인식되었다. 하지만 마곡 개발로 시간이 흐를수록 위상이 높아지는 상황이고 발전 속도가 천지개벽이라 할 만큼 빠르다.

● 해당 물건의 지도

출처: 네이버 지도

마곡의 가장 큰 장점은 LG그룹 등 대기업 입주가 계속 이어지고 있다는 점이다. 산단형 신도시로 사전 심사를 통해 연구개발(R&D) 위주의 기업만 입주시키고 있다. 2023년 3월 기준 기업 입주는 60퍼센트 정도만 진행된 상태다. 발전 가능성이 큰 것이다. 서울식물원, 마곡 LG아트센터도 가까워서 업무뿐 아니라 문화생활을 영위하기에도 더없이 좋은 환경이다.

상가 입찰에 앞서 꼭 확인해야 할 것들

H는 당연히 입찰 전 임장을 자주 갔다. 1층 상가를 선택하기 전에는 유동

인구 동선 파악이 최우선이다. 여러 차례 임장을 한 결과 인구 이동이 많다는 것을 확인했다. 상가의 경우 최소 4번은 현장 방문을 해봐야 한다. 평일 낮, 평일 밤, 주말 낮, 주말 밤 등 시간대를 달리해서 가봐야 한다. 주말엔 붐비다가 주중엔 썰렁한 곳이 있는가 하면 주중 낮에만 북적이고 그 외 시간에는 개미 한 마리 없는 곳도 많다.

마곡의 장점은 주거와 업무 상권이 하나로 연결되어 있다는 것이다. 강남 업무 상권의 경우 평일에는 사람들로 인산인해를 이루다가 주말이면 강남역 등 일부 지역을 제외하곤 유동 인구가 거의 없는 것을 확인할 수 있다. 그런데 마곡은 평일이든 주말이든 사람들의 유입이 끊이지 않는다. 낙찰받고 나서 임대하는 데 전혀 무리가 없을 것이라는 판단이 들었다.

손품으로 찾아본 호가와 실제 거래가 차이를 확인하기 위해 중개업소 몇 군데에 들러 시세 파악을 했다. 통상 1층 상가의 경우 매매가가 11~12억 원 정도로 형성되어 있었다. 예상했던 것처럼 임대 대기자가 줄을 서 있다고 할 정도로 수요자들이 물건을 기다리는 상황이었다.

상가 경매 역시 지레 겁먹을 필요가 없다

2020년 4월 8일 드디어 입찰 당일이 되었다. 10억 원 이상을 쓰기는 부담스러웠지만 경쟁이 셀 거로 생각했다. 입지가 좋고 유동 인구가 많은 1층 상가인데 1회 유찰까지 되었기 때문이다. 고심 끝에 H는 최종 입찰가 9억 4,106만 원을 적었다. 결과는 1등이었다. 입찰자는 3명으로 예상보다 많지 않았

● 해당 물건의 건물 외관 및 주변 입주 현황

출처: 네이버 지도

다. 낙찰 후 바로 대출을 알아봤다. 은행들이 서로 앞다퉈고 대출해주려 했다. 고민 끝에 6억 7,700만 원을 대출받았다. 얼마든지 더 많이 받을 수 있었지만 보수적으로 접근하자는 생각에 낙찰가 대비 적정수준을 정했다.

명도는 쉽지 않았다. 배당받는 임차인이어서 호의적으로 나올 줄 알았는데 처음부터 비협조적이었다. 영업도 하지 않으면서 설비와 짐을 모두 놓아둔 상태라 본인이 철거해야 했다. 나중엔 연락까지 계속 피해서 잔금 납부후 곧바로 인도명령을 신청했고 강제집행까지도 고려했다. 집행 절차를 진행했더니 그제야 연락이 왔다. 언제까지 상가를 비워주겠다는 확답을 받았고 이사비용 없이 해당 날짜에 모두 철수해주었다.

경매를 하다 보면 명도에 대해 막연한 두려움을 느끼는 경우가 많다. 그러나 스트레스를 받을 일이 전혀 없다. 협의와 집행 절차를 동시에 진행하면 채무자나 임차인과 얼굴을 붉힐 일이 크게 없다. 법은 낙찰자의 편이다. 강제집행 역시 낙찰자가 직접 나서서 하는 게 아니다. 법원 경매계장, 집행관, 노무자들이 모두 해결해준다. 잔금을 치르고 명도를 마친 후 바로 세를 놓았다. 현재는 중고 휴대전화 판매장이 입점해서 3년 가까이 운영 중이며 월세는 295만 원(부가세 별도)을 받고 있다.

도중에 대기업 프랜차이즈가 옆 상가와 터서 입점하고 싶다는 제안을 해왔는데 무산되기도 했다고 한다. H는 대기업 프랜차이즈가 들어오고 싶어 하는 입지의 1층 상가를 소유하고 있다는 점을 확인한 만큼 더욱 뿌듯해졌다. 해당 물건은 꾸준히 임대로 유지하다가 마곡 개발이 거의 끝나는 시점에 매각할 계획이다.

실투자금 1천 미만
춘천 상가 경매로 1천 500만 원 수익

낙찰자 | 실전반 14, 15기 신정훈(법인 낙찰)

우연한 상황에 맞닥뜨린 상가 경매의 기회

실전반 수강생 신정훈 님의 투자 경험담이다. 편의상 S라고 지칭하겠다.
2020년 3월 무렵부터 규제가 강화되면서 투자자들 사이에 부동산 1인 법인
설립이 유행처럼 번지기 시작했다. 하지만 이내 법인에 대한 혜택 역시 축
소되고 과밀억제권역 내 신규 법인 설립이 규제되었으며 과세 기준도 강화
되었다. 사실상 수도권 내에 신규 법인을 설립해서는 거의 혜택이나 이득이
없어지게 되었다. S 역시 1인 법인 설립 후보지를 물색하던 중 우연한 기회
로 춘천에서 비상주 사무실을 찾게 되어 그곳을 주소지로 법인을 만들게 되

● 해당 물건의 경매 정보

춘천지방법원	대법원바로가기	법원안내				가로보기	세로보기	세로보기(2)

2020 타경 ■■■ ■■■■		물번4 [배당종결] ∨	매각기일 : 2021-04-12 10:00~ (월)	경매2계 033-259-9710
소재지	(24436) 강원도 춘천시 춘주로 ■ ■■ ■■■ ■■■■■■■ ■■■■■ [도로명] 강원도 춘천시 춘주로 ■■■■■			
용도	상가(점포)	채권자	춘0000000000000	감정가	124,000,000원
대지권	13,245㎡ (4.01평)	채무자	김OO	최저가	(70%) 86,800,000원
전용면적	49.18㎡ (14.88평)	소유자	김OO	보증금	(10%) 8,680,000원
사건접수	2020-08-06	매각대상	토지/건물일괄매각	청구금액	1,010,580,251원
입찰방법	기일입찰	배당종기일	2020-11-11	개시결정	2020-08-11

기일현황

회차	매각기일	최저매각금액	결과
신건	2021-03-08	124,000,000원	유찰
2차	2021-04-12	86,800,000원	매각
(주)■■■/입찰7명/낙찰95,900,000원(77%) 2등 입찰가 : 87,222,000원			
	2021-04-19	매각결정기일	허가
	2021-05-26	대금지급기한	미납
	2021-06-07	매각결정기일	차순위 매각허가
	2021-07-14	차순위매각허가	납부
	2022-06-13	배당기일	완료

배당종결된 사건입니다.

출처: 스피드옥션

었다.

비상주 사무실은 소재지 주소만 이용하고 보증금과 임대료도 미미해서 별다른 검증 절차 없이 덜컥 계약한 것이 화근이었다. 나중에 알고 보니 그곳을 1인 법인 사무실로 임대한 임차인이 전대차로 재차 여러 법인에 임대한 상황이었다. S는 그게 문제가 되리라고는 생각하지 못했다.

계약 기간 1년이 끝날 무렵 S는 춘천 지역 경매 물건을 검색하다가 눈에 익은 주소를 발견했다. 자신이 비상주 사무실로 계약한 상가의 2층부터 5층까지 모든 호실 11개 물건이 경매에 부쳐져 있었다. S는 바로 전대인에게 전화를 걸었다. 전대인은 '임대인이 채권을 변제하고 경매 취하를 약속했다'고 안심시켰다. S는 께름칙한 마음에 물건 분석을 해보았다. 채권 청구액이 무려 17억여 원이 넘었다. '단기간 내에 갚을 수 있었다면 경매에 부쳐지지도 않았을 것'이라는 생각이 들었다. 가만히 있다가는 자신의 소중한 법인이 집 잃은 미아가 될 신세였다. 등기사항전부증명서를 들춰봤다. 비상주 사무실로 전대차 계약을 한 회사가 무려 29개에 달했다. 대부분 부동산 1인 법인이고 매각물건명세서에는 S의 이름과 법인명도 있었다. 경매에 입찰만 하던 입장에서 졸지에 경매를 당하는 처지가 되고 만 것이다. 해당 상가의 감정가는 1억 2,400만 원이었다. S는 상황이 이렇게 된 이상 자신이 낙찰받아서 수익을 내야겠다고 결심했다. 출구 전략도 당연히 세워두었다.

상가 경매는 반드시 경우의 수를 계산해야

내가 상가 경매 교육을 할 때 꼭 강조하는 사항이 있다. 저렴하게 나왔다고 해서 덜컥 입찰해서는 곤란하다는 점이다. 물건에 대한 입체적인 분석은 당연히 기본 중의 기본이다. 상가는 거주 목적이 아니기 때문에 임대하든 운영하든 반드시 비즈니스와 연결되어야만 수익을 실현할 수 있다. 따라서 여러 경우의 수를 계산해 출구 전략을 세워둬야 한다.

해당 물건을 활용하는 데는 몇 가지 방법이 있다.

첫째, 낙찰받아 소유권을 취득한 다음, 새로운 임차인을 구하는 방법.

둘째, 취득 후 기존 공유오피스 사업을 직접 운영하는 방법.

셋째, 단기 양도차익을 꾀하기 위해 낙찰 직후 매도하는 방법.

넷째, 낙찰 후 잔금 납부 전에 임차인이나 임대인에게 소정의 합의금을 받고 빠지는 방법.

해당 물건에 대한 분석과 입찰가 산정 역시 치밀하게 했다. 우선 분위기나 주변 환경을 직접 눈으로 보고 시장 조사를 해보았다. 평일 새벽 일찍 해당 물건에 가보았다. 주로 상가와 사무실로 사용되는 건물이므로 평일 이용객과 유동 인구, 출퇴근 동선 등을 파악하는 것이 핵심이었다. 인근 중개업소는 물론 편의점, 식당, 커피숍 등도 조사했다. 해당 물건 주위에는 신축 건물이 부족해 모두 공실 없이 임대되어 있었다. 낙후한 건물이 많아 최근에 지은 건물로 수요가 몰리고 있었던 것이다. 역세권인데다 맞은편에는 대형마트가 있고 가까운 거리에 고속버스터미널도 있다. 근처 아파트 주민들역시 해당 건물 앞으로 주로 통행했다. 주변에 학교와 공원이 있고 지은 지 6년밖에 안 된 건물이라는 것도 장점이었다.

조사 과정에서 흥미로운 점은 인근 중개업소도 해당 건물의 사무실 매매를 해본 적이 없어 가격에 대한 감이 전혀 없다는 사실이다. 누가 매물을 구해달라고 해도 나온 것이 없어 소개를 못 했다는 것이다. 월세도 임대인 마음이라고 할 만큼 부르는 대로 잘 나간다고 했다.

상가 경매 입찰가는 신중에 신중을 기해

S는 자신이 입찰할 상가의 적정 임대료를 보증금 500만 원에 월 45만 원으로 파악했다. 입찰가를 정하기 위해 해당 건물의 최초 분양가를 확인해야했다. 데이터가 없어 직접적인 확인은 힘들지만 채권최고액과 검색 등으로

● 해당 물건의 지도

출처: 네이버 지도

● 해당 물건의 외관(왼쪽)과 내부 모습(오른쪽)

출처: 네이버 지도(왼쪽), 스피드옥션(오른쪽)

추정할 때 평당 680만 원가량으로 파악되었다. 그 결과 해당 상가의 분양가 추정액은 1억 200만 원이었다. 현재 감정가가 1억 2,400만 원인데 지난 6년간의 지가 상승을 고려할 때 좀 높은 수준이라는 판단이 들어 1회 유찰을 기다렸다.

1회 유찰 후 최저가는 8,680만 원으로 떨어졌다. 최초 분양가인 1억 원을 넘지 않으므로 수익성이 있다고 판단했다. 최종 입찰가는 9,590만 원으로 정했다. 혹여 다른 법인 중에 비슷한 생각을 갖고 입찰하는 곳이 있을까 해서 조금 올려 쓴 금액이었다.

상가 낙찰 후 단 10일 만에 수익 실현

입찰 당일이 되었다. 그날 춘천지법에는 진행하는 물건이 얼마 되지 않아 입찰자를 파악하기가 쉬웠다. 분명 전대인인 임차인도 입찰에 참여할 것으로 보였다. 해당 물건번호가 호명되고 입찰자들이 앞으로 나오는데 그 순간 S는 자신에게 낙찰되었음을 확신했다. S는 평소 1천만 원 미만의 보증금은 전액 현찰로 제출하는데 보증금을 세는 요란한 개수기 소리가 법정에 울려 퍼졌던 것이다.

2등은 단독 입찰이라고 확신했는지 최저가에서 겨우 42만 2,000원을 더 써냈다. 바로 전대인이었다. 그런데 2등으로 패찰한 전대인은 곧바로 차순위 매수 신고를 했다. S가 잔금을 못 낼 사람으로 보였든지 그게 아니라면 '해당 사무실이 꼭 필요하다!'는 신호다. 여러 개 세워두었던 출구 전략 중 가장 강력한 카드 하나를 방금 손에 쥔 셈이다.

S는 낙찰 후 차순위 매수 신고를 한 법인, 즉 자신에게 사무실을 전대해준 부동산 법인에 대해 조사했다. 해당 법인 대표는 유명 강의 플랫폼에서 재테크 방법을 교육하는 부동산 투자 전문가였다. 규제 탓에 부동산 법인은 해당 물건인 춘천 소재지를 본점으로 하고 서울 잠실에도 분점을 두고 있었다. 이 사무실이 필요한 이유는 분명했다. 법인 본점 주소지를 잃는 문제만이 아니라 부동산 투자 전문가로서 자신을 믿고 들어온 수십 개 법인 사업자에게 주소 이전에 따른 보상까지 해줘야 하는 상황이다. 당연히 해당 물건을 손에 넣어야 한다.

얼마 후 법인 대표와 통화를 했다. 물건을 낙찰받은 법인 대표라고 소개하자 상대는 곧바로 서운함을 드러냈다. 낙찰에 실패해서 억울한 마음은 이해하지만 누구보다 경매의 특성을 잘 아는 전문가가 그렇게 말하니 조금 의아했다. S는 단도직입적으로 제안했다. '내일 잔금 납부를 하려고 하는데 협의할 사항이 있으면 연락 달라'는 것이다. 최대한 편의를 봐주겠다고 마무리하며 통화를 마쳤다. 우여곡절 끝에 상대 쪽에서 제안이 왔다. '합의금으로 얼마를 원하냐?'고 물어왔다. 통상 협상에서는 가이드라인을 먼저 제시하는 쪽이 불리하다. 공은 S에게 다시 넘어온 셈이다.

법원 보증금을 제외하고 잔금 납부를 포기하는 조건으로 얼마의 합의금을 제시할 것인가? 10일 정도 손품과 발품을 팔고 신중히 입찰액을 결정한 대가로 얼마를 받을 것인가? 터무니없는 금액을 내놓을 수도 있지만 S는 1,500만 원을 제시했다. 상대는 흔쾌히 받아들였다. 아마도 그보다 더 높은 금액을 예상했던 모양이다.

상대측 법인 담당자가 다음 날 아침 일찍 서울까지 달려와 합의금을 전달하고 잔금 납부 포기 이행각서를 받아갔다. 합의금을 지급하더라도 낭비되는 시간에 따른 기회비용과 이후 있을 후폭풍을 고려할 때 자신들에게 훨씬 유리하다고 판단했기 때문이다. S는 이전과 이후에도 여러 차례 낙찰 경험이 있지만 이렇듯 초단기 이익을 실현한 것은 처음이었다.

쉼 없는 관찰과 실행은 언제나 우리에게 수익 혹은 소중한 투자 경험을 안겨준다. S는 2가지를 동시에 얻었다. 준비된 자에게는 언제나 우연을 가장한 기회가 찾아오게 마련이다.

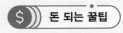
법인 대출
어디까지 해봤니?

비주거용 부동산 투자 시 법인 대출이 유리

법인으로 주거용 부동산에 투자하면 대출이 불가능하다. 그렇다고 포기해야 할까? 부동산이 주거용만 있는 것은 아니다. 상가, 지식산업센터, 오피스텔, 모텔, 건물 등 수익을 창출할 수 있는 투자 상품은 많다.

나는 2022년에만 법인 명의로 상가 7개를 낙찰받았고 용산과 송파에 건물 4채를 매입했다. 건물의 경우 주거용을 매입 후 용도변경을 한 다음 근린상가로 만듦으로써 대출을 받을 수 있었다. 지금까지 주거용을 제외한 부동산 투자에서 대출이 안 나오는 경우는 단 한 건도 없었다.

법인 대출을 받을 때 유의할 점

법인 대출만이 아니라 개인 대출의 경우에도 대출 시기, 대출받는 은행 지점과 담당자, 신용도 등에 따라 대출 금액은 물론 조건도 달라진다. 경매에서 낙찰받으면 대출 중개인들이 접근해 명함을 건네거나 연락해온다. 그들이 장담하는 것과 달리 실제는 서류심사가 들어가야만 정확한 대출 금액을 알 수 있다. 그들이 제시하는 금액은 그저 대략적인 예측일 뿐이다. 80퍼센트까지 대출이 나올 줄 알고 자금을 마련했는데 65~70퍼센트만 나오는 경우도 비일비재하다. 그러므로 투자 시 대출 가능성은 항상 보수적으로 예상할 필요가 있다.

법인의 경우 법인 계좌를 개설한 주거래은행에 대출을 신청하면 더 잘 나올 것으로 생각하기 쉽다. 그런데 실제로는 그렇지 않다. 법인의 부동산 대출은 기본적으로 담보 대출이다. 그 경우는 주거래은행을 고집할 필요가 없다. 특히 경매 경락잔금은 취급하지 않는 곳이 많고 주거래은행이 제시하는 조건이 다른 곳보다 오히려 더 안 좋은 경우도 많다. 대출받을 때 절대 주거래은행을 고집하지 말고 직접 발로 뛰고 손품 팔아 알아보는 것이 좋다. 단 0.01퍼센트라도 조건이 좋은 곳을 반드시 찾을 수 있다.

내가 2020년에 낙찰받고 매입했던 상가와 건물 중 같은 은행에서 대출을 실행한 경우는 한 건밖에 안 된다. 그 외 물건은 모두 서로 다른 은행에서 대출을 실행했다.

법인 대출이 잘 나오게 하는 꿀팁

첫째, 대출은 연초에 받자.

은행과 지점별로 매년 대출 목표액이 있다. 은행의 수입은 대출에서 나오기 때문에 정부가 아무리 규제하려고 해도 수익을 추구하는 은행은 어떻게든 다양한 부문으로 대출해주고자 노력한다. 단 하나 예외가 있다. 연말이 되면 은행이 대출해주고 싶어도 못하는 경우가 많다. 은행마다 달성 목표가 있고 연초부터 부지런히 대출해주다 보면 연말에 총액을 다 채우게 된다. 목표치를 일찌감치 초과 달성하면 대출을 중단하기도 한다. 그러므로 가급적 연초에 대출받을 수 있도록 입찰이나 매입 시기를 조절할 필요가 있다.

둘째, 여러 은행을 두루 비교하자.

주거래은행이라고 대출이 잘 나오는 것이 아니다. 여러 담당자와 상담하는 게 중요하다. 전화 한 통으로 금리를 낮출 수 있다면 그만큼 이익이다. 같은 지점이라도 대출 담당자 성향에 따라 조건이 달라진다. 이왕이면 직급이 높고 대출 실행을 많이 해본 담당자와 상담하자. 결정권이 크기에 더 좋은 조건을 제시해줄 수 있다.

셋째, 생각보다 대출금이 적다면 제2금융권도 대안이 된다.

제1금융권에서 대출 불가인 경우가 있다. 금리가 조금 높더라도 제2금융권에서 더 큰 금액을 대출받을 수 있다. 2022년 33억 원이 조금 넘는 건물을 매입하려고 대출을 알아본 적이 있다. 제1금융권의 경우 19~20억 원밖에 대출이 되지 않았다. 그러나 제2금융권에서 25억 원을 대출받을 수 있었다. 금리 차이도 크지 않았다.

법인 대출, 아는 만큼 금리를 낮출 수 있고 손품과 발품 파는 만큼 좋은 조건으로 더 많이 받을 수 있다.

법인 대출 받을 때 기억할 사항

- 투자 시 대출금은 덜 나올 것으로 보수적으로 계획할 것
- 주거래은행 외에 다양한 옵션을 찾을 것
- 대출은 연초에 실행할 것
- 조건 좋은 은행과 지점, 윗사람을 공략할 것
- 필요하다면 제2금융권도 두드릴 것

제 9 장

부동산 1인 법인으로
매달 돈 버는 사업장 만들기

법인은 명의, 소득 분산을 위한 최적의 도구다.
법인을 세워서 관심과 정성을 기울여 열심히 성장시키면
그 자체로 새로운 주체가 되어 나의 소중한 자산을 담는 그릇이 되어준다.

상가 임대해
셀프 스튜디오, 파티룸 창업

낙찰자 | 발품불패 회원 김상래(법인으로 임대 계약 후 사업화)

상가 낙찰해 임대하는 것보다 나은 수익 모델은 없을까?

개인 명의로 하는 부동산 투자가 어려워지자 너도나도 법인을 만들어 투자를 시작하던 시기가 있었다. 주로 법인으로 매매나 경·공매를 통해 부동산을 취득해서 되팔거나 임대를 놓아 매출을 발생시킨다.

　법인의 경우 주거용 부동산 투자는 규제가 심하지만 상업용 부동산 투자는 상대적으로 규제가 덜하다. 하지만 비주거용 부동산의 경우 규모가 크기 때문에 투자금이 만만치 않다. 또한 몇 년 동안은 저금리 기조로 경·공매 상가 낙찰률이 올라가 수익률이 높지 못했다. 이제는 코로나로 인한 자영업

폐업이 늘면서 공실이 많아지고 금리가 올라서 수익률이 떨어지는 악순환이 이어지고 있다. 발품불패 회원인 김상래 님은 투자금을 최소화하는 한편 법인 운영에 꼭 필요한 현금흐름, 즉 월 매출을 만들 수 있는 창업 아이템을 고심했다. 편의상 그를 R이라 칭한다.

사람들의 라이프스타일이 바뀌고 있다

2020년부터 코로나로 인해 사람들이 접촉을 꺼리고 잘 아는 사람끼리 독립된 공간에서 모이기를 선호하는 경향이 커지기 시작했다. 이러한 경향성은 코로나가 잦아들어도 크게 변화하지 않을 것이다. 사람들은 이제 익명의 대규모 모임 대신 가족, 친구, 이웃과 조촐하지만 친근한 형태의 모임을 선호한다. 그래서 R이 관심을 두기 시작한 것이 셀프 스튜디오와 파티룸이다. 부동산과 비즈니스를 결합한 '공간 임대업'의 일종이다. 즉 자영업자나 사업가에게 공간을 빌려주고 임대료를 받는 대신, 사용자 요구에 맞춰 다양하게 이용가능한 공간을 만들어 더 많은 이들에게 빌려줌으로써 고수익을 창출하는 비즈니스다.

　모두 무인으로 운영할 수 있다는 장점이 있다. 마침 법인이 쓰던 사무실 계약 기간도 끝나가고 있었기에 본점을 이전할 수 있다면 1석 3조의 효과를 누릴 수 있다고 R은 판단했다. 거주지 인근 상가와 사무실을 중심으로 매물을 찾다가 도보로 이동할 수 있고 공간이 분리되어 사무실로도 쓸 수 있는 매물을 발견했다. 즉시 법인 명의로 임대 계약을 했다.

법인이 운영하는 사업장으로 수익 창출

전용 50제곱미터(15평) 규모의 사무실로 보증금 500만 원에 월세 48만 원(부가세 별도) 수준이다. 게다가 내부에 작은 사무실로 쓸 수 있는 별도 공간이 있어서 생각하던 콘셉트와 딱 맞아떨어졌다. 공간은 깨끗한 상태였지만 셀프 스튜디오와 파티룸이라는 특성상 더 깔끔한 느낌이 필요했다. 그래서 공간 전체를 흰색 페인트로 칠했고 신발을 신지 않고도 들어올 수 있도록 바닥을 단장했다. 어차피 스튜디오와 파티룸으로 사용하면 각종 배경지와 소품들로 가득 차게 될 것이기 때문에 무리하게 비용을 들여 인테리어를 할 필요는 없다고 생각했다. 1개월 반 정도 시간을 들여 직접 고른 소품과 기구들로 세팅을 마치고 2020년 12월 1일 '스튜디오 보타닉'이라는 이름의 셀프 스튜디오를 오픈했다.

인테리어 후 모습을 보면 벽면마다 다양한 콘셉트의 사진이나 영상 촬영이 가능하도록 꾸몄고 120인치 대형 스크린과 빔프로젝터를 설치해서 영상 시청이나 스터디모임도 주최할 수 있도록 했다. 별도 공간의 경우는 탕비실 겸 법인 사무실로 꾸며서 고객들이 냉장고와 정수기 등을 이용할 수 있도록

● **해당 공간의 인테리어 이전 내부 사진**

● 셀프 스튜디오로 단장한 내부 사진

했고 예약이 없을 때는 업무를 볼 수 있도록 책상과 노트북도 비치했다. 소품과 기구를 구매하는 데 800만 원 정도 들었으니 보증금까지 더하면 총 1,300만 원의 창업 비용이 소요된 셈이다. 거기에 법인 사무실도 무료로 이용할 수 있게 되었다.

다양한 채널을 활용한 홍보 마케팅

오픈하기만 하면 고객들이 알아서 찾아오지 않는다. 따라서 R은 블로그를 개설하고 네이버 모두(www.modoo.at) 홈페이지도 제작했다. 젊은 고객에게 홍보하기 위해 인스타그램 계정도 개설했다. 고객 예약을 받기 위한 필수 플랫폼으로 네이버 예약, 공간 임대용 애플리케이션 스페이스클라우드(www.spacecloud.kr), 아워플레이스(hourplace.co.kr), 여기어때(www.goodchoice.kr) 등 다양한 곳이 있다. 그곳에 '스튜디오 보타닉'을 입점시켜 노출했고 시간제, 패키지 상품 등 원하는 것을 선택해서 예약할 수 있도록 세팅을 마쳤다.

각 플랫폼에서 예약이 완료되면 휴대전화로 알림이 온다. 그러면 고객이 알아서 입실할 수 있도록 비번이 포함된 안내 문자를 발송하고 퇴실 전에도 안내 문자를 발송한다. 고객이 공간을 이용하는 동안에는 특별히 할 일이 없다. 전화나 문자로 요청이 오면 그때그때 응대하면 되고 퇴실 후 방문해서 간단히 청소하고 비품 정리만 하면 그만이다.

상품 촬영을 하는 쇼핑몰 운영자나 동영상을 촬영하는 유튜버, 야간이나 주말에 생일파티나 모임을 하기 원하는 파티룸 이용객들이 핵심 고객층이다. 그 외에도 스포츠 경기나 온라인 콘서트 시청 등 독립된 공간을 원하는 다양한 고객들이 이용하고 있다.

● **고객들의 이용 후기**

비대면 공간 임대업의 수익성은 얼마나 될까?

셀프 스튜디오나 파티룸은 사실상 '비대면 서비스업'에 가깝다. 부동산 자체를 사업화하는 아이템으로 공유오피스와 스터디카페 등도 있는데 카테고리만 다를 뿐 운영 방식은 큰 틀에서 비슷한 부분이 많다.

비교적 소자본으로 창업이 가능한 셀프 스튜디오나 파티룸을 통해 운영 노하우를 익힌 다음 이후 좀 더 규모가 큰 공유오피스나 스터디카페 등으로 확장하는 것도 좋은 방법이라고 생각한다. 부동산 법인이 할 수 있는 수익 창출 방편으로 대개 직접 상가를 매수하거나 낙찰받아서 임대하는 형식만을 고려한다. 하지만 수익을 극대화하는 방법은 얼마든지 많다. 법인 명의로 사무실을 임대해 해당 공간을 사업화하는 경우 초기 투자금이 크지 않으면서 대출 이자 등으로 인해 발생할 수 있는 리스크는 줄일 수 있다.

아래 엑셀 도표는 2022년 발생한 매출 중 셀프 스튜디오로 임대한 내역만 따로 정리한 것이다. 코로나 관련 규제가 완화되면서 월별로 부침이 있

● 셀프 스튜디오 매출 현황

구 분	정산처	1월	2월	3월	4월	5월	6월	7월	8월	9월	합 계
카드매출	네이버페이	177,000	380,243	499,186	251,949	186,380	128,095	207,377	191,139	253,897	2,275,266
	스마트스토어	44,480	71,953	158,048	77,500	59,000	17,000	51,500	82,042	-	561,523
	(주)앤스페이스	513,407	467,272	508,193	272,600	170,400	472,300	385,000	346,800	265,000	3,400,972
현금영수증	네이버페이	44,000	94,350	73,901	88,000	214,176	77,000	179,598	88,900	122,170	982,095
	스마트스토어	12,125	12,500	41,000	46,000	17,000	26,000	-	26,000	26,000	206,625
	계좌이체	33,000	76,000	66,000	77,000	115,000	22,000	67,600	433,800	396,000	1,286,400
기타	네이버페이	-	6,407	17,913	9,851	12,144	605	3,525	2,661	20,103	73,209
	스마트스토어	2,395	11,047	21,852	11,500	-	-	-	3,958	-	50,752
	여기어때	-	-	-	80,000	90,000	80,000	-	278,100	-	528,100
	현금매출	-	-	26,000	-	-	-	-	-	-	26,000
총 계		826,407	1,119,772	1,412,093	914,400	864,100	823,000	894,600	1,453,400	1,083,170	9,390,942

지만 서울 소재 법인 사무실도 확보하고 월세와 관리비는 매출로 충분히 감당할 수 있을 정도다.

기존에 운영 중인 사업체를 인수할 수도 있다. 애플리케이션 네모(www.nemoapp.kr)나 네이버 카페 피터팬의 좋은방 구하기(www.peterpanz.com)에 검색하면 관련 매물들을 볼 수 있는데 직접 발품을 팔아서 수익성을 분석한 뒤에 양도받는다면 바로 수익을 발생시킬 수 있을 뿐 아니라 기존 운영자로부터 노하우를 이전받을 수도 있다. 적절한 상가를 찾는 것부터 인테리어, 소품과 기구 등을 갖추는 데 들어가는 시간과 비용을 아낄 수 있으니 시간이 빠듯한 이들에게는 대안이 될 수 있다.

송파 상가 낙찰 후
사무실과 파티룸으로 월 수익 창출

낙찰자 | 지분 경매·공매 마스터 17기 주식회사 컴앤플렉스 박성찬

코로나 팬데믹으로 공간 대여업 인기

앞서 소개한 박성찬 님의 투자 사례를 하나 더 알아보자. 여기서도 그를 C라 칭한다. 코로나로 인해 사람들의 업무와 여가 스타일이 크게 변화했다. 특히 공간 대여 비즈니스가 활황이다. 만나기 어려운 여건에서 독립적인 공간에서 좋아하는 사람들끼리 모이고 싶은 욕구가 발현된 것이다. C는 친구와 함께 음악 감상 공간, 강의실, 투자 모임, 독서 모임 같은 다양한 아이디어를 교환하다가 함께 법인을 만들어서 공간을 운영해보자는 결론에 도달했다.

● 해당 물건과 유사한 경매 정보

서울동부 물번[1]		서울특별시 송파구 석촌동 256외 1필지 빌라드그리움석촌 ▨▨ ▨▨▨ [대지권 7.5평] [전용 11.4평]	상가 (점포)	310,000,000 248,000,000 매각 304,999,000		배당종결 1회. (80%) (98%)	567
서울동부 물번[2]		서울특별시 송파구 석촌동 256외 1필지 빌라드그리움석촌 ▨▨ ▨▨▨ [토지 9.2평] [건물 14평] [공동담보]	근린시설	379,000,000 303,200,000 매각 345,999,000		배당종결 1회. (80%) (91%)	372
서울동부 물번[3]		서울특별시 송파구 석촌동 256외 1필지 빌라드그리움석촌 ▨▨ ▨▨▨ [대지권 8.4평] [전용 12.8평] [공동담보]	상가 (점포)	348,000,000 278,400,000 매각 280,600,000		배당종결 1회. (80%) (81%)	229

출처 : 스피드옥션

　　C는 바로 경매 물건부터 찾아보기 시작했다. 코로나로 인해 신축 상가 공실이 속출하고 경매에 부쳐진 물건도 상당했다. 해당 상가의 경우 인근에 잠실 최대 아파트 단지인 헬리오시티 9,510세대가 있기에 소비잠재력은 충분하다고 판단했다. 투자금과 그에 따른 사업수익을 산출하는 것은 쉽지 않았지만 공실률 30퍼센트를 염두에 두고 50~70퍼센트 예약률을 유지할 때의 수익을 산정한 다음, 투입 원가를 대입해서 시간당 이용료를 책정해보았다.

2개 물건 경매 낙찰 후 개성 넘치는 공간으로 탈바꿈

낙찰 후 명도 과정에서 해당 물건 전부를 소유하려던 입찰자이자 점유자와의 사이에 원만히 협의가 되지 않았다. 아쉽지만 C는 민·형사상 소송을 진행한 끝에 어렵사리 명도를 해결했다. 동시에 인테리어 업체와 미팅하면서

공간 콘셉트를 잡아 나갔다. 또한 마케팅을 위해 네이버의 스페이스클라우드 서비스, 인스타그램 등을 활용하는 법을 익히고 공부했다.

처음에는 아무것도 모르는 상태였지만 공부를 해갈수록 인테리어와 마케팅에 대해 더 깊이 알아가게 되었다. 경매 물건 3개 중 2개를 낙찰받았는데 그곳을 20~30명이 파티, 강의, 세미나를 할 수 있는 공간으로 탈바꿈시켰다. 엘리베이터 앞 벽체의 경우 홍보 효과를 고려해서 과감하게 천정을 트고 유리벽으로 바꿔서 시공했다. 안쪽 호실은 30명이 들어갈 수 있는 강의실로 꾸몄는데 주로 기업 세미나 공간으로 활용되고 있다.

법인으로 운영하는 월 매출 7~800만 원 알짜 상가

2022년 3월 28일 첫 예약이 접수되었다. 이후 한두 달 홍보 과정을 거쳐서 현재는 월 7~800만 원의 매출이 나오고 있다. 원가를 제외하고 도시 근로자 평균 연봉 이상 수익 확보를 목표로 고객의 요구를 반영해 수정하고 홍보하는 일을 계속하고 있다.

C는 무인 시스템으로 모든 것을 휴대전화로 조작할 수 있도록 만들었다. 청소 용역 근로자에게 건당 청소비를 지급하는 것을 제외하고는 관리에 시간과 노력이 많이 들지 않도록 효율적인 공간 사업을 운영하고 있다.

● 네이버 스마트플레이스 관리 화면

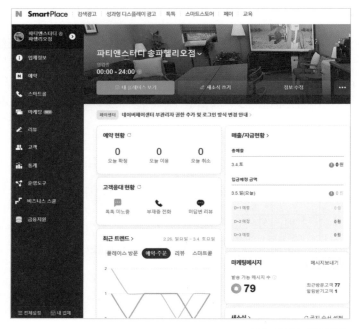

출처: 네이버 스마트플레이스

마곡 상가 낙찰 후
사무실과 강연장으로 월 수익 창출

낙찰자 | 유근용 → ㈜준민컴퍼니가 임대해서 운영

직주근접의 사무실 겸 수익 오피스 탐색

2022년 들면서 직원도 늘고 사무실을 넓혀야 할 상황이 되었다. 매주 강남에서 강연을 진행했는데 아이가 셋이다 보니 거주지에서 먼 곳까지 가서 강의하는 것도 부담스러웠다. 거주지인 마곡으로 옮기고 싶은 마음이 굴뚝 같았다. 마곡 주변 상가와 사무실을 알아봤는데 가격이 만만치 않았다. 마곡 개발이 워낙 활발히 진행되고 있고 앞으로도 입주할 기업이 많기 때문이다. 마곡나루역 근처 상가나 사무실은 매물이 거의 없었다. 당장 입주할 수 있는 물건은 프리미엄까지 붙어 수천만 원 이상 비쌌다.

매도자 우위 시장에서 매수자의 선택권

매도자가 우위를 점하고 있는 시장에서 약자인 매수자에게는 2가지 선택권
이 있다.

첫째, 임대가 된 물건을 매입해서 만기까지 기다렸다가 입주하는 것.

둘째, 시세보다 더 주더라도 당장 입주가 가능한 물건을 매입하는 것.

경·공매에서 잔뼈가 굵은 나로서는 시세보다 비싸게 주고 산다는 것이
내키지 않았다. 여느 때처럼 경·공매 물건을 탐색해보았다. 그때 상가 하나

● **해당 물건의 지도**

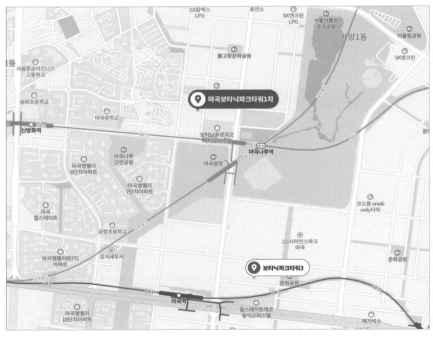

출처: 네이버 지도

가 눈에 들어왔다. 사용하던 사무실 바로 맞은편 상가 2층이 경매로 나온 것이다. 홀리듯 물건 분석에 들어갔다.

입지 분석과 입찰가 선정까지의 눈치싸움

마곡 보타닉파크타워는 마곡나루역 근처에서 입지가 좋은 상가 중 하나다. 9호선 급행과 공항철도 둘의 더블역세권인 마곡나루역과 거리가 150미터인 초역세권이다. 해당 건물 1, 2층에 스타벅스가 있으니 이미 입지는 증명된 셈이다.

마곡은 서울 지역 마지막 대규모 택지개발지구로 교육, 주거, 행정, 교통이 완벽하게 조성되어 있다. 주거, 업무, 산업단지가 이렇게 잘 어우러져 있는 곳은 서울에서도 흔치 않다. 아파트 입주는 모두 끝난 상황이고 대기업 R&D센터는 아직 공사 중이다.

2023년까지 개발이 50~60퍼센트밖에 완료되지 않은 상황으로 지금도 많이 올랐지만 시간이 흐를수록 더 좋아질 수밖에 없는 지역이다. 미래가치가 확실한 곳에 내 명의의 상가나 사무실이 있으면 좋겠다고 생각했는데 때마침

● **해당 물건의 전경**

출처: 네이버 로드뷰

너무도 마음에 드는 물건이 나타난 것이다. 감정가 6억 3,900만 원이고 1회 유찰되어 최저가는 5억 1,120만 원까지 떨어졌다. 전용면적은 약 72제곱미터(21.76평)로 강연장과 사무실을 동시에 운영하기 좋은 크기다.

워낙 잘 아는 곳이라 물건 분석은 자신이 있었다. 하나 단점이라면 전면 동이 아니어서 요식업에는 적합하지 않다는 점인데 나에겐 그것이 오히려 장점으로 다가왔다. 안쪽에 있어서 조용하고 화장실도 바로 옆에 있다. 소음이 심하면 방음 설비도 해야 하는데 그런 걱정이 없으니 더더욱 마음에 들었다. 당시 해당 상가는 쇼핑몰 업체가 임차해 있었다. 임장 때마다 불은 꺼져 있는데 직원들은 안에서 열심히 일을 하고 있었다. 경매로 나온 순간부터 사람들이 계속 찾아와서 일부러 불을 꺼놓은 것이다. 배당을 받을 수 있는 소액 임차인이므로 낙찰만 되면 명도에는 전혀 어려움이 없었다.

당일까지 입찰가 고민을 정말 많이 했다. 낙찰받아 월세를 놓을 생각이었다면 한 번 더 유찰하기를 기다리거나 최대한 낮은 가격에 입찰했을 것이다. 금리가 계속 오르는 중인데 임대료는 그 속도를 따라가지 못하니 최대한 보수적으로 입찰해야 했다. 하지만 내 경우 직접 사업에 사용할 용도이므로 금리나 임대료는 고려사항이 아니었다. 주변 매물보다 싸게 낙찰받기만 하면 된다고 판단했다.

경매로 낙찰받으면 시세보다 저렴하게 살 수 있고 부동산 중개료도 내지 않아도 되고 원할 때 즉시 입주할 수 있다. 모든 것이 우리를 도와주고 있다. 결국 판단 끝에 과감하게 입찰가를 적기로 했다. 애초 5억 7천만 원에서 막판에 2,230만 원을 더 올렸다. 결과는 총 3명 입찰자 중 낙찰이었다. 2등 입찰가가 5억 5천만 원대였으니 5천만 원이나 더 쓴 셈이다. 경매 초보자였다

● 해당 물건의 경매 정보

서울남부지방법원,	대법원바로가기	법원앤			가로보기	세로보기	세로보기(2)
2021 타경 ████		매각기일 : 2022-04-27 10:00~ (수)			경매3계 02-2192-1333		
소재지	서울특별시 강서구 마곡동 759-3 보타닉파크타워█ ████ [도로명] 서울특별시 강서구 마곡중앙로 161-17, ████						
용도	상가(점포)	채권자	하나은행		감정가		639,000,000원
대지권		채무자	███		최저가		(80%) 511,200,000원
전용면적	71.92m² (21.76평)	소유자	███		보증금		(10%)51,120,000원
사건접수	2021-06-03	매각대상	토지/건물일괄매각		청구금액		402,723,122원
입찰방법	기일입찰	배당종기일	2021-09-06		개시결정		2021-06-03

기일현황			
회차	매각기일	최저매각금액	결과
신건	2022-03-23	639,000,000원	유찰
2차	2022-04-27	511,200,000원	매각
유근영/입찰3명/낙찰592,300,000원(93%)			
	2022-05-04	매각결정기일	허가
	2022-06-10	대금지급기한	

감정평가현황 ▶ (주)정명감정 , 가격시점 : 2021-06-11   감정평가서

면 속이 많이 상했을 것이다. '막판까지 더 눈치 보다가 낮춰 쓸걸.' 하고 말이다. 하지만 오히려 다른 물건을 저렴하게 낙찰받았을 때보다 기분이 더 좋았다.

순조로운 명도 과정과 대출 등의 추가 절차

낙찰 후 바로 현장으로 찾아갔다. 입찰 전 상황을 관망하던 모습과 낙찰받은 후 당당하게 찾은 모습은 비교가 안 되게 다르다. 입주 회사 대표를 만나고 싶었는데 직원만 있기에 낙찰자라고 알리며 연락처를 전달했다. 몇 시간 후 임차인에게서 연락이 왔다. 앞으로 진행 상황을 전달했더니 적극적으로

협조하겠다고 했다. 임차인도 배당을 받으려면 낙찰자의 인감증명서와 명도확인서가 필요하다. 그러니 적극적으로 협조를 안 해줄 수 없다. 사무실을 알아보고 있으니 구해지면 바로 이사 가겠다고 했다. 밀린 공과금이나 관리비는 1원도 없었고 나갈 때도 깔끔히 정산하겠다는 확답을 받았다.

대출은 국민은행에서 낙찰액의 90퍼센트까지 받을 수 있었다. 2가지를 병행했는데 상가 담보로 77퍼센트, 보유한 아파트 후순위 대출로 13퍼센트를 받았다. 주거용이라면 불가능하지만 상가 대출 규제가 없기에 가능한 일이다. 최소의 금액을 투입해 높은 성과를 올리기 위해 이보다 더 좋은 상황은 없다고 하겠다.

잔금 납부를 하고 한 달 정도 지나고 임차인이 이사를 나갔다. 임차인은 자신들이 사용하기 위해 구분해두었던 사무실, 탕비실, 대표실 등을 모두 철거하고 원상복구 했다.

원하는 곳에서 사업하고 강의하는 꿈꾸던 환경

인테리어 업체와 협의해두었다가 임차인이 나가자마자 바로 공사를 시작했다. 공사비용에 강연장 물품 구비 등을 마치니 약 3천만 원이 소요되었다. 큰 공사가 아니라서 비용을 많이 아낄 수 있었다. 공사를 끝내고 본격적으로 세미나장 운영을 시작했고 먼저 발품불패 및 라이프체인징에서 진행하는 대부분의 강의를 이곳으로 옮겼다. 강남까지 가지 않아도 되어 좋고 집과도 5분밖에 떨어져 있지 않아 아이들이 아프거나 할 때도 금세 대응할 수

● 세미나실과 파티룸으로 탈바꿈한 내부 전경

있게 되었다. 몸과 마음이 편해지니 사업도 더 잘 풀리는 것 같다.

해당 물건을 낙찰받아서 월세를 줬다면 오히려 마이너스가 되었을 상황이다. 현재 보증금 3천만 원에 월 임대료 180~200만 원 수준이다. 대출 이자만 180만 원 조금 넘으니 임대하는 것으로는 답이 안 나온다.

나는 이 공간을 부동산 강의, 주식 강의, 자기 계발 강의 및 독서 모임, 각종 회의장 임대 등 다양한 용도로 활용하고 있다. 월세 주는 것보다 최소 4배 이상의 수입을 공간 임대로 벌고 있다. 주말이면 아이들을 데리고 150cm 대형 스크린으로 영화도 보여주니 정말 즐거워한다.

법인 취득이 불리할 경우 개인 투자와 병행

해당 물건은 지금도 꾸준히 건물 가치가 올라가고 있어 추후 매각했을 때 시세차익도 꽤 얻을 수 있다. 그런데 해당 물건은 법인이 아니라 개인 명의로 낙찰받았다. 우리 법인은 과밀억제권역 내에 있고 아직 설립 후 5년 미만이라서 상가를 취득할 때 취득세 4.6퍼센트가 아닌 9퍼센트 이상을 내야 한다. 그런 이유로 개인 명의로 낙찰받은 다음 법인에 임차하는 방식을 활용했다. 대출 이자는 법인에서 지급하는 임대료로 납입하고 법인에서 벌어들이는 소득은 고스란히 법인 통장에 쌓이는 구조다.

개인으로 사업을 해서 월 600만 원 이상 수익을 올리면 종합소득세 부담이 커진다. 그런데 이처럼 법인 명의로 임대해서 사업을 하면 세금 면에서 훨씬 유리하다. 부동산 투자는 세금과의 전쟁이라고 해도 과언이 아니다. 합법적인 방법으로 세금을 줄일 수 있는 길을 끊임없이 연구하고 활용해서 수익을 극대화하자. 다양한 방법을 익히고 배워서 삶에 적용해야만 인생이 변화될 수 있다.

대구 상가 낙찰 후
임대 대신 공유오피스로 월 수익 창출

낙찰자 | ㈜KR인베스트먼트 유근용, 김건우

고금리 시대에는 단순 임대수익만 기대해선 안 된다

법인으로 상가나 지식산업센터에 투자하는 분들이 많다. 주거용 부동산처럼 규제가 심한 것도 아니고 대출도 잘 나오므로 접근하기 쉽다. 그런데 금리가 계속 올라가는 상황에서는 경매로 낙찰받아 임대를 놓는다 해도 수익이 나지 않거나 오히려 손해를 입기까지 하므로 주의해야 한다. 지인 중에 2020년~2022년 초반 지식산업센터나 상가 여러 채를 낙찰받거나 매매로 매입했는데 금리가 너무 많이 올라서 대출 이자 내는 것도 버거워하는 이들이 많다. 월세보다 대출 이자가 더 높아져 버티지 못하고 손실을 감수하고 자산을 매도해야 하는 사면초가의 상황에 놓이기도 한다.

　고금리 시대에는 남들과 다른 투자 전략이 필요하다. 나는 경매로 낙찰받은 물건도 사업과 접목해서 이익을 극대화하는 방법을 끊임없이 고민한다. 그만큼 보상이 따른다면 열심히 하지 않을 이유가 없다.

상가 물건이 경매에서 많이 유찰되는 이유

나는 매일 전국의 경·공매 물건을 두루 살핀다. 어느 날 대구에 있는 상가 하나가 눈에 들어왔다. 대구 동구 신서동에 있는 상가다. 롯데캐슬레전드 단지 내 상가로 전용면적 83.3제곱미터에 감정가가 7억 4,900만 원인데 4회 유찰되어 최저가가 256,907,000원까지 떨어진 상태였다. '7억 원대가 2억 원대까지?' 눈길을 사로잡기 충분했다. 바로 물건 분석에 들어갔다. 해당 상가가 3분의 1로 떨어진 이유는 다름 아닌 코로나 때문이다. 2년 넘게 지속된 팬데믹으로 상권이 완전히 무너진 것이다. 처음부터 공실이 심했던 것

● **해당 물건의 공실 상태**

은 아닌데 상가가 하나둘 문을 닫더니 새로운 세입자가 들어오지 않았다. 그 결과 급기야 피자가게와 병원만 덩그러니 남아 있었다. 처음 분양받은 이들의 손해가 얼마나 클까 하는 연민과 더불어 상가는 역시 경매로 낙찰받아야 한다는 교훈을 다시 한번 새기게 되었다. 저렴하게 낙찰받는다면 공유 오피스로 운영하기에 손색이 없다고 판단했다.

공실 많은 상가에 과감히 입찰한 이유

공실이 많다는 것이 단점이지만 장점도 확연히 눈에 들어왔다.

첫째, 저렴한 가격이 매력적이다. 감정가의 3분의 1로 대형상가를 취득할 수 있다. 적당한 가격에만 낙찰받는다면 사업을 통해 충분히 이익을 얻고 매각하기도 어렵지 않으리라 판단했다.

둘째, 역세권이다. 대구 지하철 1호선 각산역과 271미터 떨어져 있는데 지하철역에서 내려 지하보도로 편안하게 상가까지 이동할 수 있다.

셋째, 주차가 편리하다. 공유오피스를 하려면 주차가 편해야 한다. 해당 물건은 아파트 단지 내 상가라서 전용 주차장이 따로 있다. 주차장도 넓어서 상가 이용객들이 주차난을 겪는 일은 없다.

넷째, 근접거리에 아파트 단지와 이마트, 스타벅스 등이 있다. 해당 물건 주변에는 수천 세대에 달하는 아파트 단지가 밀집되어 있고 반경 200미터 안에 이마트와 스타벅스 2개가 있다. 주변에 식당도 많고 각산역과 반야월역을 잇는 공업단지, 서비스센터 등 회사가 많다. 단점보다 장점이 많은 지역인데다 여러 차례 유찰되어 저렴하게 낙찰받을 수 있다. 내가 착안한 사업 아이템이라면 이곳에서 성공시키기에 무리가 없다는 판단이 들었다.

현장에 방문했을 때 출입문은 닫혀 있고 내부는 완전히 비어 있었다. 명도에는 문제가 없고 밀린 관리비만 해결하면 되는 상황이다. 미납 관리비가 1천만 원이나 되었지만 낙찰 후에는 공용 부문만 납부하면 되므로 관리사무소와 협의하면 된다. 해당 물건이 속한 2층의 경우 공실이 많아서 낙찰 후 임대 목적으로는 투자하기 어렵다. 세입자를 구하기도 힘들지만 대출 이자 때문에 임대료 수입만으론 오히려 손해를 볼 수도 있다. 입찰 전부터 공유 오피스를 염두에 두었는데 인근에 동일 업종이 없고 상가가 조용하고 주차가 편하고 역세권이라서 사무실로 쓰고자 하는 수요가 있으리라 판단했기 때문이다. 빠르게 물건 분석을 끝냈고 이제 낙찰만 받으면 되었다.

쓸쓸한 법원 풍경, 그리고 낙찰 후 과정

입찰 당일 법원에는 사람이 많았다. 하지만 해당 물건에는 우리 이외에 아무도 응찰하지 않았다. 누구라도 같이 응찰해줬으면 기분이 좋았을 텐데 하는 아쉬움이 들었다. '이럴 줄 알았으면 최저가 쓸걸.' 하는 생각도 없지는 않았다. 하지만 뚜껑을 열기까지는 단독 입찰이 될지 10명이 들어올지 누구도 알 수 없다. 소신껏 입찰가를 쓰고 낙찰받아서 얻을 수 있는 수익만 생각하면 된다.

낙찰 후 과정은 일사천리로 진행되었다. 상가는 이미 깔끔하게 비어 있었

● 해당 물건의 경매 정보

다. 상가번영회 회장단과 만나서 상가를 제대로 살려 볼 테니 미납 관리비를 전액 받지 말고 깎아달라고 제안했다. 밀린 액수보다 조금 저렴하게 납부하는 선에서 마무리 지을 수 있었다.

대구 공유오피스를 시작으로 프랜차이즈 확장

잔금 납부 후 상가는 온전히 우리 소유가 되었다. 인테리어 공사를 위한 도면을 그리면서 수익을 극대화할 다양한 방법을 고민하고 또 고민했다. 대구를 시작으로 공유오피스 프랜차이즈 사업까지도 염두에 두었기 때문에 더욱 신경을 쓸 수밖에 없었다. 1차 디자인 작업을 끝내고 비교 견적을 받았다. 한 곳에서만 견적을 받는 것보다 여러 업체를 경쟁시켜 선택하는 것이 훨씬 효율적이기 때문이다.

2022년 11월 초 공사를 시작했다. 내가 보유한 12개의 법인 중 8개 사업자는 해당 물건지 주소를 사용하고 있다. 재미있는 점은 낙찰받은 순간부터 블로그, 인스타그램, 발품불패 카페 등을 통해 일찌감치 홍보를 시작한 덕분에 인테리어 공사에 들어가기 전부터 수익이 발생하기 시작했다는 것이다. 과밀억제권역 내 법인 설립 후 5년 이내에 부동산을 취득하면 취득세 중과를 맞게 된다. 이렇듯 과밀억제권역을 피해 법인 설립을 해야 하는 이들에게서 계속 문의가 들어와 꾸준히 계약을 성사할 수 있었다. 고무적인 것은 공사가 끝나기도 전에 이미 대출 이자를 웃도는 수익이 생기기 시작했다는 점이다. 인스타그램 등을 통해 사무실로 꼭 이용하고 싶으니 공사가 완료되면 바로 연락달라는 메시지를 끊임없이 받았다. 다양한 분야에서 사업하는 대표들과 함께 성장하며 자연스레 매출도 늘고 있다. 대구 공유오피스의 성공으로 수도권 인근에 2호점, 3호점을 오픈할 구상으로 열심히 물건을 찾아보고 있다.

다시 한번 강조하지만 단순히 저렴한 가격에 상가를 낙찰받아서 임대를 줄 생각이었다면 해당 물건에 입찰할 수 없었을 것이다. 월세를 아무리 내려도 들어올 사람이 없다면 아무 소용이 없다. 현재 많은 이들이 공유오피스로 출·퇴근하기 때문에 상가 자체가 활력을 띄게 되었다. 상가 내 음식점 사장님들도 공유오피스가 생기기 전과 후의 매출이 사뭇 다르다면서 좋아한다. 나의 비즈니스가 수익을 내는 것은 물론 죽어가던 상가 전체에 생기

● 해당 물건의 공사 전 내부 사진

● 대구 공유오피스 전경

를 불어넣는 공익적 역할까지 수행하게 되니 보람이 크다.

상가를 저렴하게 낙찰받아서 직접 비즈니스를 할 때의 장점은 많다. 단순히 임대수익이나 시세차익을 위한 투자 외에 다양한 사업화를 통해 소득을 만들어내는 방법을 뒤이어 더 구체적으로 알아볼 것이다. 물론 단순히 임대하는 것보다 신경 써야 할 것이 많으니 그만큼 힘든 건 사실이다. 그러나 우리가 부동산 법인을 만들어 추구하고자 하는 것도 궁극적으로는 고용과 사회적 가치 창출 아닌가?

첫째, 직접 사업을 하기에 공실 걱정이 없다.

둘째, 열심히 한 만큼 이익을 얻을 수 있다.

셋째, 수익이 높아지면 건물 가치도 덩달아 올라가 추후 매도할 때 낙찰받은 가격보다 훨씬 더 비싸게 받을 수 있다.

이것이 바로 경매와 부동산 투자, 사업이 연결되었을 때의 시너지가 아닐까 생각한다. 법인을 통해 절세도 하고 종합소득세 부담도 낮아지니 법인 투자를 하지 않을 이유가 없다.

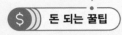
돈 되는 꿀팁

법인으로 부동산 매도할 때
절세 전략

법인세 과세표준 2억 원을 기준으로 삼자

법인이 납부하는 법인세는 과세표준 2억 원까지의 세율이 가장 낮다. 그 이상이 되면 세율이 급격히 높아진다. 법인을 운영할 때는 이 점을 고려하는 것이 좋다. 통상 법인 사업연도는 1월부터 12월까지다. 사실 사업연도 초기에는 설령 부동산을 매도해 시세차익을 얻어도 과세표준 2억 원을 넘을 가능성이 별로 없다. 그런데 후반이 되어갈수록 2억 원을 초과할 가능성이 커진다.

그러므로 연말에 가까워지면 부동산을 매도할 때 과세표준 2억 원을 초과하게 되는지 확인할 필요가 있다. 만약 매도로 인해 그 금액을 초과하는 수익이 발생한다면 매도 시기를 다음 연도로 이월하는 게 법인세 절세에 도움이 된다. 정말 급하게 매각해야 할 수도 있다. 그 경우에도 매수인과 부동산 거래일을 다음 연도로 이월할 수 있을지 협의하자. 10퍼센트(2억 원 초과 19퍼센트 - 2억 원 미만 9퍼센트)에 달하는 법인세를 아낄 수 있으므로 중요한 문제다.

비용공제를 위한 적격증빙을 구비하자

법인으로 부동산을 매도할 때 거래 관련 부수비용이 발생한다. 부동산 중개수수료, 등기 관련 법무사 수수료 등이다. 이렇듯 부동산 매도에 따르는 지출을 비용으로 인정받으려면 반드시 법인 계좌에서 이체되어야 하고 적격증빙이 갖춰져야 한다. 적격증빙은 세금계산서, 계산서, 신용카드, 현금영수증 총 4가지다.

적격증빙이 없으면 비용 처리되지 않으므로 법인세 부담액이 커지는 결과로 이어진다. 아울러 적격증빙 없이 법인 계좌에서 자금을 출금하면 대표자가 법인 자금을 임의로 유용한 것으로 간주될 수 있으니 각별히 주의해야 한다.

결손금, 이월결손금 제도를 적극적으로 활용하자

부동산 1인 법인 설립 초기에는 수익이 거의 없다. 그러므로 법인세도 내지 않는다. 그래도 법인 운영을 위해 지출하는 세무대리인 비용, 인건비, 법인 카드 사용 내역 등을 빠짐없이 적격증빙 형식으로 정상적으로 비용 처리 해야 한다. 수익 없이 발생한 비용은 결손금 계정으로 15년 동안 이월되어 수익에서 상계한다. 이러한 이월결손금 제도를 통해 법인세 절세를 할 수 있다.

업무용 승용차를 지혜롭게 활용하자

임대를 주요 목적으로 하는 법인의 경우 부동산 소재지에서 임대만 하므로 업무용 승용차 이용이 인정되기 어렵다. 그러나 매매를 목적으로 하는 법인은 부동산을 매수하고 매도하는 것을 주된 업무로 보기 때문에 임장 등을 위한 업무용 승용차 이용이 인정된다. 법인 명의로 차량을 취득해 사용하면서 관련 지출을 비용 처리 할 수 있고 법인세 절세로 연결된다. 구매, 리스, 렌트 등 다양한 방법을 활용하자.

업무용 승용차 관련 지출을 비용으로 인정받으려면 운행기록부를 작성해야 하는 불편함이 있다. 그러나 경차나 9인승 이상 승합차는 업무용 승용차의 범위에 해당되지 않으므로 운행기록부를 작성하지 않아도 차량 관련 지출에 대해서 전액 비용 처리할 수 있다. 소정의 요건을 갖춘 소규모 내국법인은 업무용 승용차 관련 비용 한도가 줄어들게 되므로 참고하기 바란다.

- 해당 사업연도 종료일 현재 내국법인의 지배주주 등이 보유한 주식 등
의 합계가 해당 내국법인의 발행주식 총수 또는 출자총액의 50퍼센트
를 초과한 법인.
- 해당 사업연도에 부동산 임대업을 주된 사업으로 하거나 부동산 또는
부동산 권리의 대여로 인해 발생하는 소득의 금액, 이자 소득, 배당소
득 등의 합계가 기업회계기준에 따라 계산한 매출액의 100분의 50 이
상인 법인.

위에 해당하는 법인은 운행기록부 작성 없이도 공제받을 수 있는 금액 최
대 500만 원(기존 1,500만 원), 감가상각 한도액 500만 원(기존 800만 원), 처
분 손실 기준액 400만 원(기존 800만 원) 등으로 줄어든다.

조세특례제한법 등의 추가감면 제도를 적극 활용하자

조세특례제한법에 대해 처음 들어보는 독자도 있을 것이다. 일정 요건을 충
족하면 법인세를 절감해주는 일종의 추가감면 제도라고 생각하면 된다. 부동
산 매매 법인의 경우 조세특례제한법의 혜택을 받기가 쉽지는 않다. 그러나
법인세 신고 전에 해당 법 조항에서 규정하는 수많은 내용 중 혹여나 혜택
을 받을 게 있는지 세무대리인과 소통하면서 확인하도록 하자. 세무대리인
이 아무리 노력해준다고 해도 법인 대표가 알고 문의하는 경우와 그렇지 않
은 경우는 다르다. 법인세 절세에 도움이 될 수 있으므로 챙기도록 하자.

토지 등 양도소득에 대한 법인세 규정을 숙지하자

토지 등 양도소득에 대한 법인세는 법인이 부동산 투기를 하는 것을 막기 위해서 토지나 건물에서 발생하는 양도소득에 추가 과세하는 세금을 의미한다. 대상이 되는 자산은 법인이 보유한 비사업용 토지, 법령에서 정하는 주택, 별장, 조합원 입주권 및 분양권 등이다. 토지 등 양도소득에 대한 법인세는 법인세에 더해 추가로 납부해야 하므로 투자 수익에 반영해 고려해야 한다.

이 법인추가세율은 10~40퍼센트로 매우 높은 수준이다. 그러므로 애초에 투자 목적으로 부동산을 매수할 때는 해당 물건이 대상인지 여부를 자세히 검토할 필요가 있다. 세금 이상의 이익을 얻을 수 있다는 계산이 나온다면 투자할 수 있겠지만 그렇지 않다면 해당 부동산을 배제하는 것이 수익률을 높이는 방법이다.

● **토지 등 양도소득에 대한 법인추가세율**

대상자산		세율
주택(부수토지 포함) 및 별장	등기자산	20%
	미등기자산	40%
비사업용 토지	등기자산	10%
	미등기자산	40%
조합원 입주권 및 분양권		20%

대구 공실 상가 경매 낙찰 후 바디폴리오 창업

낙찰자 | ㈜하랑코퍼레이션 김건우

상가 낙찰받으면 모든 게 해결되던 행복한 과거는 끝났다

처음 경매를 공부하면 제일 먼저 충격적으로 다가오는 사실이 하나 있다. 바로 상가 물건의 경우 유찰을 거듭할 때마다 감정가 대비 최저 매각금액이 말도 안 되는 비율로 떨어진다는 사실이다. 책만 읽고 강의만 듣다가 대법원이나 경매사이트에서 감정가 대비 말도 안 되는 가격으로 내려간 상가 물건을 접하면 욕심이 나게 마련이다. '대박이다. 저렴하게 낙찰만 받으면 손해 볼 일 없겠어. 인생 최대의 기회야!'

꿈에 부풀어 가슴 설렌 경험이 누구나 한 번쯤 있을 것이다. 그런데 막상 낙찰받으면 어떻게 될까? 기쁨은 잠시, 얼마지 않아 막연했던 기대가 한낱 헛된 꿈이었다는 것을 확인하게 된다. 중개업소, 지인들, 컨설팅회사, 프랜차이즈 회사 등을 두루 돌면서 입점 제안을 해보고 나서야 해당 상가가 왜 그렇게 여러 차례 유찰되고 최저 매각금액이 왜 떨어졌는지 깨닫게 된다.

눈만 뜨면 금리가 올라가는 시대가 되었다. 고금리 시대 매달 갚아야 하는 이자, 상가가 비어 있어도 꼬박꼬박 내야 하는 관리비 등 고정비 지출이 만만치 않다. 꿈이라고 생각했던 것과 달리 자신이 지옥문 앞에 서 있다는 것을 자각하게 되고 그제야 현실을 깨닫는다.

누구나 상가를 경매, 신축 분양, 일반 매매 등을 통해 취득한다. 그렇다면 해당 상가의 사업화 모델은 무엇일까? 그렇다. 대부분 임대다. 천편일률적이라 할 만큼 임대에만 목을 맨다. 주변 중개업소에 연락해서 '세입자를 잘 맞춰주면 소개비를 더 주겠다'고 읍소한다. 그러곤 시간이 답이라는 식으로 기다리기만 한다. 1차원적인 전략이 아닐 수 없다. 팬데믹 이전에는 그래도 무방했다. 하지만 이제는 아니다.

상가 경매에 임할 때 다양한 대안 수립은 필수다

매일 무수히 많은 경매 물건을 검색해 분석한다. 특히 '취득 후 임대'라는 1차원적인 생각을 벗어나 다차원적인 시각으로 물건을 분석하고 여러 대안을 만든 다음, 입찰 후 벌어질 일들을 가정해보고 결과를 예측한다. 1안, 2안, 3안… 각각의 대안을 만들고 최악의 상황을 가정한다. 이렇듯 안정성을 확

출처: 스피드옥션

보한 이후에야 경매로 낙찰받든 분양받든 매매하든 결정한다. 경매를 분석하다 보면 많은 그림이 그려진다. 법인 투자자 김건우 님에게 해당 물건은 특히 기억에 남는다. 극도로 열악한 상가를 경매받은 후 사업화에 성공시킨 물건이기 때문이다. 편의상 그를 W라 칭한다.

해당 물건은 대구 동구 신서동의 아파트 상가 1층이다. 대지권 34.3제곱미터(10.39평), 전용면적이 78제곱미터(26.65평), 감정가 5억 원이었는데 4회 유찰되어 최저가가 1억 2천만 원까지 떨어져 있었다.

유찰이 많은 상가라면 이유를 상세히 분석할 것

4회나 유찰되었다. 왜일까? 처음부터
호기심을 갖고 들여다보았다. 이쯤 되
면 아무도 들어오고 싶지 않은 상가라
는 의미다. 발상을 바꿔야 했다. '아무
도 답을 찾지 못한 상가를 사업화해서
성공하면 온리원이 될 수 있다. 그 어
떤 상가도 개발할 수 있는 무적이 된다!'

유찰의 이유는 아무래도 코로나 팬
데믹 여파다. 많이 호전되었다고는 하
나 앞으로 경제 여건이 더 힘들다고

● **해당 물건의 지도와 상가 위치**

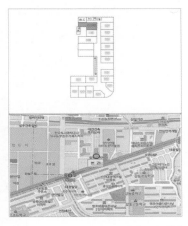

출처: 스피드옥션

하니 자영업자로서는 선뜻 험지에서 사업을 시도하기 어렵다.

상업적인 용도에 부적합해 보이는 건물 입지도 한몫했다. 전문지식이 없
는 사람이 보아도 일반인이 접근하기 어려워 보였다. 1층 상가인데 창이 없
어 환기는커녕 호객도 어려웠다. 요식업은 당연히 어렵고 빛이 잘 들지 않
아 누군가 상주하여 업무를 보기도 쉽지 않다. 상가도 활성화되지 않아서
통행도 거의 없어서 서글픈 생각마저 들었다. 이런 물건은 중개업소에 몇
배의 보수를 약속해도 세입자를 찾기가 어렵다.

손에 땀을 쥐게 한 낙찰의 순간

W의 경우 해당 물건의 사업화 방향성을 어느 정도 확정하고 입찰에 임했지만, 다른 이들에게는 그런 대안이 없다. 그렇듯 판단하고 처음에는 최저금액으로 투찰하려고 했다. 하지만 언제나 만약은 있다. 그래서 마지막 순간에 9만 원을 높였다. 그런데 그것이 적중했다. 2등과 겨우 5만 원 차이로 1등을 한 것이다. 짜릿한 순간이다. 게다가 거의 최저가다. 마지막 순간의 선택이 아니었다면 다른 사람의 손에 들어갔을 것이다. W는 식은땀이 흐르며 등골이 서늘해졌다. 자칫 오래 공들인 물건을 빼앗길 뻔했다. 역시 경매장은 분위기에 따라 누가 참여할지 예측하기 힘든 눈치싸움의 전장이다.

해당 물건 매입을 결정하게 된 4가지 이유

최저가로 경매될 만큼 누구도 눈을 주지 않은 물건을 W는 왜 주목했나?

첫째, 해당 물건의 매입가가 시세 대비 터무니없이 저렴했다. 입찰 공고에 첨부된 감정평가서만 참고한 게 아니라 발품을 통해 주변 부동산 시세도 빼놓지 않고 조사했다. 주변 상업용지 시세가 평당 1천~1,500만 원 선이라는 걸 고려할 때 낙찰만 받으면 건물은 공짜로 얻는 셈이다.

둘째, 해당 상가 물건이 속한 아파트 단지가 500세대 이상이다. 아파트 상가는 단지 세대수가 중요하다. 최소 500세대 이상은 되어야 어느 업종이든 독점적 영업을 통해 일정 매출을 확보할 수 있다. 그래야만 입점 세입자도 안전마진을 확보할 수 있어 임대 시에도 유리하다. 무조건 임대만 준다고 능사가 아니다. 들어오는 소상공인도 먹고살 수 있어야 할 것 아닌가. 해당 물건이 속한 아파트는 4개 동 619세대로 기준에 부합했다.

셋째, 거주자뿐 아니라 외부인도 이용하기 편리했다. 특히 외부인들이 이동할 때 동선이 겹치는지를 확인해야 한다. 해당 상가는 인근 이마트를 이용하려면 반드시 통과해야 하는 동선이며 큰 도로와 접해 있고 넓은 횡단보도도 있어서 외부인 접근이 편리했다. 당시는 상가가 활성화되지 않았을 뿐 접근성은 좋았다.

넷째, 세입자를 구하지 못했을 때 어떻게 할 것인가? W는 대안이 있었다. 어떤 상가든 이 물음에 대한 해답이 없다면 과감히 포기하는 게 맞다고 생각한다. 투자자는 시간과 비용을 최대한 효율적으로 써야 하며 사업화하기로 마음먹었으면 확실히 성공시켜야 한다.

해당 물건을 매입해야 할 이유가 이미 3가지를 넘었다. 그러므로 W는 마지막 물음에 대한 해답을 찾고자 노력했다. 쉽지는 않았다.

투자자는 부모가 자식을 바라볼 때 1퍼센트의 실낱같은 가능성에도 모든

● **해당 물건의 외관과 내부 모습**

희망을 걸듯 부동산 물건을 바라볼 때도 1퍼센트의 가능성이라도 찾아보고 사업화하려는 노력을 기울인다. 예상치 못한 시행착오를 겪거나 결과가 좋지 않을 수도 있다. 그러나 그 역시 우리를 성장시켜주는 계기가 된다. 디벨로퍼Developer로서의 큰 자산으로 남기 때문에 모든 경험이 소중하다.

단점을 장점으로 바꿔주는 마법의 기술

해당 물건은 모두가 단점이라고 생각하는 여러 요소가 있었다. 그런데 단점을 전부 장점으로 전환할 수 있다면? 발상을 바꾸면 무엇이 가능할까? W가 고심 끝에 생각해낸 사업 아이템이 바디폴리오bodyplio였다. 바디폴리오는 바디프로필bodyprofile에 특화한 포트폴리오 작업을 할 수 있는 스튜디오로 W가 직접 착안한 개념이다.

첫째, 하루 종일 빛이 들어오지 않는다. 역발상을 해보았다. 빛이 안 들어오면 인공조명으로 자유자재로 빛을 조절할 수 있다. 다양한 조명으로 색다른 연출을 해서 사진을 찍을 수 있는 공간을 만들 수 있다.

둘째, 상가에 손님이 적어 쥐 죽은 듯이 고요하다. 이 역시 포스트 펜데믹 스타일과 맞아떨어진다. 연인이나 부부, 가족이나 혼자 등 소수를 위한 추억의 공간을 만들 수 있다.

셋째, 창이 없고 환기가 쉽지 않아 상주해 업무를 보기 어렵다. 그럼 무인 사업장을 만들면 된다. 특별한 기술이 필요 없고 인건비가 들지 않으면 향후 상가를 매도할 때 소유주가 직접 운영할 수 있어 큰 장점이 된다.

예상은 적중했다. 개업 이후 다양한 연령대에 걸쳐 수요가 밀려들고 있다. 일반 대여는 물론 작가들의 협업 제안과 가맹 문의도 이어지고 있다. 무엇보다 저렴한 가격으로 상가를 취득했기 때문에 당분간 큰 수입이 발생하지 않아도 별 어려움이 없다. 그런데 기대보다도 대여가 활발한 상황이다. 지속해서 적정매출을 확보하고 안정적인 이익을 얻을 수 있으리라 예상된다.

● **해당 물건의 사업화 후 모습**

양주 옥정신도시
상가 10층 전부 낙찰 후 테니스장 창업

낙찰자 | ㈜KR인베스트먼트 유근용, 김건우 ㈜이로컴퍼니 김재웅 외 1인

3개 법인이 공동 입찰로 상가 한 층을 통째로 낙찰

내가 운영하는 발품불패에서 다가구 투자 강사로 활동하고 있는 김재웅(곰물주) 씨로부터 연락이 왔다. "용쌤! 괜찮은 상가가 나왔는데 괜찮으면 함께 입찰하시죠." 경매로 상가를 낙찰받아 사업화하기 위한 준비를 하던 상황이라 사건번호를 전달받아 바로 물건 검색에 들어갔다. 해당 물건은 속된 말로 정말 대박이었다. 양주 옥정신도시에 있는데 12층 5개 호실 전체가 경매로 나왔다. 금액이 커서 2~3개만 낙찰을 받을까 생각했는데 분석할수록 전체를 다 받아야 더 큰 가치와 이익이 있을 거라는 판단이 들었다.

● 해당 물건의 경매 정보

의정부 물번[1]		경기도 양주시 옥정동 제12층 [대지권 6.8평] [전용 42.8평] [공동담보]	상가 (점포)	322,000,000 225,400,000 매각 301,890,000	2022-09-16 [입찰10명] (주) 외2	매각 (70%) (94%)	414
의정부 물번[2]		경기도 양주시 옥정동 제12층 [대지권 5평] [전용 31평] [공동담보]	상가 (점포)	223,000,000 156,100,000 매각 202,890,000	2022-09-16 [입찰10명] (주) 외2	매각 (70%) (91%)	172
의정부 물번[3]		경기도 양주시 옥정동 제12층 [대지권 5.8평] [전용 36.1평] [공동담보]	상가 (점포)	259,000,000 181,300,000 매각 236,890,000	2022-09-16 [입찰8명] (주) 외2	매각 (70%) (91%)	106
의정부 물번[4]		경기도 양주시 옥정동 제12층 [대지권 6.8평] [전용 42.8평] [공동담보]	상가 (점포)	288,000,000 201,600,000 매각 266,890,000	2022-09-16 [입찰20명] (주) 외2	매각 (70%) (93%)	109
의정부 물번[5]		경기도 양주시 옥정동 제12층 [대지권 6.3평] [전용 39.6평] [공동담보]	상가 (점포)	260,000,000 182,000,000 매각 238,890,000	2022-09-16 [입찰17명] (주) 외2	매각 (70%) (92%)	113

출처: 스피드옥션

해당 물건을 선택한 이유는 크게 5가지다.

첫째, 항아리 상권으로 인구 유입이 확실하다. 항아리 상권이란 계속해서 수요가 담기는 중심 상권을 의미한다. 젊은 인구가 유입되면서 학원, 병원, 음식점이 계속 채워지는 추세다. 대형 학원이 입점하면서 다른 지역 사람들도 이곳으로 몰린다. 서울 북부와 의정부와 근접해 있고 양주테크노밸리 등 일자리 창출로 인한 인구 유입 기대심리도 크다. 경기 북부권역에서도 발전 가능성과 인프라 구축이 확실한 곳이라 할 수 있다.

둘째, 인구가 지속해 팽창하고 있다. 양주시 인구 증가의 비결은 신도시 개발사업으로 주거 가치를 인정받은 덕택이다. 양주 옥정신도시는 약 1천 117만 제곱미터 규모에 달하는 2기 신도시로 수도권 동북부 최대 규모를 자랑한다. 교통, 교육, 편의시설 등 양질의 생활 인프라가 구축되고 있어 10년 간 20퍼센트 이상 인구가 증가했고 앞으로도 계속 늘어날 것이다.

● **해당 물건의 지도**

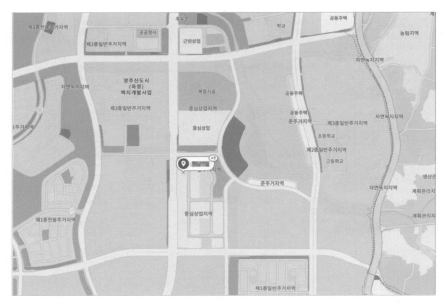

출처: 네이버 지도

셋째, 교통 호재가 잇따르고 있다. 양주시는 GTX-c, 지하철 7호선 연장선, 수도권 순환철도 교외선, 수도권 제2순환고속도로 등 광역 교통시설과 대중교통 활성화를 위한 BRT 등 교통계획을 수립했다. 7호선 도봉산~옥정 연장선은 2026년 말 개통을 목표로 공사 중이며 옥정~포천선은 2022년 10월 기본계획이 승인되었고 GTX-c 노선도 우선협상대상자와 실시협약을 마친 상황이다. 특히 7호선 도봉산~옥정 연장선의 경우 상가 바로 옆에 출구가 생겨서 향후 해당 물건의 가치는 더욱 높아질 것이다.

넷째, 상가 한 층을 전부 소유할 수 있다. 전체 층을 사용한다는 것의 이점은 엄청나다. 요즘 신도시 헬스장은 지하든 고층이든 한 층을 전부 임대하거나 매입해 운영한다. 개방감과 쾌적함이 남다르며 고급스러운 인테리어로 차별화할 수 있다. 다른 매장 이용자와 부대끼지 않아도 되고 엘리베이터 내리자마자 매장으로 연결되어 고객에게 만족감을 준다. VIP 고객을 대상으로 하는 업종이라면 꼭 필요한 조건이다.

다섯째, 무엇보다 가격이 저렴하다. 나는 신규 상가는 절대 분양받지 않는다는 신념을 갖고 있다. 분양사의 감언이설에 속아 덜컥 계약했다가 몇 년이나 공실이 되어 대출 이자에 관리비만 허비하는 상가 투자자가 허다하다. 내가 거주하는 마곡 역시 옥정신도시와 비슷한 시기에 분양했지만 아직 2, 3층은 공실이 많다. 무려 6년이나 지났는데도 말이다. 상가는 분양이 아니라 경매로 낙찰받아야 하는 이유다.

작은 상가에서부터 낙찰받아서 경험을 쌓자

5개 상가 전체의 감정가는 13억 5,200만 원으로 전용면적은 634제곱미터(192평)에 달한다. 원래 제약회사가 전체를 분양받아서 일부 호실만 사용했는데 펜데믹으로 사업이 어려워져 한꺼번에 경매로 나왔다. 물건을 분석할수록 5개 전부를 낙찰받아야겠다는 생각이 강하게 들었다. 하지만 여러 사업을 하던 터라 크게 무리하면 안 되는 처지였다. 결국 우군 한 명을 더 모셔와서 3개 법인이 공동으로 입찰하기로 했다.

권리분석과 시세 파악은 어렵지 않았으나 입찰 당일까지 얼마를 쓸까 고민을 정말 많이 했다. 5개 중 하나라도 빠지면 계획은 틀어진다. 낙찰받아 임대를 줄 계획이었다면 더 보수적으로 입찰가를 적겠지만, 그래선 패찰이 불 보듯 뻔하다. 일반 매매보다 저렴하게 상가를 취득해 직접 사업화하겠다는 계획이었으므로 좀 더 공격적으로 입찰가를 적을 필요가 있었다.

여기서 교훈이 하나 있다. 월세 수익만 노리는 경매 투자자는 사업화를 고민하는 투자자를 가격으로 이기기 어렵다. 그러므로 우선 작은 규모의 상가를 낙찰받아 임대해보고 경험을 쌓은 후에 스스로 상가를 취득해 사업을 하겠다는 마음으로 고민의 범위를 넓혀갈 필요가 있다. 그래야만 낙찰 확률도 높일 수 있고 투자 실력도 업그레이드해나갈 수 있다.

어렵게 진행된 낙찰, 대출, 명도까지의 전 과정

입찰 당일에 나는 법원에 갈 수 없는 상황이었다. 사무실에서 마음 졸이며 결과를 기다리는데 물건 하나의 결과가 발표될 때마다 단체 카톡방에서 환호성이 터져 나왔다. 예상대로 경쟁은 치열했고 최대 20명까지 입찰했다. 낙관할 수만은 없는 상황이었다. 그러나 결과는 5개 모두 낙찰 성공! 2등과도 금액 차이도 짜릿할 정도로 근소했다. 단 하나라도 실패했다면 난감할 뻔했지만 감사하게도 전부 낙찰받을 수 있었다.

상가를 5개나 낙찰받았으니 이제 대출을 알아봐야 한다. 주거용은 법인 대출이 안 되지만 상가는 규제가 없다. 낙찰 금액의 70퍼센트 이상 대출을 받을 수 있다. 낙찰 총액이 12억 4천만 원인데 9억 6천만 원을 대출받았다. 금리는 5.5퍼센트였다. 3개 법인이 공동으로 낙찰받았기 때문에 부담 또한

● 해당 물건의 강제집행 모습

3분의 1로 나눠가질 수 있다.

이제 명도가 남았다. 처음에는 수월할 걸로 예상했다. 채무자가 연락도 잘 받고 협조를 잘해줄 것처럼 나왔기 때문이다. 그런데 시간이 지날수록 거짓말과 시간 끌기로 협의할 수 없는 지경이 되었다. 이런 경우를 대비해 반드시 협상과 소송을 병행해야 한다. 처음부터 너무 호의적으로 나오는 채무자나 임차인은 오히려 다소 경계해야 할 필요도 있다. 잔금 납부 완료 후 인도명령 신청을 해두었고 협상이 불가해지자 결국 강제집행을 통해 명도를 완료할 수밖에 없었다.

사업화 아이템을 결정하기까지 고민의 과정

낙찰 전과 잔금 납부 전까지도 여러 아이템을 놓고 고민했다. 그중 최종까지 후보에 오른 것은 실내 키즈풀과 실내 테니스장이었다. 그런데 여러모로 알아본 결과 실내 키즈풀은 경쟁력은 적은데 비해 시설비가 많이 들었다. 결국 실내 테니스장으로 최종 결정했다. 이유는 2가지다.

첫째, 수요에 비해 공급이 턱없이 부족했다. 양주 옥정신도시에는 테니스장이 딱 한 곳뿐이었다. 분석해보니 선수 출신 코치 한 명이 새벽부터 저녁까지 전일제로 운영하는데도 신규 회원의 경우 레슨 예약하기가 쉽지 않았다. 경쟁력이 있는 사업 아이템이라고 판단했다.

둘째, 경쟁업체에 비해 확연히 차별화할 수 있다. 현재 운영 중인 테니스장은 80평가량 되었다. 우리는 200평 규모이니 오픈하면 수요가 몰릴 수밖에 없다고 판단했다. 설령 새로 실내 테니스장이 생겨도 우리 규모를 넘어서기는 힘들다고 판단했다.

낙찰 후 공사에 들어가기 전에 시장 반응을 보기 위해서 중개업소 몇 곳에 물건을 내놔봤다. 그랬더니 서울에서 맥주 관련 사업을 하는 분이 18억 원에 매입하겠다고 제안했다. 12억 4천만 원에 매입했으니 18억 원에 매도하면 단숨에 5억 6천만 원의 수익이 난다. 그러나 우리는 팔 생각이 없다. 엄청난 가치를 불어넣어서 추후 25억 원 이상에 매도할 작정이기 때문이다.

현재를 분석하는 눈과 미래를 내다보는 눈

상가가 동편 3개, 서편 2개로 분리되어 있다 보니 동편의 경우 전체를 정식 규격의 풀코트 테니스장으로 만들어 레슨과 대관에 사용할 예정이다. 서편은 하프코트에 서비머신을 구비해 레슨과 휴게공간으로 활용할 것이다. 물

● 해당 물건의 내부 공사 모습

건을 낙찰받고 가장 놀란 것이 1호와 4호에 붙어 있던 테라스였다. 테라스 크기가 생각보다 커서 활용도가 높았기 때문이다. 이곳 또한 새로운 공간으로 탈바꿈할 예정이다. 서브 레슨 공간을 겸해 멋진 전망을 살려 포토존으로 활용하려고 한다.

해당 물건은 국내 유일의 블랙 콘셉트 테니스 경기장으로 매우 고급스러운 곳이 될 것이다. 경기 북부 최대 실내 테니스장이자 옥정신도시의 랜드마크가 될 터이니 독자들도 꼭 한 번 방문해보기를 바란다.

상가는 경매로 취득하는 게 진리다. 경매를 통해 저렴하게만 낙찰받는다면 시설비는 공짜로 하는 것이나 다름없다. 아무리 경매라 저렴한 상가라 해도 낙찰받아 임대한다는 1차원적 사고에서 벗어나 현재와 미래의 트렌드가 어떻게 흘러가는지 사업가의 관점으로 고민할 필요가 있다.

신은 우리에게 2개의 눈을 선물했다고 한다. 하나는 현재를 보는 눈이고 또 다른 하나는 통찰력을 가지고 미래를 보는 눈이다. 통찰력을 기르려면 그만큼 많이 보고 많이 듣고 많이 경험해야 한다. 읽고 기록하고 행동해서 통찰력을 기르고 경매와 공매를 통해 나만의 사업을 꾸려 나간다면 어느 순간 경험치와 수익은 몰라보게 높아져 있을 것이다.

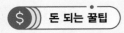

부동산 1인 법인으로
사업 영역 다각화하기

나는 현재 다양한 사업을 진행하고 있다 보니 무려 12개의 법인을 운영 중이다. 그중 가장 먼저 설립한 법인은 태준, 태민 두 아들 이름을 따 '주식회사 준민컴퍼니'라고 명명했다.

해당 법인의 업태와 종목을 보면 정말 다양하다. 주거용 건물 매매업부터 토목공사, 토지형질변경업, 택지조성업, 건축공사업, 건축 및 인테리어, 그밖에도 통신판매업 및 프로그램 개발업, 투자 컨설팅, 광고대행업, 구매대행, 일반 교과학원 및 부동산 강의까지 다양한 종목들로 채워져 있다.

법인을 설립할 때는 추후 어떤 사업으로 확장될지 모르니 종목들을 최대한 많이 채워 넣는 것이 좋다. 만약 교육서비스업만 추가했다가 추후 투자를 위한 종목을 추가하려면 셀프로 할 경우라도 15만 원 정도의 비용이 들고 등기소까지 직접 가서 서류를 제출해야 하는 번거로움이 생긴다. 아직 법인 설립 전이라면 아래 준민컴퍼니 사업자등록증 상의 업태와 종목을 보고서 최대한 가능한 것을 두루 넣어서 법인 설립을 하면 향후 대부분의 사업을 종목 추가나 변경 없이 모두 영위할 수 있을 것이다. 법인의 확장성은 무한하다. 법인의 수익 구조를 다양화해 탄탄한 법인으로 만들어간다면 잘 키운 자식들처럼 든든하게 당신의 미래를 지켜줄 것이다.

● **다양한 업태와 종목이 포함된 사업자등록증 예시**

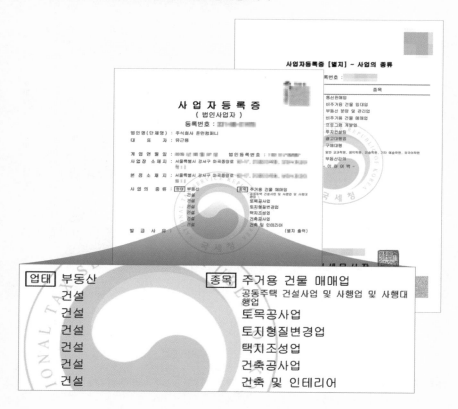

부동산 1인 법인 운영에 도움이 되는 사이트와 블로그

1인 법인 운영 전반	• **일독일행 초인용샘** https://blog.naver.com/s2589000 • **바람세무사** https://blog.naver.com/windctajh
1인 법인 설립과 운영	• **발품불패** https://cafe.naver.com/changeyoureverything • **법무통** https://www.bmtong.co.kr • **국세청** https://www.nts.go.kr • **국세청 홈택스** https://www.hometax.go.kr • **국세법령정보시스템** https://txsi.hometax.go.kr
아파트 시세 정보	• **호갱노노** https://hogangnono.com • **아실** https://asil.kr • **네이버 부동산** https://land.naver.com
부동산 공급량, 빅데이터 기반 아파트 정보	• **부동산지인** https://aptgin.com
토지 시세, 다가구 시세 정보	• **밸류맵** https://www.valueupmap.com
부동산 가격 기본 정보, 가격산정 시스템	• **밸류쇼핑** https://valueshopping.land
토지 가격 정보	• **디스코** https://www.disco.re
부동산 정보, 청약 정보, 각종 통계 자료	• **한국부동산원(한국감정원)** https://www.reb.or.kr
실거래가, 개별공시지가	• **국토부 실거래가 공개 시스템** http://rt.molit.go.kr
토지 이용 규제 정보	• **토지이음** http://www.eum.go.kr
은행별 금리 정보	• **전국은행연합회** https://www.kfb.or.kr

부동산 시세 정보	• **KB부동산 리브온** https://kbland.kr
유동인구 분석	• **엑스레이(X-RAY)맵** http://www.biz-gis.com/XRayMap
지역 분석, 신축 개발 검토, 용적률 계산	• **랜드북** https://www.landbook.net
연도별 로드뷰 정보	• **네이버 지도** https://map.naver.com • **카카오맵** https://map.kakao.com
세무사 가격 비교 사이트, 세무 관련 정보	• **세무통** https://semutong.com
상가, 사무실 특화된 사이트, 상권 분석	• **네모** https://www.nemoapp.kr
다음 달 부동산 가격 예측	• **AI 부동산** https://www.risingrookie.com
공매 정보	• **온비드** https://www.onbid.co.kr • **스마트 온비드** https://m.onbid.co.kr
부동산 종합증명 서비스	• **일사편리** https://kras.go.kr
건축물대장 발급	• **정부24** https://www.gov.kr • **건축행정 시스템 새움터** https://cloud.eais.go.kr
전국 400여 개 대학 지원, 대학생 대상 원룸, 셰어하우스 홍보	• **에브리타임** https://everytime.kr
인테리어 활용 팁	• **레몬테라스** https://cafe.naver.com/remonterrace
도배 · 장판 최저가 비교	• **하우스탭** https://www.houstep.co.kr
인테리어 소품, 시공 관련 사이트	• **오늘의집** https://ohou.se
빌라, 주택, 원룸 정보	• **직방** https://www.zigbang.com • **다방** https://www.dabangapp.com
부동산 종합 포털	• **씨:리얼** https://seereal.lh.or.kr

소상공인 상권 분석	• **상권 정보** http://sg.sbiz.or.kr
창업 관련 정보 제공, 정책 자금, 상권 정보	• **소상공인마당 자영업 지원 포털** https://www.sbiz.or.kr/sup/main.do
부동산 관련 각종 계산	• **부동산계산기** https://ezb.co.kr
토지, 개발 정보	• **땅야** https://www.ddangya.com
부동산 직거래, 임장, 스터디 인맥 매칭	• **부참시(Beta)** 플레이스토어, 앱스토어에서 '**부참시**' 검색

[설립 관련 양식 ❶] 법인설립신고 및 사업자등록신청서

■ 법인세법 시행규칙 [별지 제73호서식] <개정 2022. 3. 18.>

홈택스(www.hometax.go.kr)에서도 신고 할 수 있습니다. (앞쪽)

접수번호	[ ] 법인설립신고 및 사업자등록신청서 [ ] 국내사업장설치신고서(외국법인)		처리기간 2일 (보정기간은 불산입)

귀 법인의 사업자등록신청서상의 내용은 사업내용을 정확하게 파악하여 근거과세의 실현 및 사업자등록 관리업무의 효율화를 위한 자료로 활용됩니다. 아래의 사항에 대하여 사실대로 작성하시기 바라며 신청서에 서명 또는 인감(직인)날인하시기 바랍니다.

1. 인적사항

법 인 명(단체명)		승인법인고유번호 (폐업당시 사업자등록번호)	
대 표 자		주민등록번호	-
사업장(단체)소재지		층 호	
전 화 번 호 (사업장)		(휴대전화)	

2. 법인현황

법인등록번호	-		자본금		원	사업연도	월 일 ~ 월 일

법 인 성 격 (해당란에 ○표)											

내 국 법 인						외 국 법 인			지점(내국법인의 경우)		분할신설법인	

영리 일반	영리 외투	신탁 재산	비영 리	국가 지방자 치	법인으로 보는 단체		지점 (국내사업장)	연락 사무소	기타	여	부	본점 사업자 등록번호	분할전 사 업자등록 번호	분할연월일
					승인법인	기타								

조합법인 해당 여부		사업자 단위 과세 여부		법인과세 신탁재산		공 익 법 인					외국· 외투 법인	국 적	투자비율
여	부	여	부	여	부	해당여부	사업유형	주무부처명	출연자산여부				
									여	부	여 부		

3. 법인과세 신탁재산의 수탁자(법인과세 신탁재산의 설립에 한함)

법 인 명(상호)		사 업 자 등 록 번 호	
대 표 자		주 민 등 록 번 호	
사 업 장 소 재 지			

4. 외국법인 내용 및 관리책임자 (외국법인에 한함)

외 국 법 인 내 용				
본점	상 호	대 표 자	설 치 년 월 일	소 재 지

관 리 책 임 자			
성 명 (상 호)	주민등록번호 (사업자등록번호)	주 소 (사업장소재지)	전 화 번 호

5. 사업장현황

사 업 의 종 류						사업(수익사업) 개 시 일
주업태	주 종 목	주업종코드	부업태	부 종 목	부업종코드	
						년 월 일

사이버몰 명칭		사이버몰 도메인				

사업장 구분 및 면적		도면첨부		사업장을 빌려준 사람(임대인)			
자가	타가	여 부	성 명(법인명)	사업자등록번호	주민(법인)등록번호	전화번호
㎡	㎡					

임 대 차 계 약 기 간	(전세)보증금	월 세(부가세 포함)
20 . . ~ 20 . .	원	원

개 별 소 비 세				주 류 면 허		부가가치세 과세사업		인·허가 사업 여부			
제 조	판 매	장 소	유흥	면허번호	면허신청	여	부	신고	등록	인·허가	기타
					여 부						

설립등기일 현재 기본 재무상황 등						
자산 계	유동자산	비유동자산	부채 계	유동부채	비유동부채	종업원수
천원	천원	천원	천원	천원	천원	명

전자우편주소		국세청이 제공하는 국세정보 수신동의 여부	[ ] 문자(SMS) 수신에 동의함(선택) [ ] 이메일 수신에 동의함(선택)

210mm×297mm[백상지 80g/㎡ 또는 중질지 80g/㎡]

주식회사설립등기신청

접	년 월 일	처	접 수	조 사	기 입	교 합	각종통지
수	제 호	리 인					

등 기 의 목 적	주식회사 설립등기
등 기 의 사 유	정관을 작성하고 발기인이 회사설립시에 발행하는 주식의 총수를 인수하고 잔고(잔액)증명서로 주금납입을 대체하였으며, 2022년 1월 31일 발기인총회를 종결하였으므로 다음 사항의 등기를 구함.
본 · 지점 신청구분	1.본점신청 ■ 2.지점신청 □ 3.본·지점 일괄 신청 □

등 기 할 사 항	
상 호	
본 점	
공 고 방 법	공고방법은 서울에서 발행하는 일간 한국경제신문에 게재한다.
1 주 의 금 액	금 1000원
발 행 할 주식의 총수	1,000주
발행주식의총수, 그 종류와 각종 주식의 내용과수	보통주식 1,000주
자 본 의 총 액	금 1,000,000원

등 기 할 사 항	
목 적	1. 부동산 매매업 1. 부동산 개발 및 공급업

이사·감사의 성명 및 주민등록번호	사내이사 홍길동 (****** − ******)
	사내이사 홍부 (****** − ******)
	감사 놀부 (****** − ******)
대표이사의 성명과 주소	대표이사 김철수 (****** − ******)
	서울특별시 강남구 **동
지 점	
존립기간 또는 해산사유	
기 타 (주식의 양도에 관하여 이사회의 승인을 얻도록 정한 때에는 그 규정, 명의개서대리인을 둔 때에는 그 상호와 본점소재지 등)	

신청등기소 및 등록세/수수료

순번	신청등기소	구분	등록세 교육세	농어촌 특별세	세액합계	등기신청 수수료
1	서울지방법원 등기계	본점	금 112,500 원 금 22,500 원	금 0 원	금 135,000원	금 30,000원
합계			원 원		원	원
과세표준액	1,000,000원					

첨 부 서 면

1.정 관	각1통	1.잔고증명서	각1통
1.주식발행사항동의서	각1통	1.이사회의사록 (이사2명 이하 생략)	각1통
1.주식의 인수를 증명하는 서면	각1통	1.취임승낙서(인감증명서포함)	각1통
1.발기인총회의사록	각1통	1.주민등록등본	각1통
1.주주명부	각1통	1.인감신고서	각1통
1.기간단축동의서	각1통	1.등록세영수필확인서	각1통
1.조사보고서	각1통		

2023 년 2 월 28 일

신 청 인 (법인)

대표이사 김철수 (****** − ******) (인) ☎ 010-1234-1234

대 리 인

서울지방법원 등기계 귀중

부 동 산 임 대 차 계 약 서

☐ 전세 ☐ 월세

임대인과 임차인 쌍방은 아래 표시 부동산에 관하여 다음 계약내용과 같이 임대차계약을 체결한다.

1.부동산의 표시

소 재 지								
토 지	지 목		(대지권의 목적인 토지의) 면적		㎡	대지권 종류	대지권 비율	분의
건 물	구조·용도			면 적				㎡
임대할부분				면 적				㎡

2. 계약내용

제 1 조 (목적) 위 부동산의 임대차에 대하여 합의에 따라 임차인은 임대인에게 임차보증금 및 차임을 아래와 같이 지급하기로 한다.

보 증 금	금		원정 (₩	)
계 약 금	금		원정은 계약시에 지급하고 영수함. 영수자(	㊞)
중 도 금	금		원정은 년 월	일에 지급하며
잔 금	금		원정은 년 월	일에 지급한다.
차 임	금		원정은 (선불로·후불로) 매월	일에 지급한다.

제 2조 (존속기간) 임대인은 위 부동산을 임대차 목적대로 사용·수익할 수 있는 상태로 _____ 년 ____ 월_____ 일까지 임차인에게 인도하며, 임대차 기간은 인도일로부터 _____ 년 ____ 월____ 일까지로 한다.
제 3조 (용도변경 및 전대 등) 임차인은 임대인의 동의없이 위 부동산의 용도나 구조를 변경하거나 전대·임차권 양도 또는 담보제공을 하지 못하며 임대차 목적 이외의 용도로 사용할 수 없다.
제 4조 (계약의 해지) 임차인이 제3조를 위반하였을 때 임대인은 즉시 본 계약을 해지 할 수 있다.
제 5조 (계약의 종료) 임대차계약이 종료된 경우에 임차인은 위 부동산을 원상으로 회복하여 임대인에게 반환한다. 이러한 경우 임대인은 보증금을 임차인에게 반환하고, 연체 차임 및 관리비 또는 손해배상금이 있을 때는 이들을 제하고 그 잔액을 반환한다.
제 6조 (계약의 해제) 임차인이 임대인에게 중도금(중도금이 없을 때는 잔금)을 지불하기 전까지, 임대인은 계약금의 배액을 상환하고, 임차인은 계약금을 포기하고 본 계약을 해제할 수 있다.
제 7조 (채무불이행과 손해배상) 임대인 또는 임차인이 본 계약상의 내용에 대하여 불이행이 있을 경우 그 상대방은 불이행한 자에 대하여 서면으로 최고하고 계약을 해제할 수 있다. 그리고 계약 당사자는 계약해제에 따른 손해배상을 각각 상대방에 대하여 청구할 수 있으며, 손해배상에 대하여 별도의 약정이 없는 한 계약금을 손해배상의 기준으로 본다.
제 8조 (중개보수) 개업공인중개사는 임대인과 임차인이 본 계약을 불이행함으로 인한 책임을 지지 않는다. 또한, 중개보수는 본 계약체결과 동시에 계약 당사자 쌍방이 각각 지불하며, 개업공인중개사의 고의나 과실없이 본 계약이 무효·취소 또는 해제되어도 중개보수는 지급한다. 공동중개인 경우에 임대인과 임차인은 자신이 중개 의뢰한 개업공인중개사에게 각각 중개보수를 지급한다.(중개보수는 거래가액의 _____ %로 한다.)
제 9 조 (중개대상물확인·설명서 교부 등) 개업공인중개사는 중개대상물 확인·설명서를 작성하고 업무보증관계증서(공제증서 등) 사본을 첨부하여 계약체결과 동시에 거래당사자 쌍방에게 교부한다.

특약사항 임차인은 위 부동산에 존재하는 선순위 권리(근저당권, 임차권 등)로 인하여 경매 등이 실행될 경우 임차보증금의 전부 또는 일부를 반환받지 못할 수도 있음을 확인한다.
_____
임대할 부분의 면적은 (ex. 공부상 전용면적 또는 연면적, 실측면적)이다.
_____

본 계약을 증명하기 위하여 계약 당사자가 이의 없음을 확인하고 각각 서명·날인 후 임대인, 임차인 및 개업공인중개사는 매장마다 간인하여, 각각 1통씩 보관한다.
년   월   일

임대인	주 소							
	주민등록번호			전 화		성 명		㊞
	대 리 인	주 소		주민등록번호		성 명		
임차인	주 소							
	주민등록번호			전 화		성 명		㊞
	대 리 인	주 소		주민등록번호		성 명		
개업공인중개사	사무소소재지			사무소소재지				
	사무소명칭			사무소명칭				
	대 표	서명및날인	㊞	대 표	서명및날인			㊞
	등 록 번 호		전화	등 록 번 호			전화	
	소속공인중개사	서명및날인	㊞	소속공인중개사	서명및날인			㊞

주택임대차 관련 분쟁은 전문가로 구성된 대한법률구조공단 분쟁조정위원회에서 신속하고 효율적으로 해결할 수 있습니다.(국번없이 132)

정 관

제정 2022. 01. 25.

제1장 통칙

제1조 (상호)
본 회사의 상호는 주식회사 xxxxxxx(이)라고 한다.
제2조 (사업목적)
본 회사는 다음 각 호의 사업 수행을 그 목적으로 한다.
1. 경영 및 기업컨설팅업
1. 광고업 및 광고대행업
1. 온라인 광고업 및 온라인 광고대행업
1. 마케팅 관련 교육서비스업
1. 영상제작 및 영상제작 교육서비스업
1. 교육 컨설팅업
1. 교육 지원 서비스업
1. 교육관련 자문 및 평가업
1. 부동산 컨설팅업
1. 주거용, 비주거용 부동산 관리업
1. 부동산 경매 및 공매 입찰업
1. 부동산 및 주택 신축 판매업
1. 부동산, 주택, 상가 분양업
1. 주거용, 비주거용 부동산 임대업 및 전대업
1. 부동산 매매업
1. 부동산 경매 및 공매 컨설팅업
1. 부동산 투자자문 및 컨설팅업
1. 위 각 호에 관련된 전자상거래업 및 통신판매업
1. 위 각 호에 관련된 부대사업 일체
제3조 (본점 사업장의 소재지)
본 회사의 본점 사업장은 서울특별시내에 설치한다.
다만 이사회의 결의를 통하여 전국 각지 또는 해외에 지점 및 영업소를 설치할 수 있다.
제4조 (공고방법)
본 회사의 공고는 서울특별시 내에서 발행하는 일간 아시아경제신문에 게재한다.

제2장 주식

제5조 (장래에 발행할 주식의 총수)
본 회사가 장래에 발행할 주식의 총수는 10,000,000주로 한다.
제6조 (1주의 액면금)
본 회사가 발행하는 주식 1주의 액면금은 1,000원으로 한다.
제7조 (설립과 동시에 발행하는 주식의 총수)

본 회사가 설립과 동시에 발행하는 주식의 총수는 1,000주로 한다.
제8조 (주권)
본 회사의 주식은 기명주식으로서, 주권은 1주권, 5주권, 10주권, 50주권, 100주권, 500주권, 1,000주권의 7종으로 한다.
제9조 (주금납입의 지체)
신주인수인, 발기인 또는 주주는 주금납입을 지체할 경우, 본 회사에게 납입기일 다음날부터 납입을 완료할 때까지 납입을 지체한 주금에 관하여 연 20%의 비율로 계산한 지연손해금을 배상하여야 한다.
제10조 (주주 및 제3자의 신주인수권)
(1) 본 회사의 주주는 상법 제418조 제1항에 따라 그가 가진 주식 수에 비례하여 신주의 배정을 받을 권리가 있다.
(2) 제1항의 규정에 불구하고 상법 제418조 제2항에 따라 본 회사의 경영상 목적을 달성하기 위하여 필요한 다음 각 호의

경우에는 주주 외의 제3자에게 신주를 배정할 수 있다.
　1. 신기술의 도입, 재무구조의 개선을 위하여 필요한 경우
　2. 자본시장과 금융투자업에 관한 법률 제165조의6에 의거하여 이사회의 결의를 통하여 일반공모 방식으로 신주를 발행하는 경우
　3. 자본시장과 금융투자업에 관한 법률 제165조의7의 규정에 의거하여 우리사주조합원에게 신주를 배정하는 경우
　4. 상법 또는 벤처기업육성에 관한 특별조치법에 의한 주식매수선택권의 행사로 인하여 신주를 발행하는 경우
　5. 긴급한 자금의 조달을 위하여 국내외 금융기관, 일반법인, 개인에게 신주를 발행하는 경우
　(3) 주주가 신주인수권을 포기, 상실하거나, 무상증자를 발행하는 등의 사정으로 단주가 발생하는 경우, 이사회 결의를 통하여 그 처리방법을 정한다.
　(4) 신주에 대한 이익배당을 하는 경우, 신주를 발행한 시점이 속하는 사업연도의 직전 사업연도의 말에 발행된 것으로 보고 이익배당을 실시한다.
　제11조 (주식의 발행방법)
　(1) 본 회사는 이사회의 결의를 통하여 주주 및 주주 외의 제3자에게 신주를 발행할 수 있다.
　(2) 본 회사는 이사회 결의를 통하여 신주의 발행가액을 정하고, 신주의 일부 또는 전부를 시가로 발행할 수 있다.
　(3) 본 회사가 발행하는 종류주식은 이익배당에 관한 우선주식, 잔여재산분배에 관한 우선주식, 의결권 배제 또는 제한에 관한 주식, 상환주식, 전환주식 및 이들의 전부 또는 일부를 혼합한 주식으로 한다.
　(4) 본 회사가 발행하는 종류주식의 발행 총수는 발행주식 총수의 5분의 4 이내로 한다.
　제11조의2 (우선주식)
　(1) 이사회는 우선주식 발행시 그 액면가액을 기준으로 우선배당률을 정할 수 있다.
　(2) 이사회는 우선주식 발행시 이익배당, 잔여재산분배 등에 있어 참가적 또는 비참가적, 누적적 또는 비누적적인 것으로 정할 수 있다.
　(3) 본 회사는 의결권 없는 우선주식과 의결권 있는 우선주식을 발행할 수 있다.
　(4) 상법 제344조의3 제2항에 따라 본 회사가 의결권이 없는 종류주식이나 의결권이 제한되는 종류주식을 발행하는 경우에는 발행주식총수의 4분의 1 이내로 한다.
　제11조의3 (전환우선주식)
　(1) 본 회사는 이사회 결의를 통하여 보통주식 또는 우선주식으로 전환할 수 있는 전환우선주식을 발행할 수 있다.
　(2) 전환권의 행사로 인하여 발행하는 신주의 발행가액 및 주식의 수는 전환하기 전의 주식의 발행가액 및 주식의 수와 동일하다.
　(3) 전환권을 행사할 수 있는 기간은 이사회 결의를 통하여 발행일로부터 30년 이하의 범위로 정한다.
　(4) 전환권의 행사로 인하여 발행하는 주식에 대하여 이익배당을 하는 경우, 신주에 대한 이익배당을 하는 경우, 신주를 발행한 시점이 속하는 사업연도의 직전 사업연도의 말에 발행된 것으로 보고 이익배당을 실시한다.
　제11조의4 (상환우선주식)
　(1) 본 회사는 이사회 결의를 통하여 본 회사의 선택 또는 주주의 상환 청구에 따라 이익으로 소각할 수 있는 상환 우선주식을 발행할 수 있다.
　(2) 상환우선주식은 우선주식 발행시 그 액면가액을 기준으로 우선배당률을 정하되, 이사회 결의를 통하여 액면가가 아닌 발행가액을 기준으로 우선배당률을 정할 수 있다.
　(3) 상환주식의 상환가액은 [발행가액 + 발행가액 × 발행일부터 상환일까지의 경과일수 ÷ 365 × 우선배당률]의 기준에 따라 산정한다. 단 이사회가 정하는 바에 따라 위 기준에서 상환일까지 지급된 배당금을 차감하여 상환가액을 정할 수 있다.
　(4) 상환주식의 상환기간은 이사회 결의를 통하여 발행일이 속하는 회계연도에 대한 정기주주총회 종료일 다음날부터 발행일 이후 10년이 되는 날이 속하는 회계연도에 대한 정기주주총회 종료 후 30일이 경과하는 날 이내의 범위에서 정한다. 다만 다음 각 호의 1에 해당하는 사유가 발생하는 경우에는 그 사유가 해소될 때까지 상환기간은 연장된다.
　1. 상환주식에 대하여 우선적 배당이 완료되지 아니한 경우
　2. 본 회사의 이익이 부족하여 상환기간 내에 상환하지 못한 경우
　(5) 본 회사는 상환우선주식을 일시에 또는 분할하여 상환할 수 있다. 다만 분할하여 상환하는 경우에는 추첨 또는 안분비례의 방법에 의하여 상환할 주식을 정할 수 있고, 안분비례시 발생하는 단주는 상환에서 제외한다.
　(6) 본 회사가 상환우선주식을 상환할 경우에는, 상환일정, 상환의 대상이 되는 주식을 공고하고, 주주명부에 기재된 주주와 질권자에 대하여는 별도의 통지를 해야 한다.
　제11조의5 (상환전환우선주식)
　(1) 본 회사는 이사회 결의를 통하여 제11조의3의 전환우선주식임과 동시에 제11조의4의 상환우선주식인 상환전환우선주식을 발행할 수 있다.
　(2) 전환과 상환에 관한 내용은 제11조의3 및 제11조의4를 준용한다.
　제11조의6 (잔여재산분배에 관한 우선주식)
　(1) 본 회사는 이사회 결의를 통하여 잔여재산 분배에 관한 우선주식을 발행할 수 있다.
　(2) 제1항의 우선주식을 소유한 주주는 보통주식을 소유한 주주보다 청산 등 절차에서 우선적으로 잔여재산을 분배받을 수 있고, 보통주에 대한 잔여재산 분배율이 위 우선주식에 대한 잔여재산분배율을 초과하는 경우 그 초과분에 대하여 보통주와 동일한 분배율로 참가하여 분배를 받을 수 있다.
　(3) 제1항의 우선주식을 발행함에 있어 잔여재산 분배에 관한 구체적 사항은 이사회 결의로 정할 수 있다.
　제12조 (주식의 양도)
　주주는 그 주식을 자유롭게 양도할 수 있다.
　제12조의2 (자기주식의 취득 및 제한)
　(1) 본 회사는 다음의 방법에 따라 자기의 명의와 계산으로 자기의 주식을 취득할 수 있다. 다만 그 취득가액의 총액은 직전 결산기

의 재무상태표상의 순자산액에서 상법 제462조 제1항 각 호의 금액을 뺀 금액을 초과하지 못한다.

1. 거래소에서 시세가 있는 주식의 경우에는 거래소에서 취득하는 방법
2. 상법 제345조 제1항의 주식의 상환에 관한 종류주식의 경우 외에 각 주주가 가진 주식 수에 따라 균등한 조건으로 취득하는 것으로서 상법 시행령으로 정하는 방법

(2) 제1항에 따라 자기주식을 취득할 때에는, 미리 이사회의 결의로 다음 각 호의 사항을 결정하여야 한다.
1. 취득할 수 있는 주식의 종류 및 수
2. 취득가액의 총액의 한도
3. 1년을 초과하지 아니하는 범위에서 자기주식을 취득할 수 있는 기간
(3) 본 회사는 해당 사업연도의 결산기에 재무상태표상의 순자산액이 상법 제462조 제1항 각 호의 금액의 합계액에 미치지 못할 우려가 있는 경우에는 제1항에 따른 주식의 취득을 할 수 없다.

제12조의3 (특정목적에 의한 자기주식의 취득)
본 회사는 다음 각 호의 어느 하나에 해당하는 경우에는 제12조의2에도 불구하고 자기의 주식을 취득할 수 있다.
1. 본 회사의 합병 또는 다른 회사의 영업전부의 양수로 인한 경우
2. 본 회사의 권리를 실행함에 있어 그 목적을 달성하기 위하여 필요한 경우
3. 단주의 처리를 위하여 필요한 경우
4. 주주가 주식매수청구권을 행사한 경우

제12조의4 (자기주식의 처분)
본 회사가 보유하는 자기의 주식을 처분하는 경우에 다음 각 호의 사항은 이사회가 결정한다.
1. 처분할 주식의 종류와 수
2. 처분할 주식의 처분가액과 납입기일
3. 주식을 처분할 상대방 및 처분방법
제13조 (주권의 명의개서 등)
(1) 주주가 주식을 양도하여 명의개서를 청구할 경우, 주권과 본 회사가 선정한 양식의 청구서를 제출해야 한다. 또한 주주가 증여, 상속, 유증, 강제집행을 통한 취득 등 계약 이외의 사유로 인하여 주식을 취득한 경우, 취득원인을 증명하는 서류를 함께 제출하여야 한다.
(2) 본 회사는 주주명부의 변경, 관리에 관한 사무를 처리하기 위하여 명의개서 대리인을 둘 수 있다. 본 회사는 이사회 결의를 통하여 명의개서 대리인을 선정한다.
제14조 (질권의 등록 및 신탁재산의 표시)
주주가 본 회사의 주식에 관하여 질권의 등록 또는 신탁재산의 표시를 청구할 경우, 주권과 본 회사가 선정한 양식의 청구서를 제출해야 한다. 그 등록 또는 표시의 수정, 말소를 청구할 경우에도 동일하다.
제15조 (주권의 재발행)
(1) 주주가 주권의 분할, 병합, 오손 등의 사유로 인하여 주권의 재발행을 청구할 경우, 구주권 및 본 회사가 선정한 양식의 청구서를 제출해야 한다.
(2) 주주가 주권의 상실로 인하여 그 재발행을 청구할 경우, 제권판결의 정본 또는 등본과 본 회사가 선정한 양식의 청구서를 제출해야 한다.
제16조 (수수료)
제13조 내지 제15조에 따른 청구를 할 경우, 본 회사가 정하는 소정의 수수료를 납부하여야 한다.
제17조 (주주명부의 폐쇄, 정지)
(1) 본 회사는 사업연도 종료 익일부터 그 사업연도에 관한 정기주주총회의 종결일까지 주주명부를 폐쇄하고, 주주명부의 변경을 정지한다.
(2) 본 회사는 매 사업연도의 말일 당시 주주명부에 기재되어 있는 주주를 그 사업연도에 관한 정기주주총회에서 권리를 행사할 주주로 한다.
(3) 제1항에도 불구하고, 본 회사는 이사회의 결의를 통하여 주주명부의 변경을 정지하는 기준일을 별도로 정할 수 있고, 이 사실을 2주간 전에 공고한다.
제18조 (주주의 성명, 주소 등의 신고)
본 회사의 주주, 등록된 질권자, 주식의 신탁회사는 본 회사에게 성명(상호), 주소, 주민등록번호(법인등록번호), 연락처, 전자우편 주소를 신고하여야 한다. 신고사항에 변경이 있는 때에도 동일하다.

제3장 사채

제19조 (사채의 발행)
(1) 본 회사는 이사회 결의를 통하여 주주 및 주주 외의 자에게 사채, 전환사채, 신주인수권부사채, 교환사채를 발행할 수 있다.
(2) 본 회사는 이사회 결의를 통하여 사채모집을 위하여 수탁회사를 선임할 수 있다.
제20조 (전환사채의 발행)
(1) 전환사채는 다음 각 호의 경우에 발행할 수 있다.
1. 전환사채를 일반공모의 방법으로 발행하는 경우
2. 신기술의 도입, 재무구조의 개선을 위하여 필요한 경우
3. 긴급한 자금의 조달을 위하여 국내외 금융기관, 일반법인, 개인에게 전환사채를 발행하는 경우

(2) 본 회사는 이사회 결의를 통하여 전환사채의 액수, 전환의 조건, 전환으로 발생할 주식의 종류 및 조건, 전환을 청구할 수 있는 기간 등을 결정한다.

제21조 (신주인수권부사채의 발행)
(1) 신주인수권부사채는 다음 각 호의 경우에 발행할 수 있다.
1. 신주인수권사채를 일반공모의 방법으로 발행하는 경우
2. 신기술의 도입, 재무구조의 개선을 위하여 필요한 경우
3. 긴급한 자금의 조달을 위하여 국내외 금융기관, 일반법인, 개인에게 신주인수권부사채를 발행하는 경우
(2) 본 회사는 이사회 결의를 통하여 신주인수권부사채의 액수, 신주인수권부사채에 부여된 신주인수권의 내용, 신주인수권의 행사 기간, 주주 및 주주 외의 자에게 신주인수권을 준다는 뜻과 신주인수권부사채의 총액, 신주인수권행사로 발행할 주식의 종류 등을 결정 한다.

제22조 (교환사채의 발행)
(1) 본 회사는 이사회 결의를 통하여 교환사채의 액수, 교환을 행사할 수 있는 기간, 교환의 조건 등을 결정한다.
(2) 교환사채는 본 회사가 보유한 타기업 발행주식 또는 본 회사의 자기주식과 교환할 수 있다.
(3) 본 회사는 교환청구기간이 만료할 때까지 교환에 필요한 주식을 예탁결제원에 예탁해야 한다.

제23조 (사채발행에 관한 준용규정)
제18조의 규정은 사채발행의 경우에 준용한다.

제4장 주주총회

제24조 (주주총회의 소집)
(1) 본 회사는 사업연도 말일의 다음날부터 3월 이내에 정기주주총회를 소집하고, 필요에 따라 임시주주총회를 수시로 소집한다.
(2) 대표이사는 이사회 결의를 통하여 총회를 소집한다. 다만 법령에 다른 규정이 있는 경우는 제외한다.
(3) 대표이사의 유고시 이사회의 결의를 통하여 정한 이사가 총회를 소집한다.

제25조 (소집통지의 절차)
(1) 본 회사는 주주총회를 소집할 때에는 주주총회일의 2주 전에 각 주주에게 서면으로 통지를 발송하거나 각 주주의 동의를 받아 전자문서로 통지를 발송하여야 한다. 다만 그 통지가 주주명부상 주주의 주소에 계속 3년간 도달하지 아니한 경우에는 해당 주주에게 총회의 소집을 통지하지 아니할 수 있다.
(2) 제1항의 통지서에는 회의의 목적사항을 기재하여야 한다.
(3) 제1항에도 불구하고 본 회사의 자본금 총액이 10억 원 미만인 경우, 주주총회일의 10일 전에 각 주주에게 서면으로 통지를 발 송하거나 각 주주의 동의를 받아 전자문서로 통지를 발송할 수 있다.
(4) 제1항에도 불구하고 본 회사의 자본금이 10억 원 미만인 경우, 주주 전원의 동의가 있을 경우에는 소집절차 없이 주주총회 를 개최할 수 있고, 서면에 의한 결의로써 주주총회의 결의를 갈음할 수 있다. 결의의 목적사항에 대하여 주주 전원이 서면으로 동의를 한 때에는 서면에 의한 결의가 있는 것으로 본다.

제26조 (주주총회의 의장)
대표이사가 주주총회의 의장이 된다. 다만 대표이사 유고시 또는 회사의 필요에 따라 이사회 결의를 통하여 다른 사람을 의장으로 선임할 수 있다.

제27조 (의장의 질서유지권)
(1) 주주총회의 의장은 주주총회를 진행함에 있어 진행을 고의적으로 방해하거나, 폭언, 폭력 기타 유형력을 행사하여 진행을 방해 하는 사람이 있는 경우, 그 발언을 제한하거나 퇴장을 명할 수 있다.
(2) 주주총회의 의장은 주주총회의 원활한 진행을 위하여 합리적인 범위에서 주주의 발언 횟수 또는 시간을 제한할 수 있다.

제28조 (주주총회의 결의정족수)
(1) 주주총회의 일반결의는 정관 및 법률에 다른 정함이 있는 경우를 제외하고 출석한 주주의 의결권의 과반수와 발행주식총수의 4분의 1 이상의 수로 한다.
(2) 상법 제344조의3 제1항, 제369조 제2항, 제3항의 의결권 없는 주식의 수는 발행주식총수에 산입하지 아니한다.
(3) 상법 제368조 제3항에 따라 행사할 수 없는 주식의 의결권 수와 상법 제409조 제2항, 제3항, 제542조의12 제3항, 제4항에 따 라 그 비율을 초과하는 주식으로서 행사할 수 없는 주식의 의결권 수는 출석한 주주의 의결권의 수에 산입하지 아니한다.
(4) 주주총회에서 다음 각 호의 사항은 출석한 주주의 의결권의 3분의2 이상의 수와 발행주식총수의 3분의1 이상의 수로써 결의하 여야 한다.
1. 정관변경
2. 회사의 합병, 분할, 분할합병, 해산, 청산
3. 영업의 전부 또는 중요한 일부의 양도
4. 영업 전부의 임대 또는 경영위임, 타인과 영업의 손익 전부를 같이 하는 계약, 그 밖에 이에 준하는 계약의 체결·변경 또는 해약
5. 회사의 영업에 중대한 영향을 미치는 다른 회사의 영업 전부 또는 일부의 양수
6. 이사, 감사 및 청산인의 해임
7. 자본의 감소
8. 기타 법령의 규정에 의한 경우

제29조 (의결권 및 의결권의 행사방법)
(1) 주주의 의결권은 1주마다 1개로 한다.
(2) 본 회사가 가진 자기주식은 의결권이 없다.

(3) 본 회사, 모회사 및 자회사 또는 자회사가 다른 회사의 발행주식의 총수의 10분의 1을 초과하는 주식을 가지고 있는 경우 그 다른 회사가 가지고 있는 회사 또는 모회사의 주식은 의결권이 없다.

(4) 주주는 대리인으로 하여금 그 의결권을 행사하게 할 수 있다. 이 경우에는 그 대리인은 대리권을 증명하는 서면을 총회에 제출하여야 한다.

(5) 주주가 2 이상의 의결권을 가지고 있는 때에는 이를 통일하지 아니하고 행사할 수 있다. 이 경우 주주총회일의 3일전에 회사에 대하여 서면 또는 전자문서로 그 뜻과 이유를 통지하여야 한다.

(6) 주주가 주식의 신탁을 인수하였거나 기타 타인을 위하여 주식을 가지고 있는 경우 외에는 회사는 주주의 의결권의 불통일행사를 거부할 수 있다.

(7) 주주는 총회에 출석하지 아니하고 서면에 의하여 의결권을 행사할 수 있다.

제30조 (주주총회의 의사록)
본 회사는 주주총회 의사록을 작성하여야 하고, 그 의사록에는 의사의 경과요령과 그 결과를 기재하며, 의장과 출석한 이사가 기명날인 또는 서명하여야 한다.

제5장 임원

제31조 (이사와 감사의 원수 및 선임)
(1) 본 회사의 이사는 3인 이상으로 하고, 사외이사 및 비상무이사를 둘 수 있다. 다만 본 회사의 자본금이 10억 원 미만인 경우, 이사는 1인 이상으로 한다.

(2) 감사는 1인 이상으로 하되, 본 회사의 자본금이 10억 원 미만인 경우 감사를 선임하지 않을 수 있다.

(3) 이사와 감사는 주주총회에서 선임한다. 다만 감사의 선임은 의결권 없는 주식을 제외한 발행주식 총수의 100분의 3을 초과하는 주식을 가지는 주주는 그 초과하는 주식에 관하여는 선임 의결권을 행사하지 못한다.

제32조 (이사 및 감사의 임기)
(1) 이사의 임기는 취임 후 3년으로 한다. 다만 이사의 임기를 임기 중의 최종의 결산기에 관한 정기주주총회의 종결에 이르기까지 연장할 수 있다.

(2) 감사의 임기는 취임 후 3년 내의 최종의 결산기에 관한 정기 주주총회의 종결시까지로 한다.

제33조 (임원의 보결 선임)
본 회사는 이사 또는 감사가 사임, 사망 등의 사유로 결원되었을 때는 임시주주총회를 소집하여 보결 선임할 수 있다.

제34조 (대표이사)
대표이사는 본 회사를 대표하고, 대표이사가 수 명일 때는 각자 또는 공동으로 회사를 대표할 수 있다.

제35조 (대표이사의 선임)
본 회사는 이사회 결의를 통하여 대표이사를 선임한다. 다만 본 회사의 이사가 2명 이하여서 이사회가 성립하지 않는 경우, 주주총회 결의를 통하여 대표이사를 선임한다.

제36조 (업무집행 및 직무대행자)
(1) 대표이사는 본 회사의 업무를 통할하고 이사, 감사는 대표이사를 보좌하여 그 업무를 분장한다.

(2) 대표이사 유고시에는 사내이사가 그 직무를 대행한다. 이 때, 대표권이 없는 사내이사가 2인 이상인 경우 사내이사로 재임한 기간이 가장 긴 사람이 직무를 대행하고, 재임기간이 동일한 사내이사가 2인 이상인 경우, 연장자가 직무를 대행한다.

제37조 (임원의 의무와 책임제한)
(1) 임원은 법령과 정관의 규정에 따라 선량한 관리자의 주의로서 회사를 위하여 그 직무를 수행하여야 한다.

(2) 이사는 회사에 현저하게 손해를 미칠 염려가 있는 사실을 발견한 때에는 즉시 이를 감사에게 보고하여야 한다.

(3) 임원이 상법 제399조 제1항에 따라 과실로 인하여 본 회사에 대하여 손해배상책임을 지는 경우(상법 제399조 제1항), 그 책임은 행위를 한 날 이전 최근 1년간의 보수액(상여금과 주식매수선택권의 행사로 인한 이익 등을 포함한다)의 6배(사외이사의 경우는 3배)를 한도로 한다. 다만 임원이 고의 또는 중대한 과실로 인하여 손해를 발생시킨 경우와 상법 제397조 제397조의2 및 제398조에 해당하는 경우에는 그러하지 아니하다.

제38조 (감사의 직무)
(1) 감사는 이사의 직무의 집행을 감사한다.

(2) 감사는 언제든지 이사에 대하여 영업에 관한 보고를 요구하거나 회사의 영업과 재산상태를 조사할 수 있다.

(3) 감사는 회사의 비용으로 전문가의 도움을 구할 수 있다.

제39조 (임원의 보수, 상여금, 퇴직금, 퇴직위로금, 유족보상금)
(1) 임원의 보수 및 상여금은 주주총회의 결의를 거친 임원 보수 지급 규정 및 임원 상여금 지급 규정에 의한다. 다만 직원의 업무를 겸하여 수행하는 임원에 있어서 직원의 업무에 대한 보수 및 상여금은, 여타 직원의 경우에 준한다.

(2) 임원에 대한 퇴직금 및 퇴직위로금의 지급은 주주총회의 결의를 거친 임원 퇴직금 지급 규정 및 임원 퇴직위로금 지급 규정에 의한다. 다만 직원의 업무를 겸하여 수행하는 임원에 있어서 직원의 업무에 대한 퇴직금은 여타 직원의 경우에 준한다.

(3) 임원에 대한 유족보상금의 지급은 주주총회 결의를 거친 임원 유족보상금 지급 규정에 의한다.

제39조의2 (직무발명보상)
(1) 본 회사의 임직원은 발명진흥법에 따른 직무발명을 한 때에는 즉시 이 사실을 본 회사에 신고하여야 한다. 또한 신고 여부와 관계없이, 본 회사로부터 명시적인 선행 승인을 받은 경우가 아니라면 제3자에게 발명에 관한 정보를 누설하거나 제3자로 하여금 발명에 관한 정보를 이용하게 하여서는 아니된다.

(2) 제1항의 경우, 본 회사의 임직원은 직무발명에 관한 권리를 본 회사에게 양도하고, 본 회사는 이를 승계한다. 다만 본 회사는 발명진흥법 제15조 1항에 따라 임직원에게 정당한 보상을 할 의무를 부담한다.

(3) 기타 직무발명보상에 관한 사항은 주주총회 결의를 거친 직무발명보상규정에 의한다.

제6장 이사회

제40조 (이사회)
(1) 본 회사는 매월 최초의 월요일에 정기이사회를 개최함을 원칙으로 하고, 필요에 따라 수시로 임시이사회를 개최할 수 있다. 다만 회사의 이사가 2명 이하인 경우 이사회를 구성하지 아니하고, 특별한 안건이 없는 경우 이사회 개최를 생략할 수 있다.
(2) 이사회는 동영상과 음성을 동시 송수신하는 통신수단으로 개최할 수 있다.
제41조 (이사회 내의 위원회)

(1) 본 회사는 필요시 이사회 내에 2인 이상의 이사로 구성되는 위원회를 둘 수 있다.
(2) 이사회는 다음 각 호의 사항을 제외하고 그 권한을 위원회에 위임할 수 있다.
1. 주주총회의 승인을 요하는 사항의 제안
2. 대표이사의 선임 및 해임
3. 위원회의 설치 및 그 위원의 선임 및 해임
제42조 (이사회의 소집절차)
(1) 본 회사의 이사회는 각 이사가 소집한다. 다만 이사회의 결의로 소집할 이사를 정한 때에는 그 이사가 소집한다.
(2) 제1항 단서에 의하여 소집권자로 지정되지 않은 다른 이사는 소집권자인 이사에게 이사회 소집을 요구할 수 있다. 소집권자인 이사가 정당한 이유없이 이사회 소집을 거절하는 경우에는 다른 이사가 이사회를 소집할 수 있다.
(3) 이사회를 소집함에는 회일을 정하고 그 1주간 전에 각 이사 및 감사에 대하여 통지를 발송하여야 한다. 다만 이사 및 감사전원의 동의가 있는 때에는 소집절차를 생략할 수 있다.
(4) 이사회는 대표이사 또는 이사회에서 따로 정한 이사가 있는 때에는 그 이사가 회일의 1주 전에 각 이사 및 감사에게 통지하여 소집한다. 그러나 이사 및 감사전원의 동의가 있는 때에는 소집절차를 생략할 수 있다.
제43조 (이사회의 의결사항)
(1) 이사회는 다음 사항을 의결한다.
1. 이 정관에서 별도로 정하지 아니한 사항 중 상법, 기타 법률에 의하여 이사회의 권한으로 정한 사항
2. 사업계획 수립, 예산의 책정, 결산에 관한 사항
3. 정관변경안의 심사, 채택
4. 대표이사의 선임과 해임
5. 지배인의 선임과 해임
6. 지점, 분사무소의 설치 및 폐쇄, 자회사의 설립
7. 대규모 자금의 차입
8. 근로규칙의 제정 및 개폐에 관한 사항
9. 주주총회의 소집에 관한 사항
10. 자본증가에 관한 사항(유상증자, 무상증자 등)
11. 핵심 자산의 취득, 매각에 관한 사항
12. 주요 소송의 제기, 응소, 조정, 화해에 관한 사항
13. 이사의 겸업, 겸직허가
14. 주식의 양도승인(주식양도제한이 존재하는 경우 한정)
15. 주식매수선택권의 부여의 취소결정
16. 계약상 이사회의 승인 또는 결의사항으로 정하고 있는 사항
17. 이사회내 위원회의 설치와 그 위원의 선임 및 해임
18. 기타 이사회의 결의사항으로 삼을 필요가 있는 중요사항
(2) 전항에도 불구하고 본 회사의 이사가 2인 이하여서 이사회가 성립하지 않는 경우, 다음 각 호에 의한다.
1. 제10조, 제11조, 제11조의 2 내지 6, 제12조의 2, 제12조의 4, 제19조 내지 제22조, 제35조, 제49조의2, 제50조 중 "이사회"는 각각 "주주총회"로 보고, "이사회 결의가 있는 때"는 "주주총회의 결의가 있는 때"로 본다.
2. 제1항 제1호, 3호, 4호, 10호, 14호, 15호는 주주총회의 결의사항으로 한다. 그 밖의 경우에는 "이사회"의결의사항은 "대표이사"의 결정사항으로 한다.

제44조 (이사회의 결의)
(1) 이사회의 결의는 이사과반수의 출석과 출석이사 과반수로 한다.
(2) 이사회결의에 특별한 이해관계 있는 이사는 의결권을 행사하지 못한다.
(3) 이사회는 이사의 전부 또는 일부가 직접 회의에 출석하지 아니하고 모든 이사가 음성을 동시에 송·수신하는 통신수단에 의하여 결의에 참가하는 것을 허용할 수 있다. 이 경우 당해 이사는 이사회에 직접 출석한 것으로 본다.
제45조 (이사회의 의사록)
(1) 이사회의 의사에 관하여는 의사록을 작성하여야 한다.
(2) 이사회의사록에는 의사의 안건, 경과요령, 그 결과, 반대하는 자와 그 반대이유를 기재하고 출석한 이사 및 감사가 기명날인 또는 서명하여야 한다.

주 주 명 부

주주명	주민등록번호	소유주식의 종류	소유주식수
홍길동	xxxxxx-xxxxxxx	보통주	1000주

위 주주명부는 사실과 다름 없음을 증명합니다.

2023.01.01.

주식회사 홍길동

대표이사 홍길동

[별지 제58호의2서식] <개정 2010.3.31> (앞 쪽)

성실중소법인 법인세 과세표준 및 세액신고서

①사업자등록번호		②사업연도	. . . ~ . . .	⑨신고구분	1.정 기 신 고
③법 인 명		④전화번호			2.수 정 신 고
					3.기 한 후 신 고
⑤업태	⑥종목	⑦주업종코드	⑧신고일		4.중도폐업신고

⑩수 입 금 액	01			⑲감면분추가납부세액	20		
⑪각사업도소득계산	⑩결산서상당기순손익	02		⑳차감납부할세액 (⑫-⑱+⑲)	21		
	소득조정금액	⑩익 금 산 입	03				
		⑩손 금 산 입	04			⑩등 기 자 산	22	
	⑩기 부 금 한 도 초 과 액	05		양도차익	⑪미 등 기 자 산	23	
	⑮각사업연도소득금액 (⑩+⑩-⑩+⑩)	06		토지등양도소득에대한법인세계산	⑫비 과 세 소 득	24	
⑫과세표준	⑩이월결손금	07			⑭과 세 표 준(⑩+⑫-⑬)	25	
	⑩과 세 표 준 (⑩-⑩)	08			⑮세 율	26	
⑬산출세액및납부할세액계산	⑱세 율	09			⑯산 출 세 액	27	
	⑲산 출 세 액	10			⑰가 산 세 (동업기업 배분액 포함)	28	
	⑩공 제 세 액	11			⑫동업기업 법인세 배분액 (가산세 제외)	36	
	⑪가 산 세 액	12			⑳가 감 계(⑯+⑰+⑱)	29	
	⑫가감계(⑲-⑩+⑪)	13			㉓기납부세액	30	
	기납부세액	⑬중 간 예 납 세 액	14			㉑차감납부할세액(⑳-㉓)	31	
		⑭원 천 납 부 세 액	15					
		⑮기 타	16		⑮세액계	㉒차감납부할세액계(⑩+㉑)	32	
		⑯소계(⑬+⑭+⑮)	17			㉓분 납 세 액 계 산 범 위 액 (⑫-⑪-⑩-㉑+⑰)	33	
	⑰신고납부전가산세	18			㉔분 납 할 세 액	34	
	⑱함 계 (⑯ + ⑰)	19			㉕차감납부세액(㉒-㉔)	35	

⑯조 정 반 번 호		⑱조정자	성 명	
⑰조 정 자 관 리 번 호			사업자등록번호	

국 세 환 급 금 계 좌 신 고		신고인은 「법인세법」 제76조의7 및 「국세기본법」 제45조의3에 따라 위의 내용을 신고하며, 위 내용을 충분히 검토하였고 신고인이 알고 있는 사실 그대로를 정확하게 적었음을 확인합니다.
⑲예 입 처	은행 (본)지점	신고인(대표자) (서명 또는 인)
⑳예금종류	예금	세무대리인은 조세전문자격자로서 위 신고서를 성실하고 공정하게 작성하였음을 확인합니다.
㉑계 좌 번 호		세무대리인 (서명 또는 인)
		세무서장 귀하

※ 첨부서류
1. 대차대조표, 2. 손익계산서, 3. 이익잉여금처분(결손금처리)계산서, 4. 세무조정계산서

※ 신고안내
소득할 주민세도 사업연도종료일부터 4개월(수정신고의 경우에는 수정신고일부터 1개월) 이내에 해당 시·군·구청에 신고납부하여야 합니다.

210㎜×297㎜(일반용지60g/㎡(재활용품))

■ 법인세법 시행규칙 [별지 제29호서식] <개정 2020. 3. 13.>

(3쪽 중 제1쪽)

사 업 연 도	· · ~ · ·	**업무용승용차 관련비용 명세서**	법 인 명	
			사업자등록번호	

1. 업무사용비율 및 업무용승용차 관련비용 명세 [부동산임대업 주업법인인 [ ]여, [ ]부]

① 차량 번호	② 차종	③ 임차 여부	④ 보험 가입 여부	⑤ 운행 기록 작성 여부	⑥ 주행 거리 (km)	⑦ 업무용 사용거리 (km)	⑧ 업 무 사용비율 (⑦/⑥)	⑨ 취득가액 (취득일, 임차기간)	⑩ 해당연도 보유 또는 임차기간 월수	⑪ 업무용승용차 관련비용						
										⑫ 감가 상각비	⑬ 임차료 ⑭ 감가상각비상당액	⑮ 유류비	⑯ 보험료	⑰ 수선비	⑱ 자동차세	⑲ 기타	⑳ 합계
								(· · ~ · ·)									
								(· · ~ · ·)									
								(· · ~ · ·)									
								(· · ~ · ·)									
								(· · ~ · ·)									
㉑ 합계																	

2. 업무용승용차 관련비용 손금불산입 계산

② 차량 번호	㉓ 업무사용금액			㉔ 업무외사용금액			㉛ 감가상각비 (상당액) 한도초과금액	㉜ 손금불산입 합계 (㉚+㉛)	㉝ 손금산입 합계 (⑳ -㉜)
	㉕ 감가상각비 (상당액) [(⑫또는⑭)×⑧)]	㉖ 관련비용 [(⑳-⑫ 또는 ⑳-⑭)×⑧)]	㉗ 합계 (㉕+㉖)	㉘ 감가상각비 (상당액) (⑫-㉕ 또는 ⑭-㉕)	㉙ 관련비용 [(⑳-⑫ 또는⑭)- ⑳-⑭)-㉖]	㉚ 합계 (㉘+㉙)			
㉞ 합계									

210mm×297mm[백상지 80g/㎡ 또는 중질지 80g/㎡]

(3쪽 중 제2쪽)

3. 감가상각비(상당액) 한도초과금액 이월명세

㉟ 차량번호	㊱ 차종	㊲ 취득일 (임차기간)	㊳ 전기이월액	㊴ 당기 감가상각비(상당액) 한도초과금액	㊵ 감가상각비(상당액) 한도초과금액 누계	㊶ 손금추인(산입)액	㊷ 차기이월액(㊵-㊶)
㊸ 합계							

4. 업무용승용차 처분손실 및 한도초과금액 손금불산입액 계산

㊹ 차량번호	㊺ 양도가액	㊻ 세무상 장부가액				㊿ 합계 (㊼-㊽+㊾)	㊿¹ 처분손실 (㊺-⑤<0)	㊿² 당기손금산입액	㊿³ 한도초과금액 손금불산입 (⑤¹-⑤²)
		㊼ 취득가액	㊽ 감가상각비 누계액	㊾ 감가상각비 한도초과 액 차기이월액(=㊷)					
⑤⁴ 합계									

5. 업무용승용차 처분손실 한도초과금액 이월명세

⑤⁵ 차량번호	⑤⁶ 차종	⑤⁷ 처분일	⑤⁸ 전기이월액	⑤⁹ 손금산입액	⑥⁰ 차기이월액 (⑤⁸-⑤⁹)
⑥¹ 합계					

210mm×297mm[백상지 80g/㎡ 또는 중질지 80g/㎡]

■ 법인세법 시행규칙[별지 제64호서식] <개정 2021. 3. 16.>

주식등변동상황명세서

(앞쪽)

1. 제출법인 기본사항

① 법 인 명		② 사 업 자 등 록 번 호		③ 대 표 자 성 명	
④ 상 장 변 경 일		⑤ 합 병 · 분 할 일		④ 사 업 연 도	. . . ~ . . .
⑥ 주 권 상 장 여 부	(1) 유가증권시장증권 (2) 코스닥 (3) 그 외비상장법	⑦ 무 기 명 주 식 발 행 여 부	(1) 여 (2) 부		

2. 자본금(출자금) 변동상황

⑧ 일자	원인 코드	증가(감소)한 주식의 내용					⑭ 증가(감소) 지분율		⑧ 일자	원인 코드	증가(감소)한 주식의 내용					⑳ 증가(감소) 지분율
		⑨ 종류	⑩ 주식수(출자좌수)	⑪ 주당 액면가격	⑫ 주식발행(인수)가액						⑮ 종류	⑯ 주식수(출자좌수)	⑰ 주당 액면가격	⑱ 주식발행(인수)가액		
⑦ 기 초																
. . .																
. . .																
. . .																
								⑲ 기 말								

3. 자본금(출자금) 세부 변동 내역

① 일련 번호	주 주 · 출 자 자				기 초		증 가 주 식 수 (출자좌수)							감 소 주 식 수 (출자좌수)					기 말		⑳ 지배주주와의 관계코드
	② 구분	③ 성명 (법인명)	④ 주민등록 번호 (사업자 번호)	⑤ 거주자국	⑥ 거주 지국 코드	⑦ 주식수 (출자 좌수)	⑧ 지분율	⑨ 유상 증자	⑩ 무상 증자	⑪ 상속	⑫ 증여	⑬ 출자전환	⑭ 신주 인수 권 행사	⑮ 법의 사례 등 실명전환	⑯ 기타	⑰ 양도	⑱ 상속	⑲ 증여	⑳ 감자	㉑ 법의 사례 신탁 등 실명전환	㉒ 기타	㉓ 주식수 (출자 좌수)	㉔ 지분율
01	합 계																						
02	최대주주 및 관계 주주소계																						
03																							
04																							
05																							
06																							
07																							
08																							
09																							
10																							

지배주주와의 관계코드 : 본인(00) 배우자(01) 자녀(02) 부모(03) 형제자매(04) 손(05) 조부모(06) 02~06외 배우자(07) 01~07이외의 친족(08) 기타(09) 특수관계법인(10)

4. 주식발행법인의 자기주식 보유현황 : 보유(여부 (1) 여 (2) 부

⑤ 자기주식 수		⑥ 소각 목적 자기주식수		⑦ 소각 목적 외 자기주식수	

「법인세법」제60조·제119조, 같은 법 시행령 제97조·제161조에 따라 위와 같이 주식등변동상황명세서를 제출합니다.

년 월 일

대표자 : (서명 또는 인)

세무서장 귀하

210mm×420mm[백상지 80g/㎡ 또는 중질지 80g/㎡]

(뒤쪽)

작 성 방 법

1. 음영으로 표시된 란은 적지 않으며, 모든 금액 단위는 원입니다.

2. 주식등변동상황명세서는 사업연도 중에 주식변동이 있는 법인만이나다.

3. 해당 사업연도 중에 주식(출자지분)의 포함하거나 그 내용이 변동된 경우 등 1주이든 주식변동이 있는 법인만이나다. ⑤ 상장변경(합병ㆍ분할)일의 날짜를 적고, 해당일(날짜 기준)으로 하여 이전ㆍ이후로 본 서식을 각각 별지로 구분 작성하여 제출합니다.

4. ⑤ 주식상장 여부는 유가증권시장에 거래되는 주권상장(법인의 주권상장법인은 경우는 (01)유가증권시장인증), 코스닥시장상장법인인 경우는 (02)코스닥, 그 외 비상장법인 등의 경우는 (03)그 외비상장 등)으로 구분하여 선택합니다.

5. 일련번호의 무기명주식은 경우에 (여)여하, 일반 액면주식인 경우에 (01)무로 구분하여 선택합니다.

6. 자본금(출자금) 변동상황(또부터 ⑭까지)은

   - ⑧ 일자란에는 ⑨ 종류별 변동내역을 소로로 적고, 동일시에 증권가 다음 증가가 합해 발행된 경우에는 ⑨ 종류별에도 맞추면서는 01, 우선주는 02로 각각 구분하여 적습니다.

   - ⑨ 원인코드란에는 다음 사유에 해당하는 코드를 적습니다.

사유	무상증자	유상증자	출자전환	주식배당		증자감자				액면분할	기타(지사수증자)	이익소각 (자본금변동없음)
						주식수 감소	액면가격 감소	주식수 감소	액면가격 감소			
원인코드	01	02	03	04		05	15	06	16	07	08	09	10

   - ⑩ 증가(감소) 자본금란은 ⑨ 무상증자의 경우 주식수증가가만, ⑨ 증가(감소)가 발생가 감소나는 자본금을 적습니다.

   - ⑪ 증가(감소) 지분란은 ⑨ 종가(감소) 또는 감자로 인하여 증가(감소)나는 지분율을 적습니다.

   - ⑫ 기초 및 ⑲ 기말란 ⑩ 주식수(출자좌수)는 주식등의 관련으로 설명된 총주식수를 적습니다.

   - ⑬ 기말의 ⑩ 주식수(출자좌수)은 ⑧ 주식수 × ⑪ 주당 액면가액으로서 기초자본금이다. ⑱데의 단기 등 증가(감소)된 후의 주식 일치하여야 합니다.

   - ⑭ 기말의 ⑩ 주식수(출자좌수)은 ⑧ 기초의 ⑩ 주식수(출자좌수)[기말에 액면분할ㆍ병합된 경우는 증가ㆍ병합후 주식 등 적]에 ⑭ 증가(단기 증가된 주식 등을 더하고 감소주식(출자좌수)한 금액과 일치하여야 합니다.

   - ⑮ 기말의 ⑩ 주식수(출자좌수)과 ⑬ 증가(감소) 자본금란에는 해당 사업연도말 현재 주권상장ㆍ또는 사채업무권과 병기목적으로 발행된 주식 등을 제외하며, 기초ㆍ기말 수(출자좌수)과 변동상황(증가주의 출자좌수를 구하기나) 빼서 조정한 기말 주식수(출자좌수) 합계액과 일치하여야합니다.

7. 제출용무번로 주주 소계(일부의 합계이다)는 「법인세법」제119조에 따라 주식등변동상황명세서 제출용무가 면제되는 주주를 합계하여 적으며, 개별명세는 적지 않습니다.

8. ③ 구분란은 주주(출자자)의 구분인 내국인[국적이 우리나라인 경우를 개인은 01, 영리내국법인은 02, 비영리내국법인은 03, 개인단체는 04, 외국투자가는 05, 국적법인은 05]로 각각 적습니다.

9. 외국인 또는 외국법인의 주주(출자자) 적는 방법

   - ⑨ 성명(법인명)란이 외국인은 설명이든 영문으로 표기, 여권에 있는 영문성명의 한국 표기로 적습니다. 파국법인인 경우는 영문을 영문성으로 적되, 머리글자(ini1ial)을 적지 않고 장식 전부를 적습니다. 일반적으로 머리글자를 사용하는 경우에는 머리글자위에 광호로 묶어 원을 전부를 적습니다.

   - ⑫ 주민등록번호(사업자번호)란에는 아래표를 참조하여 적되 그 번호를 기준으로 동일인 여부를 판단하여 소액주주 등을 구분합니다.

구 분	기 재 번 호	
(1) 주민등록번호 또는 사업자등록번호(사업자등록번호가 없는 경우 부여받은 고유번호)	주민등록번호 또는 사업자등록번호(사업자등록번호가 없는 경우 부여받은 고유번호)	
(2) [외1호 기타표시록 부여받은 경우	[개인] 국내거소신고증상 국내거소신고번호[외국국적동포가 경우]ㆍ외국인등록증상 외국인등록번호[그 밖에 외국인 경우]를 적고, 그 밖에 없는 경우 여권상의 여권번호 적	
(3) (1)[외에 기타표시록 부여받은 경우	실명 외국 투자등록번호 적고, 그 변호가 없는 경우 해당 거주지국의 납세번호[Taxpayer Identification Number]	

   - 주식(출자지분)의 외국주주가 외국법인인 「법인세법」제119조에 따라 주식등변동상황명세서의 주주의 명세서는 제출하여야 하는 외국인 주주는 소계로이나 합산하여 적습니다.

   - ⑥ 거주자국 및 거주자국코드는 국적(조세조약이 체결된 국가가 납세국가의) 우리나라와 조세조약을 체결한 국가가 경우에는 LM원천징수만세에 시한을받은 경우이나 LN원천징수만세가 시한을받지 않은 경우)을 적습니다.

10. 변동내역(⑨부터 ⑱까지)은 증감사유별로 변동된 주식수(출자좌수)를 적습니다.

   - ⑨ 유상증자란에는 사업연도 중 유상증자(출자)로 따라 증가된 주식수(출자좌수)를 적습니다.

   - ⑫ 무상증자란에는 사업연도 중 자본준비금 및 재평가적립금의 자본전입ㆍ무상주에 따라 의해 증가된 주식수(출자좌수)를 적습니다.

   - ⑬ 전환사채 출자전환란은 사업연도 중 전환사채 및 전환ㆍ신주인수권부사채 및 회사채의 주식전환에 따른 증가된 주식수(출자좌수)를 적습니다.

   - ⑮, ⑯ 법의사례 및 실명전환환란에는 현재 실제수량가 변동된 전환된 이외에 증가 또는 감소된 주식수(출자좌수)를 적습니다.

11. 기타주주란의 작성방법

   - 지배주주 본인(00)은 1% 이상을 소유한 주주 중 그와 특수관계자가 소유한 주식(출자지분)의 합계가 가장 많은 경우가 가장 지분이 2인 이상인 때에는 대표자를 받고 있는 자를 말합니다.

   - 기타주주(출자자)란 지배주주 본인 외의 자로서 최대 지분주주와 「법인세법 시행령」 제43조제8항제1호부터 제6호까지에 따라 판단하며, 특수수관계인인(03~06)에 해당하는 자는 「상속세 및 증여세법 시행령」 제2조의2제1항제1호부터 제6호까지에 따라 해당함 번호를 적습니다.

   - ⑳ 사업법 등록일 포함 분할된 경우에는 (01)~(07)(이외의 친속(08)과 그 「국세기본법 시행령」 [2010, 12, 30, 제22572호] 제20조에 따라 판단하며, 특수관계법인인(10)은 [00]~(08)에 해당하는 자와 「상속세 및 증여세법 시행령」 (2011, 7, 25, 제22040호) 제19조제2항제8호부터 재료조와지 관계에 해당하는 법인을 적습니다.

   - 기타(09)의 외에 해당하는 사업연도일 종 현재 보유하고 있는 자기주식 전체 수량 기재란이나 난이하지 않습니다.

12. ⑤ 자기주식의 수량란에 사업연도말 현재 보유하고 있는 자기주식 전체 수량 기재란이나 난이하지 않습니다.

   - ⑥소각목적 자기주식수란에는 소각목적으로 분류하고 있는 경우 자기주식 수량을 기재하며, ⑦소각목적외의 지기주식수란에 소각목적의 보유하고 있는 자기주식 수량을 기재합니다.

297mm×420mm[백상지 80g/㎡ 또는 중질지 80g/㎡]

■ 법인세법 시행규칙 [별지 제54호서식 부표] <개정 2021. 3. 16.>

(앞쪽)

사 업 연 도	· · · ~	주식 · 출자지분 양도명세서

1. 주식 발행법인 · 출자 대상법인 인적사항

① 법인명		② 사업자등록번호		③ 대표자 성명	

2. 주식 · 출자지분의 구분

주식 · 출자지분의 종류	구분코드	
「소득세법」 제94조제1항제4호나목(특정시설물 이용권 부여)	1	
「소득세법」 제94조제1항제4호다목(부동산 등 50% 이상 보유 · 양도)	2	
「소득세법」 제94조제1항제4호라목(골프장 등 영위, 부동산 등 80% 이상)	3	
「소득세법」 제94조제1항제3호가목(주권상장법인 · 코스닥상장법인)	중소	일반
	4	5
「소득세법」 제94조제1항제3호나목(비상장법인)	6	7

3. 주식 · 출자지분 양도 세부내용

④ 일련 번호	주 식 양 도 자			주 식 · 출 자 지 분 양 도 내 용		
	⑤ 성 명 (법인명)	⑥ 주민등록번호 (사업자등록번호)	⑦ 거주 지국코드	⑧ 양도일	⑨ 취득일	⑩ 주식수 (출자좌수)

210mm×297mm[백상지 80g/㎡ 또는 중질지 80g/㎡]

■ 법인세법 시행규칙 [별지 제65호의2서식] <개정 2020. 3. 13.>

신고기한 연장신청서

접수번호	접수일	처리기간 즉시

신 청 인	법 인 명		사업자등록번호	
	대 표 자 성 명		업 태 · 종 목	
	소 재 지			

① 신고기한 연장대상 사업연도	년 월 일 ~ 년 월 일		
② 종전 신고기한	년 월 일	③ 연장받으려는 신고기한	년 월 일
④ 외부감사 미종결 사유			
⑤ 외부감사 종결 예정일	년 월 일	⑥ 신고기한 연장 신청서 제출기한	년 월 일

[   ] 「법인세법」 제60조제7항 및 같은 법 시행령 제
       97조제12항
                                                                에 따라 신고기한 연장신청서를 제출합니다.
[   ] 「법인세법」 제76조의17제1항 단서 및 같은 법
       시행령 제120조의24제2항

                                                                년   월   일

                                                  신청인   (서명 또는 인)

      세무서장 귀하

※ 신고기한 연장신청서는 신고기한의 종료일 이전 3일이 되는 날까지 납세지 관할 세무서장에게 제
   출해야 하며,

   신고기한이 연장된 법인이 세액을 납부할 때에는 기한 연장일수[신고기한의 다음 날부터 신고
   및 납부가 이루어진 날(연장기한까지 신고·납부가 이루어진 경우에만 해당) 또는 연장된 날까지의
   일수]에 연 18/1,000을 적용하여 계산한 금액을 더하여 납부해야 합니다.

                                                210mm×297mm[백상지 80g/㎡ 또는 중질지 80g/㎡]

■ 법인세법 시행규칙 [별지 제58호서식] <개정 2014.3.14.>

홈택스(www.hometax.go.kr)에서도
신고할 수 있습니다.

법인세 중간예납 신고납부계산서

※ 뒤쪽의 작성방법을 읽고 작성하시기 바랍니다.

(앞쪽)

① 사업자등록번호						② 법인등록번호			
③ 법 인 명						④ 전화번호			
⑤ 대표자 성명									

⑥ 법 인 구 분	1.내국 2.외국 3.외투	⑦ 종류별 구분	중소기업	일반기업				당기순이익 과세
				중견기업	상호출자 제한기업	그 외 기업		
		영리법인	30	73	83	93		
		비영리법인	60	74	84	94	50	

⑧ 소재지						
⑨ 업 태		⑩ 종 목		⑪ 주업종코드		
⑫ 사 업 연 도		⑬ 직전 사업연도 월수	개월	⑭ 예납기간		
⑮ 수 입 금 액		⑯ 신고일				
⑰ 신고납부 구분		1. 정기 신고		2. 기한 후 신고		

신고 및 납부세액 의 계산

구		분		법 인 세
① 직전 사업연도 법인세 기준 (「법인세법」 제63 조제1항)	직전 사업연도 법인세	⑱ 산 출 세 액	01	
		⑲ 공 제 감 면 세 액	02	
		⑳ 가 산 세 액	03	
		㉑ 확정세액(⑱-⑲+⑳)	04	
		㉒ 수 시 부 과 세 액	05	
		㉓ 원 천 납 부 세 액	06	
		㉔ 차 감 세 액(㉑-㉒-㉓)	07	
	㉕ 중 간 예 납 세 액 [㉔× $\frac{6}{직전 사업연도 월수}$]		09	
	㉖ 고용창출투자세액공제액		11	
	㉗ 차 감 중 간 예 납 세 액(㉕-㉖)		12	
	(미납세액, 미납일수, 세율) ㉘ 가 산 세 액		13	(, , 3/10,000)
	㉙ 납 부 할 세 액 계(㉗+㉘)		14	
	㉚ 분 납 세 액		15	
	㉛ 납 부 세 액(㉙-㉚)		16	
② 자기계산 기준 (「법인세법」 제63 조제5항)	㉜ 과 세 표 준		31	
	㉝ 세 율		32	
	㉞ 산 출 세 액		33	
	㉟ 공 제 감 면 세 액		34	
	㊱ 수 시 부 과 세 액		35	
	㊲ 원 천 납 부 세 액		36	
	㊳ 중 간 예 납 세 액(㉞-㉟-㊱-㊲)		37	
	(미납세액, 미납일수, 세율) ㊴ 가 산 세 액		38	(, , 3/10,000)
	㊵ 납 부 할 세 액 계(㊳+㊴)		39	
	㊶ 분 납 세 액		40	
	㊷ 납 부 세 액(㊵-㊶)		41	

대표자

(서명 또는 인)

세무서장 귀하

첨부서류	1. 재무상태표, 2. (포괄)손익계산서, 3. 세무조정계산서, 4. 그 밖의 참고서류 (전자신고의 경우에는 표준대차조표, 표준손익계산서, 세무조정계산서, 그 밖의 참고서류 제출)

210mm×297mm[백상지 80g/㎡ 또는 중질지 80g/㎡]

■ 법인세법 시행규칙 [별지 제1호서식] <개정 2021. 3. 16.>　　홈택스(www.hometax.go.kr)에서도 신고할 수 있습니다.

법인세 과세표준 및 세액신고서

※ 뒤쪽의 신고안내 및 작성방법을 읽고 작성하여 주시기 바랍니다.　　　　(앞쪽)

①사업자등록번호					②법인등록번호			
③법　인　명					④전　화　번　호			
⑤대 표 자 성 명					⑥전 자 우 편 주 소			
⑦소　재　지								
⑧업　　　　태			⑨종　목			⑩주업종코드		
⑪사 업 연 도		~			⑫수시부과기간		~	

⑬법 인 구 분		1. 내국 2.외국 3.외투(비율　%)				⑭조 정 구 분	1. 외부 2. 자기	
⑮종 류 별 구 분	중소기업	일반			당기순이익과세	⑯외부감사대상	1. 여　　2. 부	
		중견기업	신흥중소재상P기업	그외기업				
영리법인	상 장 법 인	11	71	81	91		1. 정기신고	
	코스닥상장법인	21	72	82	92	⑰신 고 구 분	2. 수정신고(가.서면분석, 나.기타)	
	기 타 법 인	30	73	83	93		3. 기한후 신고	
비영리법인		60	74	84	94	50	4. 중도폐업신고	
							5. 경정청구	
⑱법인유형별구분				코드		⑲결 산 확 정 일		
⑳신　고　일						㉑납　부　일		
㉒신고기한 연장승인	1. 신청일					2. 연장기한		

구　　　분	여	부	구　　　분	여	부
㉓주식변동	1	2	㉔장부전산화	1	2
㉕사업연도의제	1	2	㉖결손금소급공제 법인세환급신청	1	2
㉗감가상각방법(내용연수)신고서 제출	1	2	㉘재고자산등평가방법신고서 제출	1	2
㉙기능통화 채택 재무제표 작성	1	2	㉚과세표준 환산시 적용환율		
㉛동업기업의 출자자(동업자)	1	2	㉜한국채택국제회계기준(K-IFRS)적용	1	2
㊼기능통화 도입기업의 과세표준 계산방법			㊽미환류소득에 대한 법인세 신고	1	2
㊾성실신고확인서 제출	1	2			

구　　　분	법 인 세	토지 등 양도소득에 대한 법인세	미환류소득에 대한 법인세	계
㉝수 입 금 액	(	)		
㉞과 세 표 준				
㉟산 출 세 액				
㊱총 부 담 세 액				
㊲기 납 부 세 액				
㊳차 감 납 부 할 세 액				
㊴분 납 할 세 액				
㊵차 감 납 부 세 액				

㊶조 정 반 번 호		㊸조정자	성 명	
㊷조정자관리번호			사업자등록번호	
			전 화 번 호	

국세환급금 계좌 신고 (환급세액 5천만원 미만인 경우)	㊹예 입 처		은행	(본)지점
	㊺예금종류			예금
	㊻계 좌 번 호			

신고인은 「법인세법」 제60조 및 「국세기본법」 제45조, 제45조의2, 제45조의3에 따라 위의 내용을 신고하며, 위 내용을 충분히 검토하였고 신고인이 알고 있는 사실 그대로를 정확하게 적었음을 확인합니다.

　　　　　　　　　　　　　　　　　　　　　　　　　년　　월　　일

　　　　　신고인(법 인)　　　　　　　　　　　　　　　(인)
　　　　　신고인(대표자)　　　　　　　　　　　(서명 또는 인)

세무대리인은 조세전문자격자로서 위 신고서를 성실하고 공정하게 작성하였음을 확인합니다.
　　　　　　　　　세무대리인　　　　　　　　　(서명 또는 인)

세무서장 귀하

첨부서류	1. 재무상태표　2. (포괄)손익계산서　3. 이익잉여금처분(결손금처리)계산서 4. 현금흐름표(「주식회사 등의 외부감사에 관한 법률」 제2조에 따른 외부감사의 대상이 되는 법인의 경우만 해당합니다)　5. 세무조정계산서	수수료 없 음

210mm×297mm[백상지 80g/㎡ 또는 중질지 80g/㎡]

담 당			대표이사
/	/	/	/

지 출 결 의 서

일 금 :   원 (₩   )

발의	년 월 일	정리인		처리사항	
결재	년 월 일	인		계정과목	
지출	년 월 일	인			

내		역		
날짜	적 요		금 액	비 고

위 금액을 영수(청구) 합니다.

2022년   월   일

영수자   (인)

■ 법인세법 시행규칙 [별지 제59호서식] <개정 2013.2.23>

청산소득에 대한 법인세과세표준 및 세액신고서

※ 뒤쪽의 작성방법을 읽고 작성하시기 바랍니다.　　　　　　　　　　　　　　　　(앞쪽)

① 법 인 명		② 사업자등록번호	
③ 대 표 자		④ 전화번호	
⑤ 소 재 지		⑥ 청산인성명	
⑦ 청산인 주민등록번호			
⑧ 업 태	⑨ 종 목	⑩ 계산구분	[ ] 확정　[ ] 중간
⑪ 해산등기일		⑫ 잔여 재산가액 확정일	
⑬ 직전 사업연도		⑭ 의제 사업연도	

구 분	법 인 세		
	청 산 소 득	토지등 양도소득	계
⑮ 과 세 표 준			
⑯ 세 율			
⑰ 산 출 세 액			
⑱ 가산세액			
⑲ 공 제 세 액			
⑳ 차감납부세액			

신고인은 「법인세법」 제84조 및 「국세기본법」 제45조의3에 따라 신고하며, 위의 내용을 충분히 검토하였고 신고인이 알고 있는 사실 그대로를 정확하게 적었음을 확인합니다.

　　　　　　　　　　　　　　　　대표자　　　　　　　　　(서명 또는 인)

세무대리인은 조세전문자격자로서 위 신고서를 성실하고 공정하게 작성하였음을 확인합니다.

　　　　　　　　　　　　　　　　세무대리인　　　　　　　　(서명 또는 인)

세무서장 귀하

첨부서류	[해산의 경우] 1. 잔여재산분배(확정)시 재무상태표	수수료 없 음

210mm×297mm[백상지 80g/㎡ 또는 중질지 80g/㎡]